执行法与破产法论丛

2021年第2卷

·总第2卷·

李燕　马登科　主编

法律出版社
LAW PRESS·CHINA
北京

图书在版编目（CIP）数据

执行法与破产法论丛. 2021 年. 第 2 卷 ：总第 2 卷 / 李燕，马登科主编. -- 北京 ：法律出版社，2025.
ISBN 978 - 7 - 5244 - 0081 - 3

Ⅰ. D925.118.4 - 53；D922.291.924 - 53

中国国家版本馆 CIP 数据核字第 20250FE822 号

执行法与破产法论丛(2021 年第 2 卷 · 总第 2 卷)
ZHIXINGFA YU POCHANFA LUNCONG
(2021 NIAN DI-2 JUAN · ZONG DI-2 JUAN)

李　燕　马登科　主编

策划编辑　沈小英　毛镜澄
责任编辑　毛镜澄
装帧设计　汪奇峰

出版发行　法律出版社
编辑统筹　法治与经济出版分社
责任校对　张翼羽
责任印制　吕亚莉
经　　销　新华书店

开本　710 毫米 × 1000 毫米　1/16
印张　16.5　　**字数**　280 千
版本　2025 年 5 月第 1 版
印次　2025 年 5 月第 1 次印刷
印刷　北京虎彩文化传播有限公司

地址：北京市丰台区莲花池西里 7 号(100073)
网址：www.lawpress.com.cn
投稿邮箱：info@lawpress.com.cn
举报盗版邮箱：jbwq@lawpress.com.cn

销售电话：010 - 83938349
客服电话：010 - 83938350
咨询电话：010 - 63939796

书号：ISBN 978 - 7 - 5244 - 0081 - 3　　**定价**：96.00 元

凡购买本社图书，如有印装错误，我社负责退换。电话：010 - 83938349

卷首语　推进国家治理体系中民事执行现代化

完善和发展中国特色社会主义制度，推进国家治理体系和治理能力现代化，是我国全面深化改革的总目标。法治是国家治理体系的有机组成部分，民事执行承担着将生效法律文书付诸实施，以实现债权人权利的重要任务，其顺畅进行是法治发达程度的重要标尺。“执行难”问题的存在，影响当事人的正当合法权益的实现，损害社会主义法治的尊严。经过艰苦的司法实践探索，我国执行工作已经取得明显成效，我国逐渐形成了一套有中国特色的制度体系。民事执行现代化在保障民事权益实现中，承担社会治理和国家治理的功能。如何在解决“执行难”的过程中推进国家治理体系中民事执行现代化，是顺应新时代的崭新课题。

国家治理体系中民事执行现代化必须紧盯基本目标。民事执行现代化的初级目标在于建立切实解决执行难的长效机制，1999 年中共中央以第 11 号文件转发最高人民法院党组《关于解决人民法院“执行难”问题的报告》，2009 年 10 月全国人大常委会听取最高人民法院关于加强民事执行工作的报告，2014 年《中共中央关于全面推进依法治国若干重大问题的决定》提出推动审执分离体制改革试点,目的在于切实解决“执行难”。民事执行现代化的最终目标,在于建立民事权益有序保障和实现的科学运行体制,维护社会主义法治的统一和尊严,推进贯彻民事执行治理主体多元化、治理结构网络化、治理制度程序化和治理技术现代化。

国家治理体系中民事执行现代化必须坚持其出发点。民事执行现代化的出发点,一是要尊重民事执行的运行规律,民事执行与民事审判的目的和任务不同,具体权能各异,要实现民事执行按其特有的规律相对独立地运行,以“保证司法公正,提高司法公信力”;二是让人民群众满意,解决好群众最关心、最直接、最现实的民事执行中的效率和公正问题,规范执行行为,努力让人民群众在每一个民事执行案件中感受到公平正义,增强人民群众安全感和满意度。

脱离中国国情或没有国家治理体系意识的民事执行制度移植容易产生“南橘北枳”效应。现行执行理论界和实务界尽管有大量介绍民事执行方面的经验和执行操作规程,因其缺乏系统总结和理论指导,容易陷入经验主义的泥淖;部分法院为执行改革而改革,以“新”和“奇”吸引眼球,终因缺乏可操作性和普适性而昙花一现。我国应当在国家治理体系中,建立一种具有中国特色的民事执行制度,且保证制度的先进性、周延性和严谨性。我们应当从建立公正、高效、权威、人性的民事执行制度的角度,对民事执行的现代转型和制度创新进行建构。

国家治理体系中民事执行治理主体多元化的关键,在于审执分离模式选择和治理主体多元化构架。目前,我国审执分离改革模式可分为“彻底外分”、“深化内分”和“深化内分,适当外分”3种,理论界和实务界需要从执行权的性质、权力运作的主体素质要求、程序简易程度、执行效率、改革风险等角度,反复比较和深入研究各种模式的制度优劣。功能视角作为权力属性视角的补充,可防止基于性质机械归入某个机构的弊端。可从执行程序启动、执行查控、执行标的实体权益判断、执行标的变价交付、执行救济裁判各种权能的行使要求和主体要求,判断哪些应当由法院行使,哪些可能由法院外的其他机构行使。由法院外其他机构行使时,研究和实验不同机构之间的对接和协调。在不同的权能配置完善中,不仅需要分清轻重缓急,对症下药,分阶段进行,有序推进,共同服务于科学的审判权与执行权的分立与配合,更需要从国家治理体系中的民事执行现代化的主体边界、民事执行中的国家机关之权力关系优化、社会化协同与制约等方面展开。对此，其他国家机关通过协助参与执行时，如何保障综合治理下配合执行的责任落实，以及其他国家机关参与执行的重心定位和模式磨合，都将是优化民事执行中各国家机关之权力关系的研究重点。随着法治进程的不断推进而伴生的权利意识不断觉醒和强化，执行权行使的社会化将会成为执行权的未来发展方向。执行权国家属性前提下的社会化行使，将成为法治状态下执行权的基本存在和运行方式。于是，民事执行中的社会化协同与制约，也是国家治理体系中民事执行现代化又一重要内容。

国家治理体系中民事执行现代化，有赖治理结构网络化和治理制度化程序化。治理结构网络化，包括宪法、实体法、程序法网络体系中的执行制度构架，以及法律外政策网络体系下的执行制度调整和治理结构调整下的救济制度构架。对此，需从民事执行客体的制度要素及其网络化配置的应然格局，与法治内结构网络中的其他制度组分要素的密切联动，与我国当下政治、经济、习惯等历史和文化背景的关系现状及合理联动等方面，进行治理结构设计。国家治理体系中治理结构网络化，让民事执行制度架构在民事执行治理结构网络、民事诉讼法治理结构网络、民事法律治理结构网络乃至法治内和法治外治理结构网络中进行。在这纵横交错的治理结构网络中理解民事执行制度架构的整体位置时，还得分清民事执行制度架构主次轻重。其中，民事法律体系尤其是民事诉讼法治理结构体系中民事执行制度架构，乃重中之重。为此，应当在全盘考虑民法如权利外观主义、民事诉讼法如当事人适格和既判力理论的背景下，进行执行制度架构的梳理，尤其是执行依据错误、债权变更、执行依据不明、执行标的、债权执行、赔偿执行损失 6 类情况下的体系化构建和设计，并配套设置相应的执行救济体系，处理好民事审判监督程序、第三人撤销之诉、债务人异议之诉、（反对）许可执行之诉，限制（不）成就异议之诉、执行内容不明的另诉，以及不当得利之诉或损害赔偿之诉等延长的执行救济。

国家治理体系中治理技术现代化，在民事执行中体现为执行实施机制科学化。具体为执行流程有序化、执行措施智能化、执行社会环境透明化、执行启动和退出机制科学化。所有这些治理技术现代化都围绕一个问题，即如何准确、迅速、有效判断被执行人有无责任财产以及如何查控责任财产。因此,民事执行实施机制现代化的治理重点和目标应当是:压缩转移、隐匿责任财产的可能,以恢复财产法律制度在调整民事主体实施交易、识别风险以及自己责任上的中心地位,为市场经济健康发展提供"压舱石"。只有将执行责任财产进行清晰界定,才能让民事执行流程迅速有效推进,通过智能化执行措施锁定执行标的,让执行社会环境不再有责任财产模糊空间,让执行启动于理可依、执行退出于法有据。故治理技术现代化视野下,有关执行实施机制科学化方面,应当围绕执行责任明晰化这一重点展开,以消除目前大量财产处于责任权属外观(占有人、登记人、借名人)与实际控制者、所有权人不一致的状态,解决被执行人事先构筑"防火墙""防波堤"的企图,产权形式不能正确反映社会经济活动的实际情况。同时,从完善财产登记制度、完整信用体系、完备公司法规范诸多方面展开研究。既从立法理念上实现民事执行流程有序化着手,以"执行实施机制的规范可控"为核心,通过规范可控的动态程序流程入手,研究解决执行现代化改革实践的立法成果转化与立法理念指导的基本需求,解决执行开始与进行方面的基础性权力(利)分配关系以及解决发现判断可执行财产的基本原则和细化标准等问题;更从组织架构上实现有效制衡、技术手段上智能化的执行措施、执行环境净化机制及执行启动和退出机制等方面,研究民事执行如何科学实施的问题。

法律是治国之重器,良法是善治之前提。法因地而立,因时而进。历史不断前行,法治只有跟上实践的脚步,融入国家治理体系和治理能力现代化之中,才能发挥引领和推动社会进步的作用。彻底解决"执行难"并建立长效机构,推进国家治理体系中民事执行现代化,是完善和发展中国特色社会主义制度的必然要求,是历史赋予法律人尤其执行人的共同使命。

*

---

* 西南政法大学执行研究院教授、博士研究生导师,法学博士。

目　录

本卷聚焦：破产法前沿问题

宏观经济形势与破产法修改

李曙光*

摘要:当前,虽然我国的经济 GDP 增长率较高,但外需涨幅较大,GDP 平减指数高,企业债务水平高而还债能力弱,中小企业经营压力大,反映出我国对破产制度改革的紧迫需求。加快破产法修改是完善社会主义市场经济体制和法治体系,推动供给侧结构性改革,防范化解系统性金融风险的必然要求。《企业破产法》中的重整制度可能将成为困境企业的主要选择,应注重判断企业的重整价值,推进重整制度市场化、法治化,保障重整方案扎实落地。个人破产制度在破产法中具有顺应市场主体的信用逻辑、推动共同富裕、改变不愿自负其责的文化传统、矫正债权人和债务人的行为等独特价值,可在此次修法中进行原则性规定。

关键词:经济形势;破产法;重整制度;个人破产

《企业破产法》颁布以来,经济社会发生了一系列深刻变化,经济发展进入新常态,社会主要矛盾已经转化为人民日益增长的美好生活需要和不平衡不充分的发展之间的矛盾,中国特色社会主义进入了新时代。当前,健全破产制度,修改完善《企业破产法》,对于新时代加快完善社会主义市场经济体制,充分发挥市场在资源配置中的决定性作用,完善社会主义市场经济法治体系,强化社会主义市场经济法治保障,推动供给侧结构性改革,防范系统性风险,服务高质量发展,具有重要意义。

在当前形势下,全球经济发展面临严峻挑战。我国 2021 年经济增长率较

---

* 中国政法大学破产法与企业重组研究中心主任,教授、博士研究生导师,法学博士。

高,企业破产案件数量的不断增长、各界对个人破产的正旺呼声、不良资产市场的持续扩张等,反映出宏观经济形势下,破产法律制度作为市场出清与促进市场竞争和优胜劣汰的基本规则逐渐发挥重要作用,以及市场对于破产法修改完善的迫切需求。《企业破产法》在实施过程中出现了一些问题,已无法适应经济新常态的发展要求,亟待修改。破产法的完善源于市场经济的发展要求,而其修改将进一步对我国宏观经济产生深远影响。

一、当前经济形势与破产法修改的关系

根据国家统计局公布的经济数据,我国 2021 年第一季度 GDP 同比增长 18.3%,第二季度 GDP 同比增长 7.9%,第三季度 GDP 同比增长 4.9%,前三季度国内生产总值 823,131 亿元,按可比价格计算,同比增长 9.8%。[①] 从全世界范围来看,这一增长速度是非常快的。2021 年前三季度全国一般公共预算收入 164,020 亿元,同比增长 16.3%,比 2019 年同期增长 8.9%。[②] 从全球经济数据来看,国际货币基金组织(International Monetary Fund,IMF)测算,2021 年全球经济增长率将达到 6%,[③]中国经济增长率之所以如此之高,主要有以下几方面原因:

第一,外需涨幅较大。我国 2020 年商品贸易出口顺差 5269 亿美元,2021 年前 8 个月的出口顺差也达到 3624.9 亿美元,同比增长 28.9%。[④] 所以我国经济增长率较高,很重要的一个因素就是依赖出口。全球很多国家,尤其是发展中国家经济下行,很多企业停产停工,而中国疫情控制较好,所以出口额大幅增加,但这一增长是短期的,而且出口的很大一部分收入是别国对我国的负债,债权能否如期兑现也是一个问题。因而出口经济数据好并不意味着

① 参见《前三季度国民经济总体保持恢复态势》,载国家统计局官网,http://www.stats.gov.cn/tjsj/zxfb/202110/t20211018_1822960.html。

② 参见《2021 年前三季度财政收支情况》,载财政部官网,http://gks.mof.gov.cn/tongjishuju/202110/t20211022_3760014.htm。

③ See International Monetary Fund (IMF), *World Economic Outlook*, https://www.imf.org/en/Publications/WEO/Issues/2021/10/12/world-economic-outlook-october-2021.

④ 参见《今年前8个月我国进出口同比增长23.7%》,载海关总署官网2021 年9 月7 日,http://www.customs.gov.cn//customs/xwfb34/302425/3858704/index.html。

实际经济好。

第二,GDP 平减指数较高。GDP 平减指数是综合的价格水平指数,包括居民消费价格指数(CPI)、生产价格指数(PPI)、农产品生产价格指数与建筑安装工程价格指数等。2021 年第二季度我国 GDP 平减指数高达 5.29%,系 2012 年以来的最高值,这意味着价格指数快速上升,通货膨胀水平偏高,中国经济已经进入较强的通货膨胀通道。虽然老百姓在日常生活中对通货膨胀还未有强烈感知,但一旦 PPI 向 CPI 的传导机制加速,这一较高幅度的价格增长便能很快被感知。

第三,企业债务水平较高,而企业按期还债的能力非常弱。2021 年,国务院以及发改委、工信部等一直强调对企业的债务展期,中国人民银行自 2020 年开始也通过增发货币解决市场流动性需求。2021 年刚进入到第三季度,中国人民银行就宣布全面降准,将存款准备金率降低了 0.5%,释放了近 1 万亿元资金。这似乎意味着在稳经济与稳通胀之间,央行选择了前者。换言之,我国的市场经济主体承担的债务偿还压力较大,要不断通过央行降准、增发货币、新债换旧债等方式解决经济中的流动性问题。

第四,民营企业尤其是中小企业的经营压力较大。民营企业获取贷款的成本较高,经营能力下降,而企业的整体成本却在快速上升,员工的工资水平在下降,这加剧了国内需求不足,消费不畅。目前,我国仍有 8 亿人口月收入在 2000 元以下,5 亿人口月收入在 1000 元以下。中小企业的生存压力较大。

虽然宏观经济层面上我国 GDP 增长速度较高,然而在这些经济数据背后,也出现了大量企业破产现象。自 2020 年起,我国各级人民法院受理的破产案件数量明显增加。2013 年,我国全年破产案件还不到 2000 件,而 2020 年一年仅江苏、浙江两省受理的破产案件就超过了 1 万件,其中江苏法院受理 6600 余件,浙江法院受理 3400 余件。2021 年上半年东北各省的破产案件数量上升都较快,如黑龙江省受理破产案件 800 余件,吉林省近 300 件,辽宁省 4000 多件。另外,深圳、上海、北京、重庆、厦门等地受理的破产案件都超过 500 件。此外,还有较多破产衍生案件,2021 年上半年一个城市的破产衍生案件就已超过 1000 件。特别是还存在一些金融机构和头部企业的破产案件,对经济社会都产生了重大且持续的影响。2021 年 8 月召开的中央财经委员会第十次会议特别强调要“要遵循市场化法治化原则,统筹做好重大金融风险防范化解工作”,这也与大型企业及金融机构的破产相关。

可见,破产案件受理数量的增速与宏观经济形势密切相关。然而,破产法中的重要制度以及破产案件审理规则、破产法庭、破产法官、破产管理人、破产相关的配套保障制度等的建设仍有一些“短板”。因而应重点关注在新的发展格局下,破产法的构建和修改如何满足整个经济社会高质量发展的需求。宏观经济形势与破产法的修改之间存在正相关关系,目前市场经济发展对破产法修改的需求越来越强烈,整个经济社会与营商环境对破产制度的需求也越来越强烈。

二、重整将成为中国经济高质量发展的另一个发动机

在经济下行与经济疲软的环境下,对困境企业的处理催生了困境企业市场和不良资产市场,也称“特殊资产市场”。这一市场规模越来越大,特别是违约债券市场。虽然我国宏观经济形势向好,但依然有大量债券违约事件出现,且很多违约债券均来自 AAA 级企业,即最佳评级企业发行的债券。

(一)特殊资产市场规模扩大,重整制度或成主要制度选择

债券市场是一个非常重要的信号市场。目前债券市场主要包括三大板块:一是政府债,规模约 48 万亿元,包括国债、地方政府债务。二是金融债,约 40 万亿元,主要是指金融机构发行的短期、中期票据与次级债券等。三是公司信用债。公司信用债又包括 3 个市场,即发改委监管的企业债市场、证监会监管的公司债市场以及央行监管的银行间交易商公司债市场,这三大公司信用债市场的规模约 28 万亿元。截至 2021 年 6 月,公司信用债的债券违约额达到 5000 多亿元,而这 5000 多亿元的市场中,根据中国政法大学破产法与企业重组研究中心的研究,1/3 的债券发行人在违约后会进入破产程序。这为破产从业者增加了一个 5000 多亿元债券违约带来的数万亿元不良资产处置市场。

在一些大型企业债券违约案中,其违约数额都不是很大,但会发生连续

违约现象,而且发行人总负债额都较高。例如,东北特钢债券违约70亿元,总负债700多亿元;海航集团总负债7000多亿元;北大方正集团总负债3000多亿元。清华紫光自2016~2021年连续6次发行的债券,如16紫光0102、17紫光03、18紫光04、19紫光01,都出现了不能到期还本付息的问题,2021年年底又有一笔13亿元的债券到期且预估兑付困难,因而清华紫光不得不进入破产重整程序。

可见,这些发债企业均是AAA级企业,而且市场中也不缺流动资金,为什么还有这么多企业会出现债券违约的问题?一方面,当然是企业自身出了问题;另一方面,是货币传导机制的问题,货币传导机制进入实体经济层面依然存在很多障碍。另外,社会商业信用机制也存在问题,比如将不满足AAA级企业资质的企业评为AAA级等。所以违约债市场是一个规模极大的市场,也是一个非常重要的信号市场。

另外,房地产不良资产市场和银行不良贷款市场规模也很大,银行不良贷款总额已达到3.5万亿元,亟须处理。违约债市场评级较高的发行人企业,考虑到其社会影响、规模与实力基础,最后都选择了破产重整。这也意味着重整模式成了特殊资产市场主体的主要选择。鉴于《企业破产法》在处理市场主体退出与不良资产中的重要作用,重整制度很有可能成为中国新一轮经济发展的另一个发动机。当然经济的高质量发展必定要依靠创新,但是如果忽视了巨大的不良资产市场和特殊资产市场,中国经济的高质量发展与市场经济体制改革也会面临较大困难。

(二)破产法修改中重整制度需解决的主要问题

可以认为,重整制度地位的提升将成为下一阶段破产法发展的主流趋势,因而重整制度的完善改革、重整制度的精细化、重整程序的整体优化非常重要,这也是《企业破产法》修改中业界普遍关注的问题。如要让重整制度在中国经济结构调整与困境企业脱困中发挥更大作用,以下方面的问题需要在《企业破产法》修改中重点研究解决:

第一,如何判断一个企业真正的重整价值以及法律是否需要提供一个判断标准?在法院审查重整案件时,需要判断其是僵尸企业还是具有存续价值的企业,这是目前审判机关面临的重大问题,因而有必要在制度上加以完善。

目前,全国已经出现了一些企业重整与预重整的创新试验,最高人民法院的一系列司法文件中也涉及对于重整企业的识别、审查和判断标准机制的规则,因而在对《企业破产法》修改时也应当进行相应的吸收,使重整制度更有利于不良资产的处置。

对于企业的重整价值判断,可以从以下三个维度进行衡量:

其一,是否具有营运价值。具有营运价值,是企业具有重整价值的通常情形。如果困境企业的营运价值超过其清算价值,企业具有未来的盈利能力,则可以考虑通过重整化解财务困境。企业能否继续运营、是否值得挽救,是综合内外部情况加以判断的结果。企业重整价值是否高于清偿价值具体可以有以下 4 个判断标准:企业所处行业的前景及企业在行业中的地位、企业的股权结构状况及股东实力、企业自身的治理情况和内部文化、企业的信用能力和负债水平。

其二,是否具有资质价值。对于一些特许经营行业,企业的牌照资质具有稀缺性,其本身就是一项重要的资产,如果能够通过重整来摆脱财务困境并保留该资质,也是重整价值的体现。如中国现有环境下上市公司的“壳”资源本身也是一种可变现的较重要的资产,对战略投资者具有较大吸引力。

其三,是否具有公共价值。对于一些影响重大民生、具有公益目的的企业,因其具有公共属性而不适合破产清算,其公共属性决定了其具有重整价值。

此外,对于战略投资者来说,更重要的是其有重整成功后的退出通道。企业重整之后可以再出卖或者实现上市,能够在重整成功后有退出可能,实现投资目的,是战略投资者的重要考量。

第二,如何促进重整制度的市场化、法治化?目前,在重整制度实施过程中,地方政府往往成为最大的战略投资人。地方政府掌握了最多的资源,因而在很多案件中,以地方政府拿土地换重整方案,行政化处理困境企业的方式较多。从《企业破产法》作为市场经济基本法的角度来看,这一状况是不正常的。

另外,在我国的重整模式中,通常由管理人对债务人财产和营业事务进行管理,而很少会选择债务人自行管理这一比较市场化的模式。而债务人自行管理在各国重整制度中是原则性的通行做法。《全国法院民商事审判工作会议纪要》（又称《九民纪要》）里特别提出要促进债务人自行管理，并规定了债务人自行管理的4个条件，包括内部治理机制正常运转、有利于债务人继续经营、债务人不存在隐匿转移财产与严重损害债权人利益的行为等。

因此，在《企业破产法》的修改中，应当促进重整制度的市场化与法治化，使地方政府逐渐从最大战略投资人的角色中退场，让拥有市场资源的战略投资人更多地进入困境企业重整中，使战略投资人与债权人充分博弈，让市场在重整过程中发挥更大的作用。

第三，重整计划方案如何扎实落地？重整方案涉及如何吸引更多投资者进入的问题，最高人民法院《关于适用〈中华人民共和国企业破产法〉若干问题的规定（三）》解决了战略投资人投入的共益债定性问题，在很大程度上激励了战略投资人进入不良资产市场，然而这一定性的法律依据仍然不足，需要《企业破产法》予以确定。

在破产重整实践中存在的另一突出问题，即担保债权人的保护问题。现在一些重整案件中，法院为了使重整成功，往往会侵害担保债权人的利益，比如，没有经过担保债权人同意，法院裁定注销物权登记、强行置换担保物权、降低担保物的评估价值、让担保债权人出资解决破产费用、降低担保债权的清偿比例等。破产法修改中，应考虑如何在促进重整成功和保护担保债权人合法权益之间寻求平衡。

另外，在重整方案被批准之后，还需要解决对重整方案执行的监督、重整交易中的税收问题、重整企业的信用修复、新股东进入之后的股权登记等问题。

除此之外，重整制度中还涉及表决机制改革问题。目前我国重整方案的表决机制采取的是双表决制，要求债权人人数过半并且其所代表的债权额占该组债权总额的2/3以上，这在实践中会遇到一些难题。比如，在海航集团重整中，购买理财产品及员工集资款的个人债权人人数众多，涉及数百亿元的普通债权，如何使这些普通债权人的表决权得到尊重，其合法利益得到保护，也是实践中面临的难题，其结果会影响海航集团重整的进程。

以上这些问题都应当在此次《企业破产法》的修改中予以重点考虑，否则，重整制度便难以真正成为中国经济高质量发展的另一个发动机。

三、个人破产立法的另类价值

《企业破产法》此次修改要面临的问题比较多,但社会最关注的问题是破产法的适用范围能否扩大到个人破产。目前,个人破产制度正在一些地方进行试点,如深圳市首宗裁定生效的具有重大社会影响的个人破产案件,也是破产法修改的一个重要参考。现在学界关注度较高的是个人破产立法时机是否成熟,讨论焦点在于,个人破产制度的主要价值即给“诚实而不幸”的债务人东山再起的机会、如何防止“老赖”通过个人破产“逃债”,以及如何更好地实现个人破产重整和清算制度的功能。笔者在此着重讨论所受关注不多,但对于推进个人破产立法至关重要的几方面内容。

第一,破产法是以个人破产为根基的法律。考察世界破产法的发展历史,个人破产是先于企业破产出现的。而我国《企业破产法》立法时,考虑企业改革的优先性,仅规定了企业破产而未规定个人破产,这与世界破产法的发展历史是不相符的。市场经济中应先有个人信用,才有企业投资信用,进而有商业信用和社会信用,这种递进的信用逻辑体系始于个人。破产法修法的重要目标是建立完善的社会主义市场经济体制,而这一体制建立在个人信用、企业信用和其他市场主体信用的基础之上。但当前的破产法法律体系没有顺应此逻辑,而是建筑在中间位置,仅有企业破产制度,而缺乏对市场经济主体的整体逻辑安排。此次修法应对其补充完整,建立个人破产制度。

第二,个人破产是共同富裕的底层制度。据统计,截至2021年11月5日,全国公布中的失信被执行人总数为6,928,880个。[①] 央行数据显示,截至2021年第一季度末,全国信用卡发卡数量共计7.84亿张,逾期半年未偿信贷总额892.2亿元。[②] 中小企业、个人经营者在我国经济中所占比重较大,此外,还有大量自我雇佣的商事主体以微商、电商、自由职业者等形式广泛参与市场经济活动,这些市场主体抗风险能力较弱,易于陷入债务问题。另外,很

---

① 参见中国执行信息公开网站,http://zxgk.court.gov.cn,最后访问日期:2021年11月5日。

② 参见《2021年第一季度支付体系运行总体情况》,载中国人民银行网站2021年6月2日,http://www.pbc.gov.cn/zhifujiesuansi/128525/128545/128643/4260419/index.html。

多企业在经济下行的环境中遇到了各种问题,个人化或家族式经营的企业中,其个人资产往往与企业绑定在一起,或者个人以全部身家对企业债务进行担保,这样的情况极为普遍。不仅仅是商自然人,深圳此次个人破产试点中提出破产申请的自然人很多都是普通打工人。个人破产制度赋予这些“诚实而不幸”的债务人东山再起的机会,鼓励创业者大胆创新和试错,并为市场主体建立确定且积极的市场预期,进而有助于推动共同富裕的实现。

第三,建立个人破产制度,将改变数千年以来中国人不愿个人自负其责的传统。个人破产是市场经济信用的基石,也是新型商业与社会文化的基石。传统观念中,个人负债通常与家庭或家族相关,个人负债、个人行为,特别是在市场经济中的行为归咎于家庭、亲戚关系。而个人破产制度在某种程度上意味着要自负其责,要对自己在市场经济中的任何交易行为、市场行为以及民事行为负责。个人破产制度将改变我国数千年形成的集体主义文化传统,这是一种生活行为责任哲学的变化。

另外,一些金融机构在贷款时,也存在很多不良贷款行为,如诱导性的网络借贷等。个人出现破产的原因或个人破产中经常出现的问题,很多都是由不良债权人主导的。因而个人破产制度能够在一定程度上约束债权人的行为,以使债权人在借贷时能够更加审慎,对借贷后果负责。在中国信用体系尚未完全建构起来的情况下,应通过个人破产制度的实施,约束限制债权人“子债父还”的企图、暴力催债的行为和诱导性或诱骗性的借贷。可见,个人破产制度的构建具有非常重要的价值,应当加快个人破产立法的步伐。

个人破产是有门槛的破产,只有满足诚实、不幸且有一定信用评级条件的债务人才可申请,而一旦进入个人破产程序,债务人将暴露在聚光灯下,接受一系列的检查、询问、听证等程序,并受到破产免责条件、个人信用评级与破产登记公示制度、破产欺诈责任、破产犯罪条款等限制约束。另外,一旦个人破产制度在破产法中建立起来,社会各部门将协同推动防止个人破产逃债,在监管手段和措施上予以跟进,并随之带动一批制度和监管理念的变化。因此,个人破产并不会成为逃债的工具,而是能够发挥其应有的功效。

在立法技术上,建议在现行破产法中增加一章,主要规定个人破产免责制度。从立法角度看,这一方法的成本和障碍是最小的,因为个人破产的其他程序可以走已有的企业破产程序,所以仅需对免责制度进行规定。比较核心的问题是哪些财产可以作为可豁免财产,对此,可以在债务人财产中加入一两条原则性规定。考虑破产法修改时间的紧迫性,这一修法模式简单明了,容易达到目标。若要细化个人破产制度,使其更具操作性,可增加两章,另一章规定个人破产的一些特殊问题,但这一立法模式具有一定难度。鉴于个人破产制度在我国实施中情况复杂,如给个人债务人留下的基本生活费用和生活物品的标准地区之间差异较大,此类细节不需要在此次修法中具体规定,只需要进行原则性规定,各地自己出台实施细则即可。

从债权人保护到债务人再生

——个人破产免责制度在英国和美国的生成与发展

贺　丹*

摘要：历史表明，免责制度的产生、发展与经济发展状况、利益群体需求均联系紧密。免责制度对债务人的限制经历了由严格到逐渐宽松的过程。未能为债务人提供较好免责途径的破产法往往也不能很好地保护债权人权益。

关键词：个人破产；免责；历史

随着历史的发展，免责制度已经成为个人破产制度的内核。因免责制度规定个人对其经过破产程序后仍不能清偿的债务免除清偿责任，在历史上和今天均引发了对建立个人破产制度的广泛担忧。

一、免责制度在英国的创设：债权人保护

英国最早的破产法为1542年《破产法》（《破产行为人惩治法》，An Act Against Such Persons As Do Make Bankrupts），保护债权人利益是这部法律产生的原因。16世纪的英国债权人会面临无法追债的困境。当时，无力清偿的债务人会采用"匿居避债"的方式，债务人的住所就是债务人逃避债权人追债的"避风港"，不能清偿债务的债务人把其资产都放入自己的住所中，把门关

---

* 北京师范大学法学院教授、硕士研究生导师，法学博士。

上。债权人就无法进入债务人住所执行财产。也有些债务人直接采用“跑路”的方式来逃避债务。[①] 为解决这一问题,英国通过了 1542 年《破产法》。该法序言中对逃避债务的人作出了谴责:“他们诡诈地获得其他人的大量货物后,突然逃往未知的地方,或者躲入自己的房子,丝毫不虑及对债权人的偿付、应负的债务与义务,仅仅考虑自己的意愿、快乐和精致生活,罔顾公理、公平和良知。”[②]为了追究这些“躲入自己房屋”或者“逃亡”的债务人,这部法律设立了新的法律程序,债权人可以向依法指定的任何 3 名官员(该法称其为 Lords)提出书面申诉(complaint)。在提出申诉后,官员将通过公告传唤实施了匿居避债或逃亡行为的债务人。[③] 如果债务人长达 3 个月没有出庭,他将会被视为“脱离国王的保护”,他的资产会被立即出售,清偿债权人。对债权人的清偿按债权比例进行,这是英国法对罗马法上财产趸卖制度(Vendito Bonorum)的一种吸纳。[④] 这部破产法建立了债务的集体清偿制度,规定在真实存在且清偿期限届至的债权被清偿之前,其他的虚假清偿无效,禁止债权人自行收回债务人债务。但在该法程序结束后,未得到全额清偿的债权人仍然可以采取措施追回其未被清偿部分债权。[⑤]

伊丽莎白时代的 1571 年《破产法》首次将破产法的适用范围限定为商人,该法仅适用于“商人或其他从事议价、交换、再交换、以物易物、实体经营(chevisance)或进行大宗或零售商业贸易的人,或通过买入卖出方式达成交易或者谋生的人”。特定“破产行为”包括离开该国或以其他方式潜逃、因债务被逮捕或出于欺诈债权人的目的离开自己的房子。在 1985 年《破产法》之前,“破产行为”这一重要的程序概念一直是英国历部破产立法的一部分。[⑥]

早期的英国破产法中不包含免责制度,很多债务人陷入困境。著名作家

---

① See V. Markham Lester, *Victorian Insolvency: Bankruptcy, Imprisonment for Debt, and Company Winding-Up in Nineteenth-Century England*, Clarendon Press, Oxford University Press, 1995, p. 14.

② 载 https://statutes.org.uk/site/the-statutes/sixteenth-century/1542-34-35-henry-8-c-4-bankrupts-act/。

③ See 34 & 35 Hen. Ⅷ, c. 4 (1543).

④ See V. Markham Lester, *Victorian Insolvency: Bankruptcy, Imprisonment for Debt, and Company Winding-Up in Nineteenth-Century England*, Clarendon Press, Oxford University Press, 1995, p. 15.

⑤ See 34 & 35 Hen. Ⅷ, c. 6 (1543).

⑥ See V. Markham Lester, *Victorian Insolvency: Bankruptcy, Imprisonment for Debt, and Company Winding-Up in Nineteenth-Century England*, Clarendon Press, Oxford University Press, 1995, p. 16.

笛福在其1697年出版的《论开发》中表达了其对当时的破产法的不满。笛福认为:"现在的法律永远关闭了债务人重生(recovery)的所有大门,就好像倒闭是对资本的犯罪,他(债务人)由此应当被驱逐出人类社会,遭受比死更可怕的境遇。"①笛福建议对于善意交出自己所有财产以及权益的债务人,根据破产法的精神,破产专员应当在公正评估破产财产的价值基础上,以现金或者商品的形式返还给债务人5%的财产,这部分财产对其债权人获得完全的免责。②

英国安妮女王时期制定的1705年《破产法》(《阻止破产人常见欺诈行为法》,An Act to Prevent Frauds Frequently Commited by Bankrupts)在世界上最早确立了免责制度。③ 这部法律制定的核心目的是防范破产欺诈。这部法律之所以引入破产免责制度,并非为了债务人拯救与再生,而是希望通过免责制度的设置促使债务人与债权人合作,以其财产尽可能多地清偿债权人。④ 1705年《破产法》规定了债务人获得免责的条件:任何破产人只要在破产法规定的时限内,向任命的破产专员自首,并且在一切事项上遵照破产法指令行事,其在成为破产人时所负到期债务将全部免责。⑤ 这里的债务人"遵照破产法指令"行事有两个要求:一是破产人要全面向破产专员披露其财务状况并将其资产交由破产专员管理;⑥二是债务人要尽可能多地偿付债权人以获得免责。与此同时,法律还规定了促使债务人合作的"胡萝卜和大棒"。"胡萝卜"是指法律规定,遵守破产法的债务人将可以从破产财团中获得资助。债务人可以获得破产财团变现所得资金的5%,但最多不超过200英镑。⑦ 但是如果债权人不能得到"一英镑中的八先令"标准的清偿,也就是债权额的40%

---

① Defoe Daniel, *An Essay upon Projects*, The Making of the Modern World(Oct. 31,2021),link. gale. com/apps/doc/U0100359809/MOME? u = cnbnu&sid = primo&xid = f8337a4f&pg = 1.

② See Defoe Daniel, *An Essay upon Projects*, The Making of the Modern World(Oct. 31,2021), link. gale. com/apps/doc/U0100359809/MOME? u = cnbnu&sid = primo&xid = f8337a4f&pg = 1.

③ See 4 Anne C. 17(1705),https://statutes. org. uk/site/the-statutes/eighteenth-century/1705 – 4 – anne-c – 17 – frauds-frequently-committed-by-bankrupts/.

④ See Charles Jordan Tabb, *The Historical Evolution of the Bankruptcy Discharge*, American Bankruptcy Law Journal, Vol. 65, p. 325(1991).

⑤ 4 Anne C. 17(1705),art. 7.

⑥ 4 Anne C. 17(1705),art. 1.

⑦ 4 Anne C. 17(1705),art. 7.

的清偿,则破产人所得的补助数额由破产专员决定。[①] “大棒”则是指1705年《破产法》对破产欺诈规定了非常严厉的惩罚措施,从事破产欺诈行为的,“构成重罪,无牧师恩典”,在当时的法律语言中,这一表述意味着死刑。[②] 该法律同时也规定了对于隐匿财产的债务人的惩戒措施,隐匿财产的债务人将被处以100英镑加上其隐匿财产价值的2倍的罚款。

然而,一年后,立法者认为,这一免责制度并未起到其应有的效果,破产人并未对立法的良好意图作出回应,反而出现大量的欺诈与滥用行为。1705年该法被修改,债务人免责条件被修改为免责需要得到人数与所持债权额均超过4/5的债权人的同意。[③] 需要说明的是,这一法律的另外特点有二:其一,当时的英国破产法仅适用于商人,非商人不能偿还债务的会被投入债务人监狱。这种状况在1861年《破产法》中被改变,破产法统一适用于商人与非商人。其二,这一法律不允许债务人自愿申请破产,破产只能由债权人申请。由于债务人可以通过请友好债权人来申请自己破产以规避这一规定,因此之后的破产法也取消了这一限制。[④] 英国之后的1732年《破产法》延续了防止债务人欺诈的立法目标,其名称为《阻止破产人欺诈行为法》(An Act to Prevent the Committing of Frauds by Bankrupts),该法在保留了1705年法律关于免责的基本规定之外,对免责作出了一些限制。这一法律及其修正案在英国实施了1个世纪。[⑤]

免责制度在英国的产生也有其深刻的经济与社会原因。从经济层面,自17世纪中期起,英国的海外贸易与海外殖民地的开拓使英国人生活更加富裕、消费增加,英国内部形成了一个繁荣、紧密的民族市场。[⑥] 与此同时,英国

---

① 4 Anne C. 17(1705), art. 8.

② See Charles Jordan Tabb, *The Historical Evolution of the Bankruptcy Discharge*, American Bankruptcy Law Journal, Vol. 65, p. 325(1991).

③ See V. Markham Lester, *Victorian Insolvency: Bankruptcy, Imprisonment for Debt, and Company Winding-Up in Nineteenth-Century England*, Clarendon Press, Oxford University Press, 1995, p. 16.

④ See V. Markham Lester, *Victorian Insolvency: Bankruptcy, Imprisonment for Debt, and Company Winding-Up in Nineteenth-Century England*, Clarendon Press, Oxford University Press, 1995, p. 16.

⑤ See Charles Jordan Tabb, *The Historical Evolution of the Bankruptcy Discharge*, American Bankruptcy Law Journal, Vol. 65, p. 325(1991).

⑥ 参见吴冠中:《现代消费社会的起源:17、18世纪英国消费问题研究》,南京大学2014年博士学位论文,第23页。

的金融业繁荣发展,英国建立了以英格兰银行为核心的现代金融制度和资本市场。17 世纪 50 年代,伦敦的皇家交易所和交易所巷的咖啡馆如乔纳森咖啡馆、盖勒维咖啡馆和埃劳德咖啡馆等成为伦敦证券交易的中心。[①] 1694 年,为解决威廉三世政府的财务困境问题,政府希望以 8% 的利率募集 1,200,000 英镑,为了让认购银行迅速付款,认购银行组建了英格兰银行,从而募集到了 1,200,000 英镑。[②] 在社会心理层面,自 17 世纪中期起,英国遭遇了大量不确定事件,包括 1665 年的伦敦大瘟疫、1666 年的伦敦大火、1672 年查理二世拒绝偿还政府债务导致的金匠银行家破产,这导致大量为舰队保险的商人破产。[③] 频发的事故与经济事件使很多无辜者陷入经济困境,这在一定程度上动摇了法律此前的严苛立场。与此同时,从破产法所影响的利益群体层面,商人群体在英国破产法的发展中也起到了重要作用。一些伦敦商人曾在上议院审议 1705 年《破产法》的委员会面前作证。在 1705 年《破产法》修改前,伦敦商人曾提交 3 份请愿书,表达了商界对 1705 年《破产法》慷慨免责规定的不满。[④]

二、美国:围绕免责制度的破产法存废

在美国历史上,破产法的制定一直与宪法牵扯紧密。1787 年由美国制宪会议制定和通过并于 1789 年 3 月 4 日生效的《美国联邦宪法》在第 1 条第 8 款,列举了联邦国会的立法权,提及“国会有权制定……合众国全国的统一的国籍条例和统一的在破产方面的法律”[⑤]。在《美国联邦宪法》制定时,宪法中

---

① 参见曹瑞臣:《论“金融革命”与 18 世纪英国社会转型》,载《财政科学》2016 年第 8 期。

② 参见[英]沃尔特·白芝浩:《伦巴第街》,刘璐、韩浩译,商务印书馆 2017 年版,第 65 页。

③ See Ann M. Carlo et al., *Bankruptcy, Discharge, and the Emergence of Debtor Rights in Eighteenth-Century England*, Enterprise & Society, Vol. 20:2, p. 475 – 506 (2019).

④ See V. Markham Lester, *Victorian Insolvency: Bankruptcy, Imprisonment for Debt, and Company Winding-Up in Nineteenth-Century England*, Clarendon Press, Oxford University Press, 1995, p. 20.

⑤ 关于美国宪法“破产条款”的立法由来,参见陈夏红:《美国宪法“破产条款”入宪考》,载《中国政法大学学报》2019 年第 5 期。另外,以下论文对这一问题也有论及:李曙光、贺丹:《破产法立法若干重大问题的国际比较》,载《政法论坛》2004 年第 5 期;高丝敏:《美国破产法二百年的流变:立法、司法和学术》,载《清华法律评论》2014 年第 2 期;李曙光:《破产法的宪法性及市场经济价值》,载《北京大学学报(哲学社会科学版)》2019 年第 1 期。

所提及的“破产法律制度”的基本法律原型为当时英国 1732 年《破产法》。由于当时可资参照的英国破产法律已经出现了免责制度,因此破产法的存废之争与免责问题就成为同一个问题。

争议首先围绕破产法的适用范围展开。当时《美国联邦宪法》中使用的“bankruptcy”(破产)一词引发了联邦对破产法在适用的主体范围上的争论。由于当时的概念中,“bankruptcy”一般用于商人破产,“insolvency”(破产)则可以包括非商人破产,那么宪法选择“bankruptcy”这个词是否意味着破产法适用范围仅限于商人,这成为解释宪法条文的争议焦点之一。[①] 一种解释试图从当时已有的破产法适用范围中寻求结论,但当时各州已有的破产法五花八门。在《美国联邦宪法》制定时,宾夕法尼亚州已经于 1785 年颁布《破产规范法》(Act for the Regulation of Bankruptcy),这部法案仅适用于商人,同时该州还有一些其他法律为非商人债务人提供救济。据称,当时罗得岛州制定了统一适用于所有人的破产法。纽约州当时没有适用于商人的破产法,但却有适用于所有人的破产法,债务人可以基于超过 3/4 的债权人的同意获得免责。一些其他的州则仅可以免除债务人因不能偿付到期债务的监禁。但在当时的各州立法中,其并未像英国法那样在商人与非商人的免责中划出明确的界限。[②]

在《美国联邦宪法》通过后,国会也一直致力于通过破产法,多次的经济危机也产生了制定统一破产法的需求,但美国第一部联邦破产法直至 1800 年才通过。在这部破产法的制定过程中,1797 年因房地产市场投机所导致的经济危机使很多人陷入债务困境,其中不乏一些知名人士。在没有破产免责制度的情况下,他们都陷入了悲惨的债务困境。美国大陆会议代表、纽约证券交易所创始人之一的威廉 · 杜尔死于纽约的一所债务人监狱;美国独立战争时期伟大的金融家、《独立宣言》的签署者之一罗伯特 · 莫里斯,因负债 1200 万美元而被关押在费城的普伦斯街监狱近 3 年;美国联邦最高法院法官詹姆斯 · 威尔逊,在去世之前的最后时光前往北卡罗来纳州避债,以避免其因在

① See Charles Warren, *Bankruptcy in United States History*, Harvard University Press,2013,p. 6.

② See Charles Warren, *Bankruptcy in United States History*, Harvard University Press,2013,p. 7.

宾夕法尼亚州的欠债而被监禁。[①] 这些在美国历史上赫赫有名的人物的遭遇一定程度上佐证了破产法的立法必要性。

在破产法制定过程中,国会围绕破产免责问题产生了大量争论。支持者之一的来自特拉华州的詹姆斯·A. 巴亚德论证了免责的合理性,他提出:“有广泛商业活动的地方,必有广泛的信用。”他认为破产法不仅必须保护债权人免受不诚实和有欺诈行为的债务人侵害,也必须使债权人能够保护那些诚信的债务人,他们的经营活动遭受了不可预见事件的打击,他们交出全部财产以寻求债务免责。[②] 这一法案的通过并不顺利,直到 1800 年该法案才以微弱多数被国会通过。这部法基本以英国 1732 年《破产法》为蓝本,并没有在免责问题上作出新的贡献。[③] 与英国法一样,免责并不是债务人的权利,只有在破产专员和债权人批准的情况下才能获得。法案当时规定其有效期为 5 年,但仅仅 3 年后该法案就被废除了。

关于债务人监禁的制度,1833 年该制度在联邦层面被废除,很多州在 19 世纪三四十年代也逐渐废止了这一做法。[④] 1837 年经济危机后,制定破产法再次被提上日程,但此次经济危机后制定的 1841 年《破产法》也仅仅存在了一年多。1841 年《破产法》同样规定了债务人免责,而且这部法律不仅仅限于商人适用,所有的债务人均可适用。[⑤] 1857 年经济危机和美国内战前后,再次出现了制定破产法的需求。值得关注的是,1861 年 3 月 11 日的南部《邦联宪法》中关于破产法的规定表明了当时美国南方各州对于免责的态度,该法规定:“国会应有权……制定……统一的实施于邦联领域内的关于破产的法律,但国会的任何法律都不得豁免在法案通过前缔结的债务。”这一规定实际上限制了债务免责的范围。[⑥] 1867 年《破产法》制定通过,这部法律包括很多不

---

① See Charles Warren, *Bankruptcy in United States History*, Harvard University Press,2013,p. 13.

② See Charles Warren, *Bankruptcy in United States History*, Harvard University Press,2013,p. 17.

③ See Charles Jordan Tabb, *The Historical Evolution of the Bankruptcy Discharge*, American Bankruptcy Law Journal, Vol. 65,p. 325(1991).

④ 参见[美]查尔斯·J. 泰步:《美国破产法新论》,韩长印、何欢、王之洲译,中国政法大学出版社 2017 年版,第 43 页。

⑤ 参见[美]查尔斯·J. 泰步:《美国破产法新论》,韩长印、何欢、王之洲译,中国政法大学出版社 2017 年版,第 43 页。

⑥ See Charles Warren, *Bankruptcy in United States History*, Harvard University Press,2013,p. 18.

予免责的事由,只有1/3债务人能够获得免责。但债权人同样对这部法律感到不满,他们认为该法同1841年《破产法》一样,这部1867年《破产法》的管理费用较高,债权人所得的分配数额较少,因此,这部法律也在1878年被废止。①

1898年《破产法》是美国历史上第一部稳定的破产法,这部法律在免责上"开启了美国破产法宽恕债务人的新纪元"。1898年《破产法》废除了免责要经过一定比例债权人同意和债权清偿的最低比例的要件,并限缩了不免责事由的数量。

三、免责制度的程序变迁

在免责制度建立与发展的过程中,免责的程序也发生了变化,这种变化主要表现为两个方面:一是在免责的决定主体上,从由债权人掌控免责决定的权力发展到由法律与法院决定是否对债务人免责;二是免责的法律效力发生了变化,由作为一种诉讼抗辩发展为对诉讼的阻止禁令。

在免责的决定主体方面,在最初规定免责制度的破产法中,债权人在免责决定中居于核心地位。英国1705年《破产法》要求债务人免责需要得到人数与所持债权额均超过4/5的债权人的同意。这种债权人同意免责的做法在英美破产法中一直被沿用。然而,在这一制度下,债权人对债务人财产有极大的控制权,同时,由于法律未对债权人的免责作出任何限制,很多债权人没有任何理由地拒绝给予债务人免责。鉴于此,英国1883年《破产法》便取消了债权人决定免责的做法。美国1898年《破产法》也未规定债权人对免责的同意权。债权人只能通过对免责提出异议的方式来维护自身权益。② 这时的免责决定权被转移到法律与法院手中。

在免责的效力方面,免责制度的核心是债务人对可免责债务无须清偿。这种无须清偿实际上在法律程序中有两种模式:一是免责裁定作为债权人追

① See Charles Warren, *Bankruptcy in United States History*, Harvard University Press, 2013, p. 44.

② See Charles J. Tabb, *The Top Twenty Issues in the History of Consumer Bankruptcy*, University of Illinois Law Review, Vol. 9 (2007).

债的有效抗辩,即债权人仍可提出追债的诉讼,由债务人提供免责裁定作为抗辩。二是在法律中直接规定免责裁定禁止债权人对免责债务提出诉讼。历史上免责制度经历了从抗辩证据到诉讼禁令的发展过程。在 1705 年《安妮破产法》首次规定免责制度时,免责并非对所附债务的自动豁免,而是一种法律认可的抗辩。这时,免责是债务人遵守破产法程序交出所有财产供债权人分配而获得的“守法证明”,如果破产程序之后债务人被已免责债务的债权人起诉,则债务人需要出庭并出示其守法证明作为抗辩。若债务人未照此办理,则法院会作出有利于债权人的判决。如债务人因破产被投入监狱,“守法证明”也可使其获得释放。将免责“守法证明”作为抗辩的做法之后被美国破产法沿用,美国自 1800 年起的历次破产法均采用这一制度,直到 1970 年《破产法》修改方才对这一制度作出调整。在 1970 年《破产法》中,法律规定,免责裁定作出有两方面的法律效力:其一,自动使任何时间作出的关于已获得免责的债务的相关判决失效;其二,永久禁止债权人通过诉讼来主张债务人对已经获得免责的债务承担个人偿还责任。根据这一规定,如果债权人提起诉讼,催收已经免责的债务,则债权人就违反了免责禁令,而且债权人可能获得的任何判决也均无效。① 1978 年《破产法》在第 524(a)条中延续了这一规定。法律清晰地表达了免责作为诉讼禁令的法律效力。首先,美国 1978 年《破产法》第 524 条规定:根据该法作出的免责裁定使任何时候作出的任何涉及债务人的个人责任的判决无效。因此,这些与已经被免责的债务相关的判决即不再具有执行效力。其次,该法第 524 条还规定,破产免责构成对债务人追债行为的禁令,法律禁止采用任何诉讼、程序或者行为来收取已经获得免责的债务。这使债务人从之前的债权人的追债中获得保护,从而能够重新开始。

英国免责的自动适用也经历了长期的发展过程,免责由多数债权人同意的规定直到 1842 年才最终被废止,1842 年后,免责问题由法院来决定。1849 年,法律将破产人划分为 3 种类型:品行好的破产人、不幸的破产人和挥霍型的破产人,不同类型的破产人的免责政策不同。直到 1976 年,英国才采用自

① See Charles J. Tabb, *The Top Twenty Issues in the History of Consumer Bankruptcy*, University of Illinois Law Review, Vol. 9 (2007).

动适用免责。[①]

四、分析与启示

从免责制度在英国与美国的创立与发展过程中,可以发现免责制度发展的如下规律。

其一,免责制度的发展与社会经济发展密切相关。英国免责制度在18世纪初的建立,是其17世纪中期经济发展的产物。经济的发展需要更有效地处理债权人与债务人之间债务问题的法律制度。此前以惩戒为导向的破产法制度难以实现这一目标。当经济发展提供更多的经济机会时,同时也会带来相应的风险。而且在广泛发展的市场中,债权人与债务人的身份并不是固定的,债权人同样可能成为债务人。这时,严苛地以债权人利益保护为取向,而不考虑债务人利益的破产法难以完成其任务。

其二,破产免责制度与经济风险防范紧密相关。英国免责制度建立之前,英国出现了很多不确定的“灾难”事件,这些事件的发生使大量无辜的人陷入经济困境,他们无法清偿其到期债务。美国的破产法立法也是历次经济危机的产物。当不确定的经济风险将大批债务人裹挟其中时,人们认识到不能偿付债务并非应当责难的道德问题,其在很大程度上往往与经济周期或不确定事件相关。此时,破产法应当为这些“诚实而不幸”的债务人提供经济上复苏再生的机会。此时的债务人经济复苏也是整个社会经济复苏的前提。

其三,免责制度的创立与发展过程表明,尽管债权人一直质疑免责制度,但能够促使债务人再生的免责制度才能最大限度地保护债权人利益。免责制度初创的过程就表明严厉惩戒的破产法无法从根本上保护债权人利益,而能够通过免责制度促成债务人合作的破产法更有可能实现两个利益群体的共赢。美国围绕破产法存废展开的论战的核心是免责制度的存废。债权人认为破产法给债务人提供的免责过于宽泛而力主废除破产法。因而,在美国1789年至1898年超过百年的时间内,没有一部实施超过3年的破产法。然

① See Charles J. Tabb, *The Top Twenty Issues in the History of Consumer Bankruptcy*, University of Illinois Law Review, Vol. 9 (2007).

而,最终在 1898 年的这部稳定的破产立法中,更宽容的免责制度得以建立。

其四,个人破产免责制度的适用范围逐渐扩展。破产法的免责在其早期仅适用于商人,但之后破产法适用范围扩大到全部自然人。经营者的风险高于普通人的推断在今天已经很难成立。同时消费债务与经营债务的区分也会出现模糊。如果法律允许存在经营债务的自然人破产免责,而单纯承担消费债务的自然人不能免责,则很明显会出现制度适用的不公正。

其五,免责制度在程序上的发展也表现出更简洁、更自动化的趋势。这首先表现为在免责决定权中,从早期的债权人决定是否免责发展为法院依法决定是否免责。同时,免责的效力也由原本仅能作为债权人起诉的抗辩证书发展为诉讼禁令,免责裁定可以废止针对债务人的可执行判决,并构成对新的起诉禁止的禁令。近年来,原本采用申请免责模式的部分国家,如德国、日本也开始引入破产申请视为免责申请的"一步走"模式。免责程序的简洁化对于债务人再生的促进作用不言而喻。

这些结论对我国个人破产免责制度设计具有参考价值。当前我国经济发展已从高速增长阶段转向高质量发展阶段,逐步形成以国内大循环为主体、国内国际双循环相互促进的新发展格局。这要求有能够保障经济持续稳定发展、解决债权债务问题的破产法律制度。当前,社会中存在部分个人因创新创业、为企业担保、消费金融等方式负有债务的情况,通过免责制度的设计豁免这些无法清偿的债务,或者以免责为前提促成债权人与债务人清偿计划的达成,可以更好地促进债务人的经济再生,同时也有利于债权人权益保护。因此,在我国的个人破产制度研究与创建过程中,适用于全部自然人主体的更有利于债务人拯救与再生的免责制度的设计,将在更大程度上保护债权人利益,并有利于社会经济的发展。

论破产终止条款的处理*

刘　颖**

摘要:破产终止条款赋予破产债务人的合同相对人以约定解除权,其又分为将支付不能等破产原因的发生或者破产申请的提出作为约定解除原因的第一类破产终止条款与将破产程序的开始作为约定解除原因的第二类破产终止条款。合同相对人在破产程序开始后适用破产终止条款,实质上将排除《企业破产法》第18条规定的管理人的合同选择权,其违反强制性规定,因而无效。合同相对人在破产程序开始前适用第一类破产终止条款,尽管是契约自由原则所允许的,却也有可能受到破产撤销权制度的规制。

关键词:破产终止条款;解除权;契约自由;待履行合同;强制性规定

在商业交易中,当事人为了避免因对方的破产而遭受损失,往往会预先在合同中约定如下条款:若合同的一方当事人出现支付停止等破产原因、提出破产申请或者开始破产程序,则对方当事人有权终止合同,或者合同自动终止。此类条款被称为"破产终止条款"(ipso facto clause)。①

从司法实践来看,我国法院倾向承认破产终止条款的效力,②然而有些学

---

* 本文系北京市社会科学基金项目"破产法中的合同规则研究"(项目编号:17FXC028)的阶段性成果。

** 北京航空航天大学法学院教授、博士研究生导师,法学博士。

① 也有学者将此称为"自动终止条款"或者"破产约定条款"。参见王治江:《美国破产法中的待履行合同》,载《黑龙江省政法管理干部学院学报》2003年第2期;兰晓为:《破产法上的待履行合同研究》,人民法院出版社2012年版,第54页。

② 参见李某与开封市第二招待所破产清算组租赁合同纠纷案,河南省开封市中级人民法院(2009)汴民终字第586号民事判决书。

者却一致坚持与法院不同的立场。[①] 如果绝对地否定破产终止条款的效力,可能意味着对合同当事人契约自由的干涉。如果一味地肯定破产终止条款的效力,又有可能导致合同当事人轻易地通过约定来规避破产程序的适用。毫无疑问,关于破产终止条款的效力问题,值得深入研究。从比较法上看,美国法、德国法及日本法对破产终止条款采取了不同的处理。

一、美国法对破产终止条款的处理

1898 年美国《破产法》第 70 条 b 规定:"如果合同明确约定可以根据州法或因一方当事人的破产而转让合同,或者约定任何一方当事人都有权终止该租约或者给予一方当事人终止的选择权,则该种约定是可强制执行的。"[②]这一肯定破产终止条款的效力的条文不但适用于第七章清算程序,还适用于第十章重整程序与第十一章和解程序。鉴于该条文可使破产债务人的合同相对人轻易地终止合同,1898 年美国《破产法》实施后,债务人方面,特别是适用重整程序的债务人不断主张应当在那些标的物对重整必不可少的租约中,限制破产终止条款的效力。司法实践中,也出现了法院拟制合同相对人放弃终止权或否定破产终止条款的效力的案例。[③] 其中,"Queens Boulevard Wine and Liquor Company v. Blum 案"无疑具有代表性。在此案中,第二巡回法院以衡平权力,裁定破产终止条款不予执行。法院在判决理由中写道:"第十一章程序的目的与第十章程序的目的一样,都是在债务人的营业有可能继续,特别是继续营业有利于全体债权人的利益最大化的情形中,保护债务人企业的营业。在本案中,决定租约中的终止条款的效力时,不仅需要考虑出租人的利益,同样需要考虑债务人与全体债权人的利益……在本案中,债务人即承租人只是迟延支付一个月的租金,出租人完全可以通过押金保护自己的利

---

① 参见许德风:《论破产中尚未履行完毕的合同》,载《法学家》2009 年第 6 期;吴庆宝、王建平主编:《破产案件裁判标准规范》,人民法院出版社 2009 年版,第 145 页;兰晓为:《破产法上的待履行合同研究》,人民法院出版社 2012 年版,第 53 ~ 56 页。

② [美]大卫·G. 爱波斯坦、[美]史蒂夫·H. 尼克勒斯、[美]詹姆斯·J. 怀特:《美国破产法》,韩长印等译,中国政法大学出版社 2003 年版,第 252 页。

③ 工藤敏隆「倒産解除条項の倒産手続における効力」法学政治学論究 81 号(2009 年)10 頁参照。

益。另一方面,如果执行破产终止条款,债务人将失去最有价值的资产——他的铺面位置,其提高收益的可能性将遭到破坏。另外,破产终止条款会毫无必要地损害债务人重整过程中的出资者与交易债权人的利益。”①

受到此案影响,1973年美国破产法起草委员会的报告认为,租约中的破产终止条款等于是给予了破产债务人的合同相对人无须考虑重整计划的履行可能性以及全体债权人的利益即可单方面终止合同的权利,这将迫使破产债务人要么放弃重整成功的生命线即营业所等设施,要么接受合同相对人开出的不利条件,以作为合同相对人继续履行合同的代价。基于上述危害,该报告书在修改草案中规定,破产终止条款在破产清算程序中有效,但在重整程序中无效。②

之后,经过听证会,国会议员提出的《破产法修正案》认为,管理人行使选择权能够使重整或破产清算更加容易,因此在破产清算程序中也应当限制破产终止条款的效力。另外,限制的范围应当由租约扩大到所有的待履行合同。③

此后1978年颁布的现行美国《破产法》采纳了上述意见,其第365条(e)(1)规定:“在破产程序开始后,不得以下列条款为理由,终止或变更涉及债务人的待履行合同或未到期的租约中的全部或部分权利义务:(A)债务人在破产程序开始前的资不抵债等经济状态;(B)根据本法开始破产程序;(C)根据本法选任了管理人或者管理人在程序开始前实现占有的取得。”但同时,第365条(e)(2)也规定,为债务人提供融资等金融便利的合同以及其他法律规定了例外的合同不适用前项规定。上述规定同时适用于破产清算程序和重整程序。可见,美国法明确否定了破产终止条款在破产程序中的效力。

美国学者主要从法学与经济学这两个角度,来论证否定破产终止条款的效力的合理性。从法学上看,否定破产终止条款的效力主要基于两点理由:第一,防止破产财团所属财产的逸失。在美国法下,破产财团包括破产程序

---

① 503 F. 2d 202 (2nd Cir. 1974).

② 工藤敏隆「倒産解除条項の倒産手続における効力」法学政治学論究81号(2009年)11頁参照。

③ 工藤敏隆「倒産解除条項の倒産手続における効力」法学政治学論究81号(2009年)11頁参照。

开始时归属于破产债务人的普通法与衡平法上的财产权，这些财产权不仅是破产债务人所有并占有的财产，还包括本来应归属于破产债务人的财产。待履行合同的履行利益即属后者。破产财团是给予全体债权人公平分配以及债务人经济再生的原资，允许合同相对人终止合同将影响破产财团的保值和增值。第二，保障管理人对待履行合同的选择权。美国的判例认为，由管理人来行使待履行合同的选择权，最有利于破产财团利益的最大化。为了保障管理人行使选择权的机会，必须限制破产终止条款的效力。①

从经济学上看，破产终止条款有损经济的效率。具体地说，企业的所有权是一种状态依存所有权，即不同的经营状态下，企业所有权的归属不尽相同。当企业出现经营危机时，预期损失最大的利益相关者就会相应地取得企业所有权的支配地位。因此，在企业破产时，企业及其股东已经与企业的财产丧失利害关系。那么，企业在订立合同时，并不会关注其破产后的利益分配。承认破产终止条款的效力，等于允许破产企业的合同相对人将破产的损失转嫁于破产企业的一般债权人，这会造成外部不经济。然而，对于上述观点，也有学者针锋相对地认为，如果否定破产终止条款的效力，反而会减少债务人避免破产的激励，这不符合效率的要求。②

二、德国法对破产终止条款的处理

《德国破产法》第 103 条至第 118 条设置了关于双方未履行双务合同的一般规定以及关于特殊类型合同的特别规定。该法第 119 条规定："事先排除或限制第 103 条至第 118 条适用的协议无效。"但是，破产终止条款是否属于第 119 条所规定的"协议"，则要从《德国破产法》的立法过程谈起。

《德国破产法》第 119 条源于《德国破产法政府草案》第 137 条，该条第 1 款规定："事先排除或限制第 117 条至第 136 条适用的协议无效。"第 2 款规定："约定支付不能程序开始后，双务合同终止，或者给予对方当事人单方终

① 工藤敏隆「倒産解除条項の倒産手続における効力」法学政治学論究 81 号(2009 年)15～17 頁参照。

② 水元宏典「契約の自由と倒産解除特約の効力」熊本法学 117 号(2009 年)5 頁参照。

止合同的权利的协议无效。在双务合同中约定,一方当事人财产关系恶化时,对方当事人享有单方终止合同的权利的,相关终止权在支付不能程序开始后不得行使。”第 3 款规定:“涉及履行迟延及其他违约行为的协议的效力,不受第 1 款及第 2 款规定的影响。”此条文中的第 117 条至第 136 条对应《德国破产法》的第 103 条至第 118 条。可见,最后颁布的《德国破产法》只是删除了原先《德国破产法政府草案》中的第 2 款和第 3 款的规定。这主要是基于法务委员会的建议:“约定合同相对人在支付不能程序开始后或者财产关系恶化时可终止双务合同的合同条款受到《德国破产法政府草案》第 137 条第 2 款的规制。但是,破产法不应限制这类终止条款的效力。即使这类条款间接地限制了管理人的合同选择权,也绝不能构成足以将对契约自由的严重侵犯正当化的充分理由。在 1993 年 4 月 28 日召开的法务委员会的听证会上,相关经济团体认为第 2 款的规定会对债务人重整形成敌对效果。删除第 2 款的规定符合经济团体的强烈愿望。也就是说,如果破产终止条款无效,对于试图在危机时期实现重整的企业而言,反而会增加破产的危险。这是因为:当债务人的破产临近时,债务人的潜在交易对方不愿承担受合同拘束的风险。另外,在跨国交易中,当事人极为重视合同相对人破产时终止合同的可能性。随着第 2 款的删除,第 3 款也失去存在的意义。将履行迟延及其他违约行为作为原因的终止条款,无须明文规定,理所当然有效。”①上述立法过程表明,德国的立法者最后还是倾向承认破产终止条款的有效性,其主要理由可归结为三点:首先,否定破产终止条款的有效性等于对契约自由的严重侵犯;其次,破产终止条款无效反而影响债务人重整;最后,承认破产终止条款的有效性是跨国交易的惯例。

《德国破产法》实施后,围绕破产终止条款是否有效的争论仍在继续。以上述《德国破产法政府草案》第 137 条的规定为前提,德国学者将终止条款分为非破产终止条款与破产终止条款。非破产终止条款,是指将履行迟延及其他违约行为作为原因的终止条款;而破产终止条款,是指将支付不能等破产原因的发生或者破产申请的提出作为原因的终止条款(以下简称第一类破产

---

① 水元宏典「倒産解除特約の効力論序説:ドイツ法の素描」伊藤眞はか編『民事手続法学の新たな地平:青山善充先生古稀祝賀論文集』(有斐閣,2009 年)891 ~892 頁。

终止条款)以及将破产程序的开始作为原因的终止条款(以下简称第二类破产终止条款)。对于非破产终止条款,由于其法律后果与法定解除权相似,因而学界一致承认其效力。另外,按照通说的理解,第一类破产终止条款也有效,其根据在于:《德国破产法》第 119 条是以破产程序的开始为规制的起点。换言之,其所保护的管理人的合同选择权只有在破产程序开始时才发生,因此管理人必须接受破产程序开始前的合同关系的现状,合同相对人在破产程序开始前行使终止权与管理人的合同选择权并不矛盾。① 如此一来,争论的焦点就主要集中于第二类破产终止条款。概括而言,有效说与无效说各自的理由主要聚焦以下几点:②

第一,契约自由原则与破产法的强制性法规的冲突。“有效说”强调契约自由原则的贯彻。具体而言,首先,破产终止条款与其他协议并无差异,都是由合同当事人自由决定的。其次,破产终止条款的重要功能在于解除一方当事人破产时另一方当事人的不安地位,破产终止条款作为一种保护合同当事人的有效手段,《德国破产法》已在定期行为、委托合同以及事务处理合同等情形中承认其有效。再次,受破产程序开始的法律效果的影响,破产债务人丧失财产管理处分权,破产债权人不得个别地行使权利,因此契约自由受到一定程度的限制,但破产终止条款是在这些法律效果发生之前达成的协议。最后,不应将撤销权的对象行为作为当然的无效行为处理。与此相对,“无效说”则认为,破产终止条款等于允许合同当事人随意地排除破产法的强制性法规的适用。

第二,《德国破产法》第 103 条即关于双方未履行双务合同的一般规定的立法目的。“无效说”认为破产终止条款将导致第 103 条赋予管理人的合同选择权被架空,当然,其中隐藏的前提是,第 103 条的立法目的在于保护破产财团的利益。与此相对,“有效说”则对该条的立法目的存在其他的见解,例如,有的观点认为,该条的立法目的在于保护合同相对人的利益,这样一来,破产终止条款与之并不矛盾。

---

① 水元宏典「倒産解除特約の効力論序説:ドイツ法の素描」伊藤眞はか編『民事手続法学の新たな地平:青山善充先生古稀祝賀論文集』(有斐閣,2009 年)893 頁参照。

② 水元宏典「倒産解除特約の効力論序説:ドイツ法の素描」伊藤眞はか編『民事手続法学の新たな地平:青山善充先生古稀祝賀論文集』(有斐閣,2009 年)894 ~ 896 頁参照。

第三,关于重整可能性的问题。“无效说”认为破产终止条款将使债务人的重整陷入困难。与此相对,“有效说”则进一步解释了《德国破产法政府草案》的观点。也就是说,如果否定第二类破产终止条款的效力,那么破产债务人的合同相对人可能会更多地运用第一类破产终止条款,即在破产程序开始之前终止合同。那么,陷入危机的债务人就只能使用现金交易的方式,如果无法达到这一要求,债务人会被经济社会排除在外。如此一来,债务人进入危机时期后,重整成功的可能性将大为降低。

第四,债权人平等原则。“无效说”认为,破产终止条款违反债权人平等原则。与此相对,“有效说”则认为,即使如此,这也应该是撤销权制度解决的问题,并不代表破产终止条款当然地无效。

三、日本法对破产终止条款的处理

在现行《日本破产法》的制定过程中,是否应当设置关于破产终止条款的效力的规定,被视为一个重要的课题。[①] 然而,鉴于学者对于日本最高法院的先例(leading case)的理解无法统一,以及即便出于一定的立场限制破产终止条款的效力也很难明确地划定作为适用对象的合同的范围,最终立法搁置了这一课题。[②] 这里的日本最高法院的先例,是指 1982 年 3 月 30 日的判决。在此案中,所有权保留买卖合同的买受人适用公司更生程序。程序开始后,出卖人基于合同中的破产终止条款请求管理人返还标的物。对此,日本最高法院认为:“将买受人即股份有限公司申请更生程序开始的原因事实的发生作为买卖合同终止事由的协议,违背了调整债权人、股东及其他利害关系人的利害关系、促进陷入穷境的股份有限公司的事业的维持更生这一更生程序的宗旨与目的,因而不能承认其效力。”[③]

对于上述判决理由,学说上存在不同的理解。第一种观点认为,所有权

---

① 法務省民事局参事官室編『倒産法制に関する改正検討課題——倒産法制に関する改正検討事項とその補足説明』(商事法務研究会,1999 年)52、95 ~ 96 頁参照。

② 法務省民事局編『破産法等の見直しに関する中間試案と解説』(商事法務研究会,2002 年)125 ~ 126 頁参照。

③ 最高裁判所 1982 年 3 月 30 日判決,判例タイムズ469 号(1982 年)181 ~ 184 頁。

保留是一种非典型担保,如果允许合同相对人解除合同并行使取回权,等于允许其规避更生程序禁止一切担保权的实行的规定,日本最高法院的判决理由的本意在于防止这一状况的发生。按照这种理解,非典型担保合同中的破产终止条款仅仅在更生程序中无效,在将担保权作为别除权的民事再生程序与破产清算程序中依然有效。第二种观点认为,日本最高法院的判决理由表明,只要与债务人的事业的再建这一再建型程序的宗旨与目的相抵触,破产终止条款就无效。按照这种理解,当破产终止条款将导致合同相对人取回破产债务人事业继续所必需的财产时,其在公司更生程序与民事再生程序中无效,在破产清算程序中原则上有效。第三种观点认为,允许合同相对人通过破产终止条款将本来应作为债务人的责任财产、用以满足全体债权人的财产不经公示直接取回,将导致该财产脱离责任财产,这违背全体债权人平等的整个破产法制的目的,而且会导致破产法赋予管理人的合同选择权失去意义,因而日本最高法院的判决理由否定了破产终止条款的效力。按照这种理解,破产终止条款不仅在再建型程序中无效,在破产清算型程序中同样无效。①

正是由于存在上述理解上的龃龉,日本的下级法院针对相同情形中的破产终止条款,展现了不同的立场。之后,日本最高法院在一起民事再生案件中,重申了对破产终止条款的效力的否定立场。在此案中,融资租赁合同的承租人适用民事再生程序。程序开始后,出租人主张依据合同中的破产终止条款解除合同。日本最高法院认为,承认融资租赁合同中的破产终止条款无非是"允许具有担保意义的租赁物因一名债权人与债务人的事前协议而在民事再生程序开始前从债务人的责任财产中逸失,放纵(管理人)失去在民事再生程序中根据债务人的事业等是否需要租赁物而进行相应处理的机会,这明显违反民事再生程序的宗旨与目的"。② 从判决理由来看,日本最高法院采取了与上述第二种观点同样的理解。③

日本关于破产终止条款的传统学说与德国相似,即根据对若干争点的不

---

① 松下淳一『民事再生法入門』(有斐閣,2009 年)117~118 頁参照。

② 最高裁判所 2008 年 12 月 16 日判決,判例タイムズ1295 号(2009 年)183~187 頁参照。

③ 松下淳一「再生手続における倒産解除条項の効力」金融商事判例 1361 号(2011 年)106 頁参照。

同看法,分为“有效说”与“无效说”。近年来,否定各类型的破产程序中的破产终止条款的效力的“无效说”逐渐占据主流,更有学者提出了“破产法的再构成”的理论。所谓破产法的再构成,是指为了实现破产法的目的以及利害关系人间的公平,而将利害关系人在破产程序开始前基于实体法规定而形成的权利义务关系,在破产程序内予以重新构筑的一系列尝试。当然,这不可避免地会在一定程度上修正契约自由的原则。按照破产法的再构成理论,破产终止条款至少在以下两个方面违背了破产程序的目的,因而必须在破产程序内否定其效力:首先,非典型担保合同中的破产终止条款使合同相对人由别除权人变为取回权人,这规避了一系列破产程序对担保权的规制;其次,破产终止条款使整个双方未履行双务合同制度空洞化。①

另外,传统的“有效说”认为,合同相对人考虑破产这一状况,为了回收债权而在合同中约定特别的条款,其本身并不应该受到非难。② 对此,近来有学者提出较折中的解决办法,即并不绝对地否定破产终止条款的效力,但是当合同相对人基于该破产终止条款行使解除权时,则视为当初约定破产终止条款的行为是发生于解除权行使之时的债务人与合同相对人的协议解除。若解除权行使于破产程序开始之后,则其因违反破产程序开始的法律效果而无效;若解除权行使于破产程序开始之前的危机时期,则其作为欺诈行为可被撤销。③

四、我国法的实践

从上文分析可知,美国法、德国法与日本法对破产终止条款的处理各不相同。美国法虽然明确否定破产终止条款的效力,但也存在金融合同等例外。德国法本来有可能在立法中明确否定破产终止条款的效力,最后却由于

---

① 伊藤眞「証券化と倒産法理(上)——破産隔離と倒産法的再構成の意義と限界」金融法務事情50巻27号(2002年)6~12頁,伊藤眞「証券化と倒産法理(下)——破産隔離と倒産法的再構成の意義と限界」金融法務事情50巻28号(2002年)82~90頁参照。

② 深山雅也「破産申立解除特約の効力」山本克己はか編『新破産法の理論と実務』(判例タイムズ社,2008年)240頁参照。

③ 水元宏典「契約の自由と倒産解除特約の効力」熊本法学117号(2009年)18頁参照。

经济界的反对,而只能将相关问题交由《德国破产法》的第 119 条的解释论来解决。日本法未对破产终止条款作出任何规定,但日本最高法院的先例在引导解释论的发展上具有重要意义。

比较法上对破产终止条款的处理及相关学说具有以下有益之处:第一,无论"有效说"还是"无效说",其根据或理由往往一一对应,因而必须结合我国现行立法的规定,具体分析其合理性。第二,在破产终止条款是否有效的问题上,不可一概而论,必须区分不同类型分别讨论。第三,如果破产终止条款有效,将间接排除双方未履行双务合同制度的适用,因此,研究双方未履行双务合同制度的立法目的,对于探讨破产终止条款的有效性问题具有重要意义。第四,由于否定破产终止条款的效力意味着对契约自由原则的侵犯,因此,即使出于破产程序的实质理由有必要规制破产终止条款,也应当在规制方法以及规制程度上对契约自由原则的侵犯控制在最低限度。

"有效说"与"无效说"的第一对争点为破产终止条款与经济效率的关系。由于在破产终止条款是否符合经济效率这一点上,从不同角度观察将得出不同结论,而且这些结论尚未得到验证,因此,不能将经济效率方面的假设,作为判断破产终止条款的效力的依据。况且,效率也不是法律的唯一价值。

"有效说"与"无效说"的第二对争点为破产终止条款的有效或无效是否会造成债务人重整的障碍。"有效说"认为,如果破产终止条款无效,将减少债务人在危机时期的交易机会,加速其破产;"无效说"认为,如果破产终止条款有效,合同相对人可能会取回债务人重整所必不可少的标的物,由此造成重整的障碍。事实上,这一对争点也是假说,现实中存在的因破产终止条款无效而迫使债务人从危机时期起使用现金交易的情形,以及因破产终止条款有效而由合同相对人取回标的物的情形,难以统计。

"有效说"与"无效说"的第三对争点出现在对双方未履行双务合同制度的立法目的的理解上。具体地说,美国学界一致认为,待履行合同制度的目的在于保护破产财团的利益,由于破产终止条款违背这一目的,因此立法规定其无效。在德国与日本,"有效说"与"无效说"在双方未履行双务合同制度的立法目的上各执己见,"有效说"认为,是保护合同相对人的利益,因而破产终止条款与这一目的契合;"无效说"认为,是保护破产财团的目的,因而破产终止条款违背了这一目的。我国通说认为,双方未履行双务合同制度的立法目的在于保护债务人财产及其背后的全体债权人的利益。[①] 因此,在我国法下“无效说”更为合理。

“有效说”与“无效说”最核心的分歧在于,如何看待契约自由原则与破产法的强制性法规的关系。“有效说”坚持认为破产终止条款约定于破产程序开始之前,与其他合同条款无异,符合契约自由原则。“无效说”则着眼破产终止条款排除破产法的强制性法规的效果,主张对其加以规制。对于这一点,应结合实务中破产终止条款的具体运用与我国法的现行规定予以客观分析。

《企业破产法》第18条明确规定由管理人行使对双方未履行完毕的双务合同的选择权,这是强制性法规。第二类破产终止条款将破产程序的开始作为合同终止或合同相对人取得解除权的条件。如果适用这类条款,必然会排除管理人的合同选择权,因而,第二类破产终止条款直接违反《企业破产法》第18条这一强制性法规,根据《民法典》的规定,[②]第二类破产终止条款当然无效。

然而,第一类破产终止条款只是将支付不能等破产原因的发生或者破产申请的提出作为合同终止或合同相对人取得解除权的条件。如果合同相对人在破产程序开始之后适用这类条款,会排除管理人的合同选择权,因而与《企业破产法》第18条这一强制性法规相冲突。但是,如果合同相对人在破产程序开始之前适用这类条款,由于此时尚未选任管理人,因而不存在对管理人的合同选择权的排除,也不会违反《企业破产法》的强制性法规。可见,如果将第一类破产终止条款作为当然的无效条款处理,不仅缺乏法律依据,还有可能构成对契约自由原则的过度限制。笔者认为,对于第一类破产终止条款,可以采取以下政策:如果合同相对人在破产程序开始后适用第一类破产终止条款,由于会发生规避《企业破产法》的强制性法规的效果,无论是条款约定合同终止还是合同相对人有权解除合同,都视为发生于破产程序开始

---

① 参见李永军:《论破产管理人合同解除权的限制》,载《中国政法大学学报》2012年第6期;刘颖:《反思〈破产法〉对合同的处理》,载《现代法学》2016年第3期;庄加园、段磊:《待履行合同解除权之反思》,载《清华法学》2019年第5期。

② 《民法典》第153条第1款规定:“违反法律、行政法规的强制性规定的民事法律行为无效。但是,该强制性规定不导致该民事法律行为无效的除外。”

后的协议解除,因违反破产程序开始的法律效果而无效。如果合同相对人在破产程序开始前适用第一类破产终止条款,原则上受到契约自由的保护,但如果该适用发生于破产程序开始前1年内的,则视为债务人放弃债权,管理人可以在破产程序开始后行使撤销权。[①]

---

① 《企业破产法》第31条规定:"人民法院受理破产申请前一年内,涉及债务人财产的下列行为,管理人有权请求人民法院予以撤销……(五)放弃债权的。"

增设担保物权行为的破产撤销及其例外[*]

范志勇[**]

摘要:为实现公平清偿债权的立法目标,破产法对担保物权的破产别除效力予以正当规制。在破产临界期内增设物保的行为因涉嫌偏颇清偿而原则上应当被破产管理人撤销,但同时担保行为由于往往作为债务人获得新融资的对价,未影响其他普通债权人的受偿利益,而得以从破产撤销中豁免。债务人在"借新还旧"的过程中增设的物保,使新债权人获得了以往未有的担保物权人的优越地位,出现了偏颇清偿的情形,破产管理人得以撤销。在破产撤销权规则的适用中,增设物保的时间判定标准应为物权担保的公示时点,而非担保合同成立之时,对于采取登记对抗主义的担保物权类型尤为如此。

关键词:增设物保;破产撤销权;破产临界期;同时担保;担保物权的公示

破产法经常被误解的是,公众容易混淆企业破产问题与破产法本身的特点,在观察到破产企业不履行债务后,甚至颠倒了因果关系,得出破产法允许企业逃避债务的结论。需要辨别的是,一家资不抵债的企业没有能力完全履行它的所有义务,无论它是否处于破产程序中,破产法与其他法律均无法阻

---

* 本文系北京市法学会2021年市级法学研究一般课题"首都地区破产管理人履职保障机制完善研究"[项目编号:BLS(2021)B008]的阶段性成果。

** 北京交通大学法学院副教授、硕士研究生导师,法学博士。

止这一点,企业不能凭空创造财产来偿还债务。[①] 破产法重点要做的是确保债务人在这一过程中的诚信度,即破产法主要调整的是诚实且不幸的债务人的债权债务关系,这一目标主要通过破产撤销权制度来完成。而别除权是债权人基于其享有的担保物权或法定特别优先权,就债务人的特定财产在破产程序中优先受偿的权利,别除权的称谓是私法中特定的优先受偿权利结合破产程序的特点而命名的。[②] 合法有效的担保物权在债务人破产程序中原则上也就具有破产别除效力,以实现债权人就担保物优先受偿的制度核心价值。但依非破产法设置的担保物权在债务人破产程序中并不必然产生别除效力,私法实体规范赋予的优先受偿力获得维持的前提是其构成破产程序视野中的担保物权,通过破产撤销权的评价是关键环节,这是由破产法建构市场主体退出之经济秩序与挽救困境企业的立法主旨所决定的。于破产临界期内增设物保等特定行为,侵害了普通债权人的债权利益,导致不当设立的担保物权与债权之间的冲突,破产法成为协调二者的基准,破产法将通过赋予管理人以破产撤销权,否定破产法所不予认可的担保物权的别除效力。

一、破产撤销权对偏颇清偿的纠正

破产撤销权是破产法采取破产效力的溯及主义的结果,在破产程序启动前的一段时间内,债务人发生了破产原因,倘若债务人仍为有悖公平清偿不同债权的行为,破产管理人得以在破产程序中予以撤销。[③] 对于破产程序之中成立的担保物权,依据其设立目的通常可以被认定为共益债权,而不在破产撤销权的视野内。[④] 在常态的市场交易中,债务人可以对任何到期债权进行清偿,这是正常的商业活动,也是债务人的自由,不涉及公平的问题,只有在债务人出现破产原因之际设立担保物权才会涉嫌违背公允性。破产撤销

① See Douglas G. Baird, *A World without Bankruptcy*, Law and Contemporary Problems, Vol. 50: 2, p. 186(1987).

② 参见王欣新:《破产法》(第4版),中国人民大学出版社2019年版,第355页。

③ 参见陈计男:《破产法论》,台北,三民书局2004年版,第18页。

④ 参见陈英:《破产重整中的利益分析与制度构造——以利益主体为视角》,山东大学出版社2013年版,第86页。

权所针对的设立担保物权的行为重在偏颇清偿,[①]在债务人丧失债务清偿能力之后,如果承认一些债权人基于获取信息的优势而获得特别清偿的效力,将对债权人整体造成不公平的结果,并在客观上鼓励债权人与债务人于破产程序启动前积极开展执行竞赛,从而进一步恶化债务人的财务与经营状况,不利于后续破产工作的开展。而且增加的物权担保会使破产财产"支离破碎",担保物权人基于其权利的破产别除效力要求个别实现时,破产财产将被拆分变现,这很可能影响破产财产整体价值的发挥。为此,经由破产撤销权,破产法的效力得以发生"时间倒流",回溯至债务人破产前的特定状态。[②] 破产管理人行使破产撤销权所恢复的财产应归属于全体债权人,纳入破产财产之中。因债务人增设物保而享有担保物权的债权人,在破产管理人行使撤销权后,其法律地位将转为普通破产债权人。[③] 同时,普通债权人仍被禁止分享那些依据非破产法只有部分债权人能够取得的财产利益。

二、增设物保行为之破产临界期的设置选择

根据《企业破产法》第31条的规定,在破产程序启动前一年的破产临界期内,债务人对没有财产担保的债权增设物保的行为,管理人在破产程序中可以请求法院予以撤销。债务人对没有足额物权担保的债务增设担保物权的行为也在该法定情形范围内。[④] 管理人撤销破产临界期内增加担保物权的行为,直接体现了物权担保债权与普通破产债权的冲突,基于公平价值的考量,法律规范往往采取否定前者以保障后者最基本的平等受偿利益的立法态度。美国《破产法典》将破产撤销的对象分为欺诈性转让与偏颇清偿两类,后者由美国《破产法典》第547条规定,主要包括可撤销期间内的个别清偿行为

---

① 以担保标的物来代物清偿担保债权的,如果该标的物的价格与债权额均衡,即便撤销其行为的效力,最终基于别除权的行使也会产生相同的结果。因此,此类代物清偿行为缺乏有害性,不被撤销。参见[日]山本和彦:《日本倒产处理法入门》,金春等译,法律出版社2016年版,第85页。

② 参见[美]道格拉斯·G.贝尔德:《美国破产法精要》(第6版),徐阳光、武诗敏译,法律出版社2020年版,第176页;许德风:《论偏颇清偿撤销的例外》,载《政治与法律》2013年第2期。

③ 参见沈达明、郑淑君编著:《比较破产法初论》,对外经济贸易大学出版社2015年版,第39页。

④ 参见孙兆辉:《破产撤销权制度研究——制度功能视角下的一种比较法进路》,中国政法大学出版社2019年版,第97页。

与增设担保行为。根据美国《破产法典》第 547(b)条的规定,在债务人提交破产申请前 90 日内,基于既定债务债务人向个别债权人转移财产利益,使该债权人获益的,该行为因涉嫌选择退出行为将被认定为偏颇性清偿而得为托管人(管理人)撤销。① 在此期间,债务人在自有财产上为特定的普通债权人设定担保权益的,该行为也将被纳入可被撤销的偏颇性清偿行为之中。② 但针对内部人员所为的给付,在破产撤销权中适用例外的 1 年的破产临界期,以示对其的特殊规制。③ 破产临界期作为明线规则(bright-line rule),不可避免地会出现人为操纵的在临界期之外的故意选择退出行为,大债权人具有迫使债务人在偏颇性清偿(含增设物保)后支撑 90 日再申请破产的能力,大量美国破产判例显示,破产申请是债务人在大规模清偿之后的第 91 日或第 92 日提交的,这显然不是巧合。④ 在英国破产清算程序中,破产管理人可撤销的偏袒性清偿行为应当是发生在程序启动之前的 6 个月内,倘若债务人的清偿对象是有生意或工作关系的同事、伙伴(纯粹的雇员关系除外),破产临界期为破产程序启动之前的 2 年内。⑤ 与美国《破产法典》一样,英国强调区别债务人偏颇清偿对象与债务人的亲疏关系来设置不同的破产撤销权临界期,其背后法理在于,债务人的密切债权人更容易与债务人串通,故意设计选择退出行为以规避正常的较短的破产临界期,因此,对其适用较长的临界期符合公平原则。魁北克《破产与资不抵债法》(Bankruptcy and Insolvency Act)第 95 条规定,破产程序启动前的 3 个月内,部分债权人在正常交易中从丧失债务清偿能力的债务人处获取的优先受偿的权利无效,如果债权人优先受偿的权利

---

① See 11 U. S. Code § 547(b).

② 根据美国《破产法典》第 101(54)条的定义,"给付"包括:(1)担保权的创设;(2)为卖主保留所有权以提供担保;(3)对债务人赎回抵押权的权利的剥夺;(4)任意形式、直接或间接、绝对或附条件、自愿或强制地对(1)财产或(2)财产利益的处分或出让。上述定义还包括担保权或担保物权的转让。也就是说,债权人在偏颇期限内获得担保与直接清偿一样,都将作为偏颇行为予以撤销。参见[美]查尔斯·J. 泰步:《美国破产法新论》(第 3 版),韩长印、何欢、王之洲译,中国政法大学出版社 2017 年版,第 548 页。

③ See 11 U. S. Code § 547(b)(4)(B).

④ 参见[美]道格拉斯·G. 贝尔德:《美国破产法精要》(第 6 版),徐阳光、武诗敏译,法律出版社 2020 年版,第 177 页。

⑤ See Insolvency Act 1986, sec. 341 (1).

是通过非正常交易获得的,该权利无效的时效可以追溯到破产前的 12 个月。[①] 该规定强调增加优先受偿的权利,包括但不限于担保物权,特别优先权也应囊括在内,并区分了交易的类型来设置不同的无效追溯期间,但其难以明晰界定正常交易与非正常交易的标准。

相较而言,我国可撤销的破产临界期间更长,这也为债权人的恶意规划增加了难度,在一定程度上可阻止一些选择退出行为的发生,使行为人"知难而退"。但由于破产撤销权所调整的偏颇清偿行为并未涉及债权人与债务人的主观要件的考察,即便事后回溯推论得出债务人在临界期丧失了债务清偿能力,在临界期内债务人基于债权人主张不安抗辩权等要求提供的相当的物权担保之际,多方债权人并未集中向债务人开展"执行竞赛",债务人很可能并不知晓其已然失去了债务清偿能力,享受到增设物保待遇的个别债权人也许并无选择退出行为的恶意。有学者甚至认为,在统一的破产临界期规则之下,破产法官应对管理人提出的撤销申请,实质审核当事人的主观状态,在当事人并无恶意的情况下,法院不应支持管理人的撤销申请,债务人设定的担保物权具有破产别除效力。[②] 然而,此论虽具有形式合理性,但不具有可行性,不仅法官难以查明过去某一时点债权人与债务人的主观状况,而且以当事人不确定的主观心理来决定偏颇清偿行为的可撤销与否,又会造成新的不公平结果。吴传颐先生曾指出,纵令当事人主观上无欺诈的意思,客观上亦足以产生妨害债权人之间利益均衡的后果,不得不予以撤销。[③] 陈计男先生也认为,债务人于破产临界期内对没有担保的现有债务突设担保,不仅行为失之偏颇,而且动机殊为可疑,这些都构成破产撤销的正当性理由。[④] 当然,与当事人意志选择无关的法定担保物权的增设,原则上并不为破产撤销权所调整,除非破产管理人能够提供有效证据来证明债务人与留置权人恶意串通,为留置权的形成创造条件,以获得偏袒性清偿为主要目的。[⑤] 总体而言,虽然立法选择较长的破产临界期容易造成有失公允的结果,但临界期的设置

① See Bankruptcy and Insolvency Act, s. 95.

② 参见徐晓:《论破产别除权的行使》,载《当代法学》2008 年第 4 期。

③ 参见吴传颐编著:《比较破产法》,商务印书馆 2013 年版,第 213 页。

④ 参见陈计男:《破产法论》,台北,三民书局 2004 年版,第 213 页。

⑤ 参见王欣新:《破产法》(第 4 版),中国人民大学出版社 2019 年版,第 159 页。

体现了一国社会信用体系建设的整体情况与建构市场信用秩序的目标要求,是一种立法政策的选择。而我国统一设置的一年破产临界期过长,管理人行使破产撤销权对市场交易关系造成了过重的干扰,影响了交易安全与市场主体的正常预期。在我国社会信用体系建设取得长足进展的社会背景下,可以考虑适当缩短立法中的破产临界期,并针对债务人为与债务人关系密切、存在长期商业往来关系的特定债权人增设物权担保的偏颇清偿行为,区别适用较长的临界期。

三、增设物保行为的破产撤销

我国《企业破产法》第 31 条规定的债务人无偿转让财产的行为,以及第 33 条规定的破产无效行为,与破产撤销权针对的债务人所为的偏颇清偿行为不同,前者在破产程序之外,是《民法典》第 538 条规制的民法中的可撤销行为,对破产无效行为效力的否定也不受破产临界期的限制,而后者在非破产法上属于合法行为,其效力获得非破产法的肯认,只是在债务人破产的特定场域下才会出现利益失衡的偏颇局面。所以,我国《企业破产法》第 31 条将在破产临界期内增加物保的行为与债务人的其他无偿转让财产的行为一并规定不妥,没有突出评价债务人增设物保行为的特殊性。[①] 同时,可被管理人撤销的增设物保的行为仅限于债务人以自有财产为自己债务设定担保的行为,如此才会赋予物权担保债权人以优先受偿权,使其获取额外的不公允的利益,而第三人为债务人的债务增设的物权担保,不会影响作为全体债权人受偿基础的破产财产的范围,故不受破产撤销权的调整。至于债务人以自有财产为他人债务提供担保的行为,也没有造成债务人的债权人之间受偿的不公平,虽不宜因增设担保物权的规定而被撤销,但可以被归入"无偿转让财产"行为之列而被撤销。[②] 对此存在争议,有学者认为,不宜界定为无偿行为,因为债务人履行完担保责任后,仍可以对被担保人行使追偿权。[③] 但大多数

---

① 参见许德风:《论破产中无偿行为的撤销》,载《法商研究》2012 年第 1 期。

② 参见王欣新:《论"对没有财产担保的债务提供财产担保"行为的认定》,载《人民法院报》2016 年 1 月 27 日,第 7 版。

③ 参见陈荣宗:《破产法》,台北,三民书局 1986 年版,第 257 页。

学者主张“无偿行为说”,考虑债权人向担保人主张清偿之际,多系主债务人未清偿之情形,或因主债务人主观违约或客观上丧失了债务清偿能力,在物权担保人担责之后再向主债务人求偿也基本无果,物权担保人的追偿权徒有虚名。① 笔者也认为,债务人为第三人债务增设的物权担保难以与其对第三人享有的事后追偿权形成对价,后者往往无实际财产利益。增设物保的行为与破产无效行为也有所交叉,我国《企业破产法》第33条规定,债务人虚构债务抑或是承认不真实债务的行为无效,债务人为此类债务在破产临界期内增设物权担保的行为应被纳入破产无效行为的范围,而不再属于破产管理人可撤销的行为。②

需要注意的是,针对债务人得以从中受益的个别清偿行为,虽然债务人财产因此而增加,但交易具有等值性且不存在信用授予,其他债权人的利益未受实质影响的,该增设担保的行为不应被纳入偏颇清偿行为范畴中,我国《企业破产法》第32条的但书规定对此予以了明确,“个别清偿使债务人财产受益”的行为不得撤销。③ 而当债务人向享有足额担保的优先顺位的物权担保债权人清偿债务以使其债权消灭,则间接致使后顺位的不足额物权担保债权人取得了优先受偿的机会而受益,产生了间接偏颇性个别清偿的情况,④债务人财产本身并未受益,此项情形应列入《企业破产法》第32条但书之前应予撤销的个别清偿行为之中。在英国1986年《破产法》中,债务人为偏颇清偿行为的受益人不仅包括债务人的债权人,为债务人负担债务承担责任的保证人或物权担保人也囊括在内,且受益的法律主体因之获得了更优的待遇或地位。⑤ 有些国家的破产立法还规定,纳税担保等特殊担保物权类型不在破产撤销权调整的债务人增设物保的行为范围内。例如,根据日本《破产法》第163条第3款、日本《民事再生法》第128条第3款,以及日本《公司更生法》第87条第3款的规定,在破产程序启动前对税收债权设定的物权担保不构成破

① 参见李永军:《破产法——理论与规范研究》,中国政法大学出版社2013年版,第280页。

② 参见徐晓:《论破产别除权的行使》,载《当代法学》2008年第4期。

③ 参见许德风:《论偏颇清偿撤销的例外》,载《政治与法律》2013年第2期。

④ See Gladstone v. Bank of America (In re Vassau),499 Bankr. 864 (Bankr. S. D. Cal. 2013).

⑤ See Insolvency Act 1986, sec. 340 (3).

产撤销权的适用对象。[①] 但在税收优先权日益限缩的普遍立法趋势下,税收债权在破产程序中的优越地位也面临趋于弱化的局面,且在税收优先权仍为立法肯认的情况下,对税收债权设定的纳税担保不宜再在破产程序中具有破产撤销豁免的特殊待遇,税收优先权与担保物权的双重保障过度优待了税收债权,失之公允。

与固定担保类型不同,浮动担保的特点就在于原材料、成品、存货、应收账款等标的物的不断变动,倘若破产立法将临界期内新产生的浮动担保物均归入偏颇清偿的范围,则几乎在破产程序中否定了浮动担保的价值,逾越了破产法所应当享有的调整能力范围,殊为不妥。在私法实体规范规定的浮动担保的优先受偿力为破产法所维持的前提下,不应仅因为浮动担保物在破产临界期的正常变动而被撤销,但若临界期时点担保物的市场价值不足以清偿所保障的债权额,之后担保物范围的变化出现异常,比如,债务人将计划用于清偿债务的资金来购买浮动担保物,也将构成可撤销的事后担保行为。[②]

四、同时担保行为的撤销豁免

债务人于破产临界期中设定的担保物权原则上为破产管理人行使撤销权的对象,但一律撤销的结果会消除企业债务人危机期间获得新融资以渡过困境的机会,而债务人要获得新融资,须为新融资债权人提供物权担保作为对价,不宜使新融资债权人处于普通债权人的破产地位。对此,一些国家的破产立法规定,破产撤销权调整的增设担保的行为仅限于对既存债务设定担保物权的行为,而不包括债务与物权担保一并生成的同时担保行为。[③] 因其担保合同的订立是具有主合同的对价利益的,债权人同意与债务人签订协议的前提是同时成为担保物权人,担保物权的设置并不具有改善债权人原清偿

① 参见[日]佐藤铁男:《破产法和其他法律领域的交叉——寻求其协调的序论性研究》,刘颖、侯欣怡译,载李曙光、刘延岭主编:《破产法评论》(第1卷),法律出版社2018年版,第118页。

② 参见许德风:《破产法论——解释与功能比较的视角》,北京大学出版社2015年版,第407页。

③ 参见[日]山本和彦:《日本倒产处理法入门》,金春等译,法律出版社2016年版,第89页。

地位的作用,不会造成债权人之间利益的不公平。① 但同时担保条款的约定内容须有具体的标的指向,笼统地约定债务人有提供担保的义务是难以作为债之关系成立的对价的。② 此外,在成立债权债务关系的合同条款中是否存在特别约定是判断是否构成同时担保行为的可行的标准。倘若合同约定了债务人在担保物价值下降时的追加担保义务,仍应被视为同时担保行为。③

考察比较法的立法与适用规则,根据美国《破产法典》第547(c)(1)条规定,同时交换的新价值(The Contemporaneous Exchange for New Value),豁免于可在破产程序中撤销的偏颇性清偿行为。④ 其实质上包含同时担保行为,其同时交易的形式与偏颇性清偿要求的既存债务的要件不同。同时交换新价值行为的例外包括当事人交易新对价的意图要件⑤与事实上该行为属于真正的同时交易的要件,⑥还可以适用于"替代担保"的情形,但若新的担保物的价值超过被替换的担保物,于增加的价值范围内仍可能构成偏颇性清偿行为。⑦ 对于动产购置款抵押权,美国《破产法典》赋予了权利人单独的撤销豁免权,其还享有通过替换担保等方式对同时交换新价值例外的选择适用权。⑧动产购置款抵押权多发生于债务人迫切融资生产的场合,担保物本身即为债务人因债权人提供借款所购置的标的,同样体现了同时担保行为以担保物权作为交易对价的本质内涵,应将其作为可撤销的偏颇清偿行为的例外情形。我国《民法典》第416条也规定了动产购置款抵押权,我国破产立法应对此在破产撤销权规范中予以相应的特别对待。而替代担保属于当事人意思自治领域中的自由决定事宜,当其操作未产生新价值、担保权人没有获得额外利

---

① 参见王欣新:《论"对没有财产担保的债务提供财产担保"行为的认定》,载《人民法院报》2016年1月27日,第7版。

② 参见许德风:《论偏颇清偿撤销的例外》,载《政治与法律》2013年第2期。

③ 参见[日]谷口安平主编:《日本倒产法概述》,佐藤孝弘、田言等译,中国政法大学出版社2017年版,第166页。

④ See 11 U. S. Code §547(c)(1).

⑤ See 11 U. S. Code §547(c)(1)(A).

⑥ See 11 U. S. Code §547(c)(1)(B).

⑦ 参见[美]查尔斯·J. 泰步:《美国破产法新论》(第3版),韩长印、何欢、王之洲译,中国政法大学出版社2017年版,第575~576页。

⑧ 参见[美]道格拉斯·G. 贝尔德:《美国破产法精要》(第6版),徐阳光、武诗敏译,法律出版社2020年版,第189页。

益之时，破产法也不应给予否定评价。

日本《破产法》第161条将同时担保行为纳入取得相应对价而处分财产的行为范围中处理，其往往不会导致债务人财产的减少，因而不适用第162条第1款可被撤销的增设担保的行为，但当债务人以取得相应对价的处分行为为手段，而达成隐匿财产的不法目的之时，该行为仍然可以成为破产撤销权的对象。① 也就是说，当基础债权债务关系以及保障债权实现的担保物权的设置，其本身就是为隐匿、转移财产等欺诈目的而作出的行为，应对其进行目的性、系统性评价，予以撤销处理，这对同时担保行为的审视可谓全面、透彻，与美国《破产法典》中对于同时交易例外的意图与实质同时行为两项要件的规定异曲同工，且更有可操作性，避免了对当事人交易意图的过多涉入，并兼顾了保护交易安全与交易秩序的需要，值得我国破产立法借鉴。

五、"借新还旧"行为的破产撤销

债务人企业为获得银行等金融机构债权人提供的新贷款，不得不对尚未偿还的同一债权人提供的无担保的旧贷款予以清偿，此时债务人主要面临两种选择方式："还旧借新"与"借新还旧"。我国学者普遍认为，对于前者，债务人自筹资金或通过第三人短暂融资等方式清偿完毕无担保的旧贷款之后，在债权人依约定提供新贷款的同时，债务人设定物权担保，符合同时担保行为的担保与融资的对价特征，不应在管理人行使破产撤销权的范围内。对于后者，其实质上是以对原无担保债务增设物权担保的方式，以获得原债务的延期，新旧贷款形式上是两份合同，这一过程中并无新的债权债务关系产生，不构成同时担保行为，应被纳入破产撤销权的视野。②

根据美国《破产法典》的规定，债务人被撤销的偏颇清偿仅限于针对债务人财产的处分行为，美国司法判例认为，指定用途的资金（earmarking）不属于

① 参见［日］谷口安平主编：《日本倒产法概述》，佐藤孝弘、田言等译，中国政法大学出版社2017年版，第159～163页。

② 参见王欣新：《破产法》（第4版），中国人民大学出版社2019年版，第161页。

债务人财产,被称为专项原则(earmarking doctrine)。[①] 无论是"还旧借新"还是"借新还旧",新的借款被视为专项贷款(earmarked loan),当新贷款金额不高于旧贷款,且新贷款中的债权人并未获得更优先的清偿顺位的情况下,经由专项原则,专项贷款得以成为破产撤销的例外。[②] 的确,契合专项原则的新贷款并未使债务人财产的价值有所波动,也没有影响其他债权人本应享有的清偿利益,自然不会构成偏颇清偿。需要辨析的是,专项原则的破产撤销豁免并不包括债权人通过发放新贷款而获得物权担保的情形,债务人以自有财产为新贷款提供人增设的物权担保,不仅为特定的债务人财产增加了担保负担,也使新贷款提供人获得了优先受偿的优越地位。而且,专项贷款的本质也充分说明了债务人并不享有新贷款资金的完整使用权,债务人对外承担的债务规模没有变化,却额外对自有债务负担了物权担保,贷款的延期无法改变债务人行为的偏颇。[③] 结合上文分析,在"借新还旧"的场合下,管理人原则上可以对其行使破产撤销权。

六、担保物权的设定与破产撤销

由于受到破产撤销权所调整的破产临界期内的偏颇清偿行为规制的评价,担保物权在破产程序中的效力在很大程度上取决于权利设置的时点,这直接决定了担保权人能否在债务人破产程序中就特定物行使优先受偿权。[④] 也就是说,进入破产撤销权评价范围的债务人处分行为发生于法定的破产临界期,债务人设定担保物权的行为是否会面临破产撤销权的否定评价,首先要视该担保物权的设定时间而定,而担保物权的产生标准须遵循私法实体规范。在世界银行优化营商环境的评估指标中,消除隐性担保是重要的得分项,其对应的失分项则是对交易安全造成重大破坏的秘密担保的存在,在世

---

① See Adams v. Anderson (In re Superior Stamp & Coin Co.), 223 F.3d 1004 (9th Cir. 2000).

② 参见[美]道格拉斯·G. 贝尔德:《美国破产法精要》(第 6 版),徐阳光、武诗敏译,法律出版社 2020 年版,第 197 页。

③ 参见任一民:《既存债务追加物保的破产撤销问题》,载《法学》2015 年第 10 期。

④ See Richard A. Mann & Michael J. Phillips, *The Timing of Perfection of Security Interests under the Uniform Commercial Code and the Bankruptcy Reform Act*, Akron Law Review, Vol. 15, Issue 2, p. 370 (1981).

界银行的推动下,当前担保物权法的全球发展趋势是以强化全部担保物权类型的有效公示来消除隐性担保,破产法也将继续贯彻担保物权法中的物权公示原则,破产撤销权规范也不例外。① 隐性担保对于国民经济的健康、有序发展的负面影响较大,在隐性担保盛行的市场环境中,没有物权担保债权人能够绝对地确信其是第一个就担保物获得担保物权的权利主体,担保权益的不确定性以及为了减少不确定性而付出的额外努力只会增加信贷成本。② 隐性担保带来的当事人以倒签合同等方式虚构担保的道德风险,是债权人所无法回避的,可能会促生系统性的金融风险。③ 发生于2008年的源于美国的世界金融危机,重要起因即在于法律的变化使复杂且不透明的金融产品在破产程序中得以享受担保物权待遇,甚至获得最高的优先级,债权人因此极其青睐使用该类金融衍生品进行商事交易,但这些金融产品的担保权益没有向社会进行有效的公示,不透明的信贷环境使债务人尤其是投资银行可以隐藏他们的债务杠杆程度,这对所有的债权人来说几乎是灾难性的,唯有在担保物权法律规范中树立消灭隐性担保的立法理念,加强现代金融监管体系建设,才能有效防止类似金融危机的卷土重来。④

美国物权性担保的设定历来以文据登记的方式采取登记对抗主义原则,由此衍生的秘密担保与衡平担保对财产法与破产法的发展造成了极大困扰,严重影响了主体的交易预期,破坏了交易安全,也侵害了其他债权人的利益。目前美国的《统一商法典》与《破产法典》均不遗余力地凸显担保的公示价值,未经公示的担保,在破产程序中不得对抗破产管理人的撤销权。⑤ 就此,在美

---

① 撤销一项不当设立并依照法定程序"完善"(perfect)的担保物权,无非只是在破产语境下执行既有的担保法规则。如果债权人在设定其担保物权时未能遵守担保法的既有规则,则其自然不应期待其担保物权获得承认。参见[美]杰伊·劳伦斯·韦斯特布鲁克、[美]查尔斯·布斯、[德]克里斯托弗·保勒斯、[英]哈里·拉贾克:《商事破产:全球视野下的比较分析》,王之洲译,中国政法大学出版社2018年版,第90页。

② See Harry C. Sigman, *Perfection and Priority of Security Rights*, European Company and Financial Law Review, Vol. 5, Special Issue, p. 159 (2008).

③ 参见龙俊:《民法典中的动产和权利担保体系》,载《法学研究》2020年第6期。

④ See Michael Simkovic, *Secret Liens and the Financial Crisis of* 2008, American Bankruptcy Law Journal, Vol. 83, Issue 2, p. 253 (2009).

⑤ 参见许德风:《破产法论——解释与功能比较的视角》,北京大学出版社2015年版,第403~404页。

国法中,虽然担保物权成立的登记对抗主义没有变化,但未经公示的担保权益不再享有优先权,也就是说,完善担保权益(担保物权的公示)意味着担保权人真正取得了优先受偿权,其得以在破产程序中优先于司法担保债权人与普通债权人而受偿,尚未完善担保权益的担保债权人也将由此随时面临突如其来的债务人破产的风险,而使自己因来不及完善担保权益而沦为普通债权人。① 担保权的"完善"决定了担保权能够具有对抗第三人的效力,因此担保权在与其他竞争债权的比较中享有就担保物的经济利益的优先受偿权。同时,担保权的"完善"还意味着所有法律规范体系对其对抗效力的认可,也就是说,其在任何法律中均拥有完整的担保物权的效力,破产法也不例外。然而,担保权完善之后的优先受偿力也不是绝对的,其本身受到正常经营活动中的买受人规则的特殊限制。② 关于担保权益正常的完善期间,美国《破产法典》给予了理解与肯认,并赋予了 30 日完善担保权益的宽限期,假设所担保的基础债务与担保构成对价关系,担保权益在法定宽限期内完善,可被视为同时担保行为而免于被认定为偏颇性清偿而被撤销。③ 除对欺诈转让与偏颇清偿行为的破产撤销权外,美国破产程序中的托管人(管理人)还享有"强臂"(strong arm)权,④该权利旨在撤销债权人尚未完善(公示)的担保权益。因此,即便债权人与债务人在破产临界期之前订立担保合同,但因不具有因完善而产生的对抗效力,担保债权人在破产程序中只能与普通债权人一起按债权比例受偿。

我国担保物权的效力规范,如抵押权以登记生效主义为主,登记对抗主义为辅,未进行登记的动产抵押权虽然在抵押合同生效时成立,但其在破产程序中不应具有基于对抗力所生成的优先受偿力。所以,无论采取何种公示原则,担保物权的公示对于其在破产程序中的核心内容的维持是至关重要的。基于消灭隐性担保的民事立法政策的考虑,对于动产抵押权等采取登记

---

① 参见[美]道格拉斯 · G. 贝尔德:《美国破产法精要》(第 6 版),徐阳光、武诗敏译,法律出版社 2020 年版,第 184 ~ 185 页。

② See Harry C. Sigman, *Perfection and Priority of Security Rights*, European Company and Financial Law Review, Vol. 5, p. 144 - 146(2008).

③ See 11 U. S. Code §547(e).

④ See 11 U. S. Code §544(a).

对抗主义的担保物权类型,宜以公示的时点作为判断撤销权规范适用的标准,而非抵押合同成立之时。但对于办理担保公示手续的合理的期限,我国破产立法应当结合实践,设置妥当的宽限期,完善同时担保行为的撤销豁免规则。

比较考察

论美国衡平接管制度

楼建波* 叶依梦**

摘要：美国衡平接管制度承继自英国衡平法，最初被用于保全涉案财产价值和执行生效判决，后来被法院拓展到处置企业和地方政府的债务危机，以及推动公共机构改革、维护公民宪法权利。衡平接管制度的灵活性和其强大的法律效果（剥夺所有人或公共机构的控制权），使其成为美国法院应对不断发展的社会环境和商事制度创新的有力工具。但是衡平接管的灵活性造成的不确定性也阻碍了该制度的运用。2015 年颁布的《美国统一商业不动产接管法》提供了一套全面清晰的规则，以使衡平接管制度适应现代经济社会发展的需要。借鉴衡平接管制度并加以改造，有助于解决我国实践中存在的被冻结股权价值非正常贬损问题，纾解强制执行中公益设施不能或不宜变价的困难；它还可以作为陷入困境的房地产企业解决债务危机的破产替代性手段。

关键词：衡平接管；强制管理；股权冻结；担保权实现；房企债务危机

衡平接管制度（equity receivership）①起源于 16 世纪中后期的英国，②是指

---

* 北京大学法学院教授、博士研究生导师，法学博士。

** 华东师范大学法学院讲师，法学博士。

① 现有文献对“equity receivership”有“股权接管”“指定接管”“衡平接管”“衡平法上的接管”“衡平法上的指定接管”等译法。本文认为，“股权接管”不够准确，因为在英美法中，接管的对象可以是所有类型的财产，而“指定接管”未体现该制度的衡平法底色。在剩余译法中，“衡平接管”更加简洁，本文予以沿用。

② See Keith H. Holland & John M. McKenzie, *Navigating New Landscapes in Debtor Creditor Law: Select Provisions of the Missouri Commercial Receivership Act Compared to Federal Bankruptcy Law*, Business, Entrepreneurship & Tax Law Review, Vol. 4:1, p. 85 (2020).

衡平法院通过中立的接管人,占有和控制财产,并根据当事人的衡平权利对财产及其孳息进行分配。[①] 美国法院承继了英国的衡平接管制度,[②]并拓展了应用领域:从接管财产维持财产价值和执行判决以保护私人利益,到接管铁路企业和地方政府以处置债务危机,再到接管公共机构和构成公共侵扰的空置住房以维护公共利益和保护公民宪法权利。

目前,都希望解决被冻结股权价值非正常贬损的问题。所谓被冻结股权价值非正常贬损,是指法院冻结股权后,被执行人利用其对公司的控制,通过转移公司资产、在公司资产上增加负担或增资扩股稀释股权比例等方式拉低股权价值,逃避强制执行,侵害债权人合法权益。[③] 对此,我国一些学者主张由接管人代行包括投票权在内的股东权利,保护被执行股权的价值。[④] 本文试图对衡平接管制度在我国改造和应用的前景作拓展研究。

国内现有文献还提到大陆法系的强制管理制度作为土地承包经营权和农民住房财产权抵押权的实现手段,以保证农户基本权利。[⑤] 我国《民事强制执行法草案(征求意见稿)(第六稿)》也以大陆法系的强制管理制度为蓝本,规定对不能或不宜采取拍卖、变卖或以物抵债措施的财产(不动产和股权)指定管理人进行管理,以所得收益清偿债务。[⑥] 大陆法系的强制管理和英美法系的衡平接管,在功能和具体规则上存在相似之处,但国内现有文献在介绍其中一个制度时都没有关注另一制度。因此,本文也试图对强制管理和衡平接管两种制度作一比较。

除引言和结语外,本文分为三个部分。第一部分梳理美国衡平接管制度

---

① See John Wilson Smith, *The Law of Receiverships*, 2nd ed., Lawyers' Co-operative Pub. Co., 1900, Preface.

② 美国 1789 年《司法法》第 11 条规定,联邦法院对所有衡平诉讼享有管辖权。

③ 参见丁磊、宋宗宇:《被执行股权价值保护的窘境与破局》,载《重庆大学学报(社会科学版)》2020 年第 2 期。

④ 参见周海博、潘龙:《股权强制执行问题研究——以有限责任公司为视角》,载《沈阳师范大学学报(社会科学版)》2009 年第 6 期。

⑤ 参见白洋、胡锋:《论我国农地融资担保的制度实现》,载《学术交流》2021 年第 5 期;高圣平:《民法典视野下农地融资担保规则的解释论》,载《广东社会科学》2020 年第 4 期;胡永康、王芳:《对农村宅基地和房屋可以变通执行》,载《人民司法》2013 年第 4 期。考虑《农村土地承包法》第 47 条规定,承包方以"土地经营权"向金融机构融资担保,而拍卖或变卖方式不会导致承包农户失去土地承包经营权,因此本文不进一步讨论衡平接管在农户融资担保领域的应用。

⑥ 参见《民事强制执行法草案(征求意见稿)(第六稿)》第 150 条至第 158 条、第 188 条。

的发展脉络和应用场景。笔者发现,在美国,衡平接管制度被用于保全财产价值和处理债务危机,以及推动公共机构改革和维护公民宪法权利。由于本文主题所限,第二部分主要介绍美国衡平接管制度在商事领域的具体规则和应用条件,而不讨论适用于公共机构改革和公民宪法权利保护的衡平接管制度的具体规则。第三部分分析该制度在我国可能的应用场景。笔者认为,至少在防止被强制执行股权价值非正常贬损,强制执行学校、医院等公益事业单位的公益设施以及促进房地产企业处理债务危机时,衡平接管制度可以发挥作用。

一、美国衡平接管制度的历史和应用场景

(一)美国衡平接管制度的发展脉络

美国承继英国的衡平接管制度后,最初只在传统财产法领域应用,解决当事人无能力或无资质托管财产、受托人违反信义义务和普通法救济不足以执行法院判决等问题,①维护私人利益。从 19 世纪后期开始,为应对商事制度的创新应用和日益复杂的社会环境,美国法院扩大了衡平接管制度的适用范围,以维护公共利益、保护公民宪法权利和推动公共机构改革。②

衡平接管的扩大应用首先发生在铁路领域。内战结束后,美国铁路建设进入繁荣期。由于铁路建设的资金主要来自借款,因此每次铁路建设的繁荣期后,就会爆发债务违约。铁路企业的债券持有人通常以不同路段的铁路为担保,在企业债务违约时享有变卖铁路的优先权,这一权利若不受限制显然有害于公共利益。为维护公共利益,联邦法院创造性地运用衡平接管制度处理铁路公司债务危机,③这一制度创新的原因有 4 点:第一,美国宪法为联邦政府保留处置破产的权力,但当时对经营不善的铁路企业是否属于破产条款

---

① See John Wilson Smith, *The Law of Receiverships*, 2nd edition, Lawyers' Co-operative Publishing Co., 1900, p. 7 –9.

② See Hu Ziwei, *Equity's new Frontier: Receiverships in Indian Country*, California Law Review, Vol. 101:5, p. 1419(2013).

③ See Kay Giesecke et al., *Corporate Bond Default Risk: A 150 – Year Perspective*, Journal of Financial Economics, Vol. 102, p. 238(2011).

调整范围尚存在争议;第二,当时尚无联邦层面的破产法,人们对是否制定联邦破产法的争议更大;[①]第三,铁路(尤其是大型铁路)几乎都是跨州运营,各州自己的破产法案无法有效处理铁路公司债务危机;第四,此前陆续颁布的破产法对债权人更友好,青睐破产清算,并不适用具有持续经营价值的大型铁路企业。[②] "衡平接管……是巨大进步,在接下来的半个世纪成为处理债务危机的主要范式。"[③]"并指导大萧条时期联邦破产重组法的颁布……衡平接管始于债权人向联邦法院申请行使衡平管辖权,指定接管人控制债务人的资产。接管人将继续维持铁路运营,同时寻找合适的买家出售资产。最终企业资产将以抵押期满拍卖的方式出售,资产出售所得将用于偿还债权人。由于企业是在持续经营的状况下出售,因此出售价格要远高于破产清算。"[④]1892 年美国联邦最高法院在 Walbash v. Illinois 案[⑤]中进一步放宽了衡平接管的适用条件,允许债务人自行申请指定接管,即便企业尚未发生实际债务违约。[⑥]由于 Walbash 铁路公司重组大获成功,1900 年美国联邦最高法院在 Walbash v. Illinois 案中的创举广为接受。[⑦] 正如学者所言,"铁路促成了 19 世纪美国政治经济中许多的制度性变化,其中,将古老的衡平接管制度应用于解决工业时代的新问题,是最重要的制度性变化之一"。[⑧]

与铁路企业接管几乎同时发生的是法院在地方政府(municipal)债务违

---

① 参见[美]小戴维 · A. 斯基尔:《债务的世界:美国破产法史》,赵炳昊译,中国法制出版社 2010 年版,第 63 ~ 65 页。

② See Albro Martin, *Railroads and the Equity Receivership: An Essay on Institutional Change*, The Journal of Economic History, Vol. 34, p. 686(1974).

③ Oscar Lasdon, *The Evolution of Railroad Reorganization*, I. C. C. Practitioners' Journal, Vol. 39, p. 540 – 541(1972).

④ Tabb, C., *A Brief History of Bankruptcy Law*, American Bankruptcy Institute Law Review, Vol. 3, p. 5 – 51(1995).

⑤ See Walbash, St. Louis and Pacific Railway Company v. Illinois (1886).

⑥ 当时,美国有很多人批判 Walbash 案,认为允许债务人自行申请指定接管,既不符合历史传统,也为债务人欺诈大开方便之门。See Charles F. Beach Jr., *Commentaries on the Law of Receivers*, New York, 1887, See 327. D. H. Chamberlain, New-Fashioned Receiverships, Harvard Law Review, 1896, Vol. 10;3, p. 139 – 149.

⑦ 铁路公司也可以通过无担保债权人申请衡平接管,来避免自己直接申请产生的问题。1908 年,美国联邦最高法院在 Re Metropolitan Railway Receivership(208 U. S. 90)案中认定管理层和债权人合谋向联邦法院而非州法院起诉时,并不构成"串通"。

⑧ Albro Martin, *Railroads and the Equity Receivership: An Essay on Institutional Change*, The Journal of Economic History, Vol. 34, p. 686(1974).

约案件中指定衡平接管人。[①] 19 世纪中期,地方政府大规模发行地方政府债券推动铁路等基础设施建设。在经济萧条时期,部分地方政府发生严重的债务违约。根据债权人的申请,法院判决指定接管人,接管人有权提高税收或进行征税,并以税收收入向债权人偿还本息,确保法院判决的执行。[②③] 法院指定的地方政府衡平接管人除维护私人债权人的利益外,更重要的是要维护公共利益,即"维护美国政府在国际市场上举债的能力"。[④]

从 20 世纪中期开始,衡平接管制度这一传统上被用在商事领域的制度,开始向公共领域扩展,以维护公民的宪法权利和约束行政管理权力。[⑤] 法院从 20 世纪 60 年代开始指定衡平接管人保护公民宪法权利,促进行政机关或公共机构执行判决,包括指定衡平接管人接管学校委员会以推动校园种族融合、接管地方政府重新划分选区以确保平等的投票代表权,以及接管州监狱系统以实施健康和安全标准。[⑥] 接管制度至今仍活跃在公共领域中,例如,在 2005 年的 Plata v. Schwarzenegger 案中,联邦地区法院判决对加利福尼亚州监狱医疗保健系统指定接管,以促进"加利福尼亚监狱的医疗保健达到宪法标准"。[⑦]

---

① 19 世纪中期,市政衡平接管人有两种类型:一种由法院指定(judicial imposed municipal receiver),权限较小,通常只能控制征税权和提高税收权;另一种由州政府指定(state-imposed receiver),控制所有重要的财政事务。See Lyle Kossis, *Examining the Conflict between Municipal Receivership and State Autonomy*, Virginia Law Review, Vol. 98:5, p. 1116 (2012). 本文主要研究法院指定的衡平接管人。

② See A. M. Hillhouse, *Municipal Bonds: A Century of Experience*, New York: Prentice-Hall, 1936, p. 297 - 298.

③ 俄勒冈州是唯一授予司法强制接管人对市政财政事务广泛权力的州,其对接管人权力的唯一限制在于接管人的部分行为(如向债权人支付)需要先经过法院批准。See Lyle Kossis, *Examining the Conflict between Municipal Receivership and State Autonomy*, Virginia Law Review, Vol. 98:5, p. 1116 (2012).

④ *See* Jason Feingold, *The Case for Imposing Equitable Receiverships upon Recalcitrant Polluters*, UCLA Journal of Environmental Law & Policy, Vol. 12, p. 207, 213(2012).

⑤ See Donald L. Horowitz, *Decreeing Organizational Change: Judicial Supervision of Public Institutions*, Duke Law Journal, p. 1265, 1266 - 1268(1983).

⑥ See Jaroslawa Zelinsky Johnson, *Equitable Remedies: An Analysis of Judicial Utilization of Neoreceiverships to Implement Large Scale Institutional Change*, Wisconsin Law Review, p. 1161 - 1186 (1976).

⑦ See Bradley Catherine Megan, *Old Remedies Are New Again: Deliberate Indifference and the Receivership in Plata v. Schwarzenegger*, NYU Annual Survey of American Law, Vol. 62, p. 703(2007).

20 世纪 70 年代以来,法院开始指定衡平接管人接管不满足适住性标准的房屋,以解决因房屋空置和年久失修造成的公共侵扰问题。[①] 房屋接管人有权改造/修复财产或将财产出售给想要改造/修复财产的个人或实体。[②] 由于房屋适住性标准属于州政府的管辖范围,因此,房屋接管人通常由州法院指定,联邦法院指定房屋接管人的情形较少见,其指定一般涉及公共住房管理局行为不当纠纷。例如,在 Tinsley v. Kemp 案中,联邦上诉法院指定对堪萨斯州住房管理局进行衡平接管,接管人有权采取"所有必要行为以促成一个运行良好、遵守法律法规的住房管理局,为低收入者提供体面、安全和干净的住房"。[③] 此外,法院在房屋衡平接管人诉讼中也遵循谨慎行使衡平权力的传统,只在其他手段无法救济时才指定接管人。例如,在田纳西州,当闲置房屋构成"公共侵扰"时,法院应当判决所有人移除侵扰;如果所有人未能移除,"利益相关人"(抵押权人、优先权人和占有人)可以执行开发计划;只有当利益相关人仍未替代履行时,法院才会任命接管人排除侵扰。[④]

衡平接管制度的发展历史,深刻揭示了该制度的"衡平"属性。作为法院最具有震慑力的工具之一(其可以剥夺所有人对财产的控制权或公共机构对组织的管理权),衡平接管制度弥补了普通法固有的滞后性,以极其灵活的方式应对不断变化的社会需求。其广泛适用于财产法、债务法和公共领域,补充成文法的公平原则,纠正了因法律形式造成的不公。

(二)美国衡平接管制度的现代应用场景

经过长期的拓展,美国衡平接管制度的现代应用场景主要有三:第一,指定接管人保全财产等候审理结果或者执行生效判决;第二,指定接管人处理企业或地方政府债务违约;第三,指定接管人控制学校、监狱、政府机构和构成公共侵扰的空置房屋,维护公共利益,保护公民宪法权利。

---

① See Carolyn Hoecker Luedtke, *Innovation or Illegitimacy: Remedial Receivership in Tinsley v. Kemp Public Housing Litigation*, Missouri Law Review, Vol. 5, p. 676(2000).

② See Jesse J. Richardson Jr., *Receivership: Another Option for Partition of Heirs Property*, West Virginia Law Review, Vol. 120:3, p. 917(2018).

③ Tinsley v. Kemp, 750 F. Supp. 1001 (W. D. Mo. 1990).

④ See Jesse J. Richardson Jr., *Receivership: Another Option for Partition of Heirs Property*, West Virginia Law Review, Vol. 120:3, p. 942(2018).

1. 在财产法中的应用

根据约翰·威尔逊·史密斯(John Wilson Smith)的概括,①法院主要在以下4类财产法案件中指定接管人。

第一类是当事人无能力管理或没有人管理涉案财产的案件。例如,在涉及婴儿财产的案件中,没有受托人、监护人或其受托人、监护人无能力照管监护财产;在涉及精神病人财产的案件中,没有监护人或保管人;在涉及死者遗产的案件中,由于对遗嘱检验管理存在讼争或者指定遗嘱管理人迟延,遗产面临灭失、滥用或误用的危险。

第二类是当事人有能力但不适宜管理涉案财产的案件。当事人均有权占有涉案财产,但由于争议性质或当事人之间的关系,任何一方在诉讼中占有或控制财产均不适宜。例如,公司清算案件、共有保有人分割财产案件和土地共有人之间因欺诈、暴力侵占等发生纠纷的案件。

第三类案件是管理涉案财产之人违反信义义务,导致涉案财产在其手中面临被浪费的紧迫危险,因此法院指定接管人接管涉案财产。史密斯列举了10种可能违反信义义务的托管人:(1)受托人;(2)遗嘱执行人或遗嘱管理人;(3)抵押人;(4)占有财产的败诉债务人;(5)占有土地的买受人;(6)财产买受人(出卖人提起欺诈撤销之诉);(7)年金债务人(年金受益人起诉其支付拖欠年金);(8)终身保有人(剩余地产权人起诉其构成浪费);(9)公司工作人员(股东起诉其管理不当或越权);(10)破产管理人。

第四类案件是判决执行令签发后,普通法院不能有效率并适当地执行判决,法院指定接管人执行生效判决。例如,在债权人诉讼(creditor's suit)②中,法院根据债权人的申请指定接管人,以取得普通法程序无法取得的债务人财产或其他衡平利益。如判决旨在执行已婚妇女的个人财产,而该财产被置于信托财产之中,为普通法程序所不能及。

---

① See John Wilson Smith, *The Law of Receiverships*, 2nd ed., Lawyers' Co-operative Pub. Co., 1900, p.7-9.

② 根据《元照英美法词典》,"债权人诉讼"是一种衡平法上的诉讼程序。判决胜诉的债权人(judgment creditor)通过提起该程序,可迫使以通过普通法律程序无法取得的债务人的财产或其他收益来获得清偿。

2. 在债务违约法中的应用

在破产立法供给不足的时期,衡平接管曾是美国法院处理铁路企业和地方政府债务危机的主要手段。《美国联邦破产法》出台后,衡平接管"不再是处理破产的主流",[①]而是解决债务违约的工具之一。在美国,由于正式的破产费用高、周期长,且会给债务人留下信用污点,因此债务人有时会主动选择衡平接管作为破产替代程序。[②] 衡平接管程序简便易行且经济实惠,其与正式的破产程序一起,满足了社会不同层次的债务处理需求。

在地方政府债务危机案件中,《美国联邦破产法》授权资不抵债的地方政府在州政府的批准下申请破产,但在实践中,地方政府一般拒绝破产,因为破产会对其信用评级和借贷成本造成长期损害;州政府也不愿意让城市破产,因为这有损州政府的声誉,并增加了州政府和州内其他地方政府的融资难度;联邦政府对地方政府破产也持消极态度,因为重要城市的破产甚至会影响美国在国际市场上的举债能力。[③] 截至 2020 年,美国地方政府破产案件还十分少见,而且美国超过半数的州(26 个)禁止城市申请破产,12 个州附条件地允许城市申请破产,只有 12 个州对城市申请破产作一般性的授权。自 2010 年以来提交的 51 份市政破产申请中,只有 9 份是由地方政府提交的,其余申请都是由鲜为人知的公用事业单位(utility entities)或为狭义目的设立的特区(narrowly-defined special districts)提交的。[④]

陷入困境的企业债务人也会权衡成本和收益选择申请破产或衡平接管。企业破产和企业接管的关系可概括如下:

第一,衡平接管是替代破产清算或重整的制度选择。在美国,企业破产

---

① See Oscar Lasdon, *The Evolution of Railroad Reorganization*, I. C. C. Practitioners' Journal, Vol. 39, p. 540 – 541(1972).

② See Jenny Bourne, *New Wine in an Old Bottle: How Minnesota's Receivership Statute Can Promote Both Efficiency and Equity*, Hamline Law Review, Vol. 36:3, p. 428(2013).

③ 参见张力毅:《通过破产法解决地方政府债务危机——美国的经验和启示》,载《行政法学研究》2016 年第 3 期; Clayton P. Gillette, *Fiscal Federalism, Political Will, and Strategic Use of Municipal Bankruptcy*, The University of Chicago Law Review, p. 284 – 331(2012); David R. Berman, *Takeovers of Local Governments: An Overview and Evaluation of State Policies*, The State of American Federalism, Vol. 25:3, p. 58 – 59(1995)。

④ See ICMA, *State and Fiscal Facts* 2021, ICMA(Nov. 14, 2021), https://icma.org/documents/big – 7 – state-and-local-fiscal-facts – 2020.

存在准入门槛高、程序复杂、成本高昂、“一刀切”且过于关照某些当事人的利益(尤其是当公司管理层有权在清算和重组之间作出选择时)等问题。[①] 2019年国会颁布的《中小企业重整法》(The Small Business Reorganization Act of 2019)虽然缓解了中小企业在现实中无力启动破产重整的困境,但是该法仍然存在适用范围较小[②]、申报要求较严格[③]等弊端。相比之下,衡平接管制度适用于全部企业,程序要求相对宽松,相关证明资料既可以在起诉时提供,也可以在诉讼开始或任命接管人后提供。[④] 而且,衡平接管中,企业活动和资产由一个负责维持企业价值的无利害关系方控制,而非如破产重整一样由管理层控制,非担保股东也可能比在破产程序中更容易获得补偿。[⑤]

第二,启动破产重整可以排除衡平接管的适用。《美国联邦破产法》第11章第535条规定:“破产重整开始后,托管人(custodian)负有移交财产的义务,法院指定的衡平接管人属于该条规制的托管人,因此需要履行财产移交义务,接管职责随之终止。”例如,在2017年判决的Briar Hill Foods, LLC, et al.案[⑥]中,债务人未能归还银行抵押贷款,银行提起抵押品回赎终止之诉,并向法院申请指定接管人以占有和控制债务人的不动产和与其相关的财产。为促进财产出售,债务人申请第11章破产重整,并根据《美国联邦破产法》第543(d)条[⑦]请求免除接管人移交财产的义务。债务人声称,允许接管人通过

---

① See Jenny Bourne, *New Wine in an Old Bottle: How Minnesota's Receivership Statute Can Promote Both Efficiency and Equity*, Hamline Law Review, Vol. 36:3, p. 427-428(2013).

② 根据该法,适格的中小企业债务人,是指“从事商业或商业活动……其累积的非持续性清算的有担保和无担保债务总额不超过2,000,000美元,其中不少于50%来自债务人的商业或商业活动”。

③ 根据该法,申请重整的中小企业债务人需要提供重组计划和声明,如资产负债、当前收入与支出、合同执行和未到期租约、金融实务声明、支出证明等。

④ See Keith H. Holland & John M. McKenzie, *Navigating New Landscapes in Debtor Creditor Law: Select Provisions of the Missouri Commercial Receivership Act Compared to Federal Bankruptcy Law*, Business, Entrepreneurship & Tax Law Review, Vol. 4:1, p. 83-106(2020).

⑤ See Jenny Bourne, *New Wine in an Old Bottle: How Minnesota's Receivership Statute Can Promote Both Efficiency and Equity*, Hamline Law Review, Vol. 36:3, p. 434(2013).

⑥ See Case No. 17-61892.

⑦ 根据该条,经通知与听审程序,在下列情形中,破产法院可以豁免托管人移交财产的义务,除非豁免会导致欺诈或不公正:(1)如果允许托管人继续占有、保管或控制此类财产,会更好地服务于债权人和(如果债务人没有破产)股权证券持有人的利益;(2)如果托管人是为债权人的利益而受让财产,且在破产重整申请日120日前已被任命或占有财产。

出售继续控制和管理接管财产,将为他们的财产和债权人提供最好的服务。银行和潜在买家均未反对该动议,只是潜在买家希望法院进一步明确接管人的职责。俄亥俄州破产法院驳回了动议,理由是将占有和管理破产财产的权力"一揽子"地授予接管人,相当于在破产案件中指定接管人,而这违反了《美国联邦破产法》第 105(b)条"法院不得在第 11 章的破产重整案件中指定接管人"的规定。如果希望衡平接管人继续占有和控制财产,破产法院就必须根据《美国联邦破产法》第 305(a)条驳回重整申请或中止诉讼,或者任命接管人为第 11 章破产受托人。因此,"如果债务人不希望企业财产被接管,其可以申请破产重整而阻止衡平接管"。①

第三,衡平接管与破产在程序上存在相似性。这一方面是因为"历史上衡平接管是现代公司重整制度的基础",②如优先权规则就源自衡平接管制度。③ 另一方面是因为美国正在进行的衡平接管制度成文化过程中,统一法委员会和部分州在商业衡平接管立法中,吸收了很多破产制度的规则,如指定接管人后的自动中止规则和债权人顺位规则,以减少法律从业者的学习成本,促进接管这一衡平救济方式在当代的发展。④

3. 在公共领域的应用

法院可以在更广泛的公共领域适用衡平接管制度,以保护公民的宪法权利,推动公共机构改革。例如,指定接管学校或学区以促进种族融合,指定接管州监狱系统以实施健康和安全标准,指定接管地方政府重新划分选区以确保平等的投票代表权,指定接管空置住房以移除公共侵扰等。学者将这类衡

---

① David E. Leta, *UCRERA: Coming to Your State?*, American Bankruptcy Institute Journal, Vol. 36:7(2017).

② See Keith H. Holland & John M. McKenzie, *Navigating New Landscapes in Debtor Creditor Law: Select Provisions of the Missouri Commercial Receivership Act Compared to Federal Bankruptcy Law*, Business, Entrepreneurship & Tax Law Review, Vol. 4:1, p. 99(2020).

③ See *Railroad Company v. Howard* 74 *U. S.* (7 Wall.) 392, at 409 – 410. 该案中,联邦最高法院认定,抵押债券持有人固然有权放弃其本应获得的清偿,但被其放弃的财产应归属于公司。但在对公司剩余财产的分配中,无担保债权人显然有权优先于股东受偿。

④ See Missouri Receivership Act, 515.575 & 515.625.

平接管称为“新型接管”(neoreceivership)。[①] 新型接管制度面临的主要批判是,由法院指定对公共机构进行衡平接管,可能损害分权原则。为了控制法院的裁量权,监狱法、住房法等特别法一般会规定衡平接管的适用条件。例如,自20世纪70年代开始,美国联邦法院开始利用衡平接管制度改善监狱条件。1994年国会颁布《监护诉讼改革法案》(Prison Litigation Reform Act),对法院指定接管人规定了类似比例原则的限制。[②]

二、美国商业衡平接管制度的具体规则

美国统一法律委员会在其报告中指出,由于接管主要依赖法院在个案中行使衡平权,[③]无论是联邦还是州,都缺乏统一、全面和清晰的立法指引,接管程序存在因州而异,有时甚至因法院而异的问题。[④] “由于缺乏统一立法,每个接管案件都独一无二,导致法院行使一般衡平管辖权指定的接管人能否凌驾于规范留置权、收债补救措施和止赎程序的州法之上的问题悬而未决”,[⑤]从而严重阻碍了接管这一衡平法救济方式在商事领域的发展。为解决这些问题,2015年美国统一法律委员会颁布了《美国统一商业不动产接管法》(Uniform Commercial Real Estate Receivership Act,UCRERA),该法在尊重法院衡平权的基础上,吸收了各州经验,为衡平接管提供了尽可能清晰和全面的规则指引。

UCRERA共30条,详细规定了指定衡平接管人的情形和法律效果、衡平

---

① See Jaroslawa Zelinsky Johnson, *Comment*, *Equitable Remedies*: *An Analysis of Judicial Utilization of Neoreceiverships to Implement Large Scale Institutional Change*, Wisconsin Law Review, p. 1166(1976).

② See Catherine Megan Bradley, *Old Remedies Are New Again*: *Deliberate Indifference and the Receivership in Plata V. Schwarzenegge*, NYU Annual Survey of America Law, Vol. 703, p. 707 – 709 & 719 – 720(2007).

③ 《美国联邦民事诉讼法》第66条规定:“由接管人或法院指定的类似官员管理财产的实践,应当尊重联邦法院历史或当地法律。”

④ See Uniform Commercial Real Estate Receivership Act (*With Prefatory Note and Comments*), Preface.

⑤ David E. Leta, *UCRERA*: *Coming to Your State*?, American Bankruptcy Institute Journal, Vol. 36:7, Feature Story(2017).

接管人的法律地位和职责、法院对接管人的监督等内容,为法官、从业人员和当事人提供了比目前大多数州的规定更全面的程序结构和更高的可预测性。需要说明的是,该法虽然仅适用于商业不动产领域,但它的具体规则,实际上适用于所有类型的商业衡平接管。事实上,美国有3个州已经将适用范围从商业不动产拓宽到所有类型的商业财产。① 其中,北卡罗来纳州和马里兰州一开始立的就是"商业接管法",而密歇根州在2020年颁布修正案,将原来的商业不动产接管法修正为接管法,适用于"所有不动产和动产,有形财产和无形财产"。立法理由是让其他类型财产的商业衡平接管(本就存在②)也适用成文法规则,从而降低法院和当事人的时间和金钱成本。③ 因此,介绍UCRERA的规则,有助于我们把握美国商业衡平接管的最新成果。

以下是笔者对UCRERA主要规定的介绍。考虑其中部分规定,如接管人报酬、辅助接管人,与本文主题略有游离,因此在此不予介绍。④

(一) UCRERA的适用范围及其拓展

UCRERA第4条规定:"该法适用于对不动产、与不动产相关的动产以及在运营不动产时使用的动产的衡平接管,但不动产中有4个以下的'居住空间'(dwelling units)除外,⑤除非:(1)这些居住空间虽然附带用于私人居住,但主要用于农业、商业、工业或采矿业目的;(2)这些居住空间被用于或计划用于农业、商业、工业或采矿业经营,且被用于担保营业产生的义务;(3)所有人已经或正在计划建造一个或多个居住单元进行销售或出租,并以此为业;(4)这些居住空间属于所有人从无关联的承租人或其他占有人处收取租金或其他费用的居住空间。"笔者认为,自住的居住空间属非商业用途,因此如果

① 目前,美国共有10个州采纳该法,1个州正在立法。See Uniform Law Commission(Nov. 14, 2021), https://www.uniformlaws.org/committees/community-home? CommunityKey = f8e2d89b-f300-40eb-a419-ad41902fcad2.

② See Miller Canfield, *Michigan's Receivership Act: No Longer Just for Commercial Real Estate*, JDSUPRA(Nov. 14, 2021), https://www.jdsupra.com/legalnews/michigan-s-receivership-act-no-longer-86605/.

③ See State of Michigan(Nov. 14, 2021), https://www.legislature.mi.gov/documents/2019-2020/billanalysis/Senate/htm/2019-SFA-5336-L.htm.

④ See Uniform Commercial Real Estate Receivership Act (*With Prefatory Note and Comments*).

⑤ 根据立法释义,超过4个居住空间的不动产,视为具有商业用途,属于法律规制范畴。

居住空间在4个以下,但用于商业用途的,则也属于接管的适用范围。

如前所述,该法的具体规则也可以延展至所有商业领域的衡平接管。但该法不适用于政府部门或政府代表根据州法授权的接管,除非法律另有规定。

(二)法院指定衡平接管人的情形

UCRERA尊重了法院指定接管人的衡平权力,第6条规定,法院可以在下列情形下指定接管人:(1)在判决前为了保护当事人一方对涉案财产的权益指定接管人,如果该财产或其潜在盈利能力正在或已经处于浪费、危险、损耗或毁坏之中,或已经或将成为可撤销交易的标的物;(2)在判决后为了执行判决,或保留非豁免(nonexempt)不动产在等待上诉期间,以及在执行令因金额不足被退回而所有人拒绝将财产用于执行判决时而指定接管人;(3)在诉讼中根据衡平理由(equitable grounds)指定接管人,如在不动产所有人资不抵债时;(4)在允许回赎抵押品的期间内,为保护在执行或止赎销售中出售的不动产,并将其租金提供给有权获得租金的人而指定接管人。UCRERA第6(b)条详细规定了抵押权人和法院在抵押回赎终止程序中指定接管人的标准。①

UCRERA第6(c)条授权法院可以不经通知和听审程序,依单方申请指定接管人,但申请人应当为赔偿金、律师费以及其他因指定接管错误的损失提供保证金。法院事后认为指定接管人正当的,则需返还保证金。

(三)衡平接管人的法律地位

接管人的法律地位有两个特征:第一,接管人是对所有利害关系人负信义义务的独立第三人。② 根据UCRERA第7条的规定,接管人被任命前需要提交证明其独立性的宣誓证据(sworn evidence)。如果接管人是当事人的分支机构、与一方当事人有重大利益冲突、对诉讼结果有除法院报酬外的重大经济利益、与当事人有债权债务关系或者持有一方当事人的股权(对公众公司的非控制持股除外),则应剥夺其接管人资格。但某些本质上不重要的特

① 通常抵押借款合同会约定“接管条款”。

② See Nelson et al., *Real Estate Finance Law*, 6th ed., Practitioner Treatise, 2014, § 4.33.

定关系不会影响接管人的资格,如在与接管无关的事项中受雇于一方当事人。在现代商事实践中,申请人往往会提名某人为接管人,但法院不受提名的约束。正是因为接管人的独立性,法院根据抵押权人或租金受让人的要求指定接管人的,并不使抵押权人或受让人成为“占有抵押权人”(mortgage in possession),不构成抵押权人或租金受让人对补救措施的选择,也不会导致担保债务不可执行,且不构成任何可适用的“单一诉讼”(one action)规则所指的“诉讼”(UCRERA 第 25 条)。

第二,接管人是法院的工作人员,其对合法授权下采取的行动享有司法豁免权。根据 Baron 规则,[①]潜在原告起诉法院指定的接管人前,必须获得指定法院的批准,并提出初步证据证明接管人的个人责任以证明其请求并非毫无根据(UCRERA 第 18 条)。指定法院可酌情决定是否准许起诉接管人,但指定法院准许起诉接管人的决定并不意味着原告的请求成立。

(四)指定衡平接管的效力

法院指定衡平接管人将会产生以下法律效果:

第一,接管人将成为接管财产的优先债权人(lien creditor),从而可以对抗在后债权人和在先的未完成必要对抗手续(unperfected security interest)的担保权人(UCRERA 第 9 条)。[②] 需要说明的是,接管人并不享有类似破产撤销权的强大权力,因此既存的法律关系不受指定接管的影响。

第二,指定接管前的担保协议涉及指定接管后新取得的接管财产的,在接管后仍然有效(UCRERA 第 10 条)。[③] 相比之下,债务人在破产申请前签订的担保协议中的破产条款(after acquirement clause)无效[11 U. S. C. § 552 (a)]。之所以作此区分,是因为接管程序下的企业往往继续经营。

第三,指定接管时,接管财产的现时占有、照管或控制之人必须将财产移交给接管人,对接管财产负债之人必须向接管人清偿债务,此时指定接管人

---

① See Barton v. Barbour, 104 U. S. 126, 129, 26 L. Ed. 672 (1881).

② 担保权设立(attachment)后,需经完善才能取得相对于第三方的优先权。完成必要对抗手续(perfection)的方式有备案、占有、控制、自动完善和暂时完善 5 种。

③ 例如,接管宾馆后,接管人新购入的替换旧床具的床具,就属于接管后新取得的接管财产,而接管人购入的自用电脑则不属于接管后新取得的接管财产。

类似破产重整中的受托人或自行管理的债务人[11 U. S. C. § 542(a)(b)]。第三人收到接管的通知,仍向所有人履行债务的,不能发生清偿的法律效果。如果债权人对接管财产享有留置权,则在法院命令提供充分保护(adequate protection)前,其可保留对财产的占有。根据立法释义,符合《美国联邦破产法》第361条规定的"充分保护"满足该法的要求。除非存在关于接管人接管财产的善意争议,法院有权以构成民事藐视法庭而制裁不履行移交义务的当事人(UCRERA第11条)。

此外,接管财产的所有人负有协助、合作和移交的义务。如果所有人为实体,则该实体的董事、高管、成员、合伙人、受托人或其他对所有人事务有控制权的人需要履行这些义务。如果上述自然人故意不履行义务,其需要支付由此造成的实际损失,包括合理的律师费、其他费用和民事藐视法庭罚金(UCRERA第13条)。

第四,指定接管人的命令中止任何企图获得接管财产的占有或控制权的行为(包括依据判决执行接管财产),以及任何因接管前的请求权而对接管财产强制执行的行为。相比破产法的自动中止,衡平接管的中止范围较小,如接管命令并不阻止所有人寻求破产保护,也不能阻止其他债权人将所有人置于破产状态,即使申请破产保护会干扰接管人对接管财产的占有、保管或控制。[①]

在必要情况下,法院可以对可能干扰接管程序的行为、诉讼或程序颁布禁制令。法院可以判决违反中止或禁制令的行为无效。如果当事人故意违反中止或禁制令,法院有权裁定违反者赔偿实际损失,并按照民事藐视法庭对其进行制裁(UCRERA第14条)。但是,当事人在"有因"(for cause)时,可以申请法院解除中止或禁制令,例如,即使顺位在后的担保债权人申请接管成功,顺位在先的担保债权人也可以申请免受中止条款管辖,另行申请指定接管人或启动终止回赎程序。此外,出于政策考虑,接管申请人发起的终止回赎权程序(foreclosure)和抵押权完善程序(perfection),以及政府部门发起的刑事程序、行使警察权的程序和税收责任诉讼,不因衡平接管人的指定而中止。

---

① 例如,在2013年判决的Gilchrist v. GE Capital Corp., 262 F. 3d 295 (4th Cir. 2003)案中,联邦法院认为接管不影响债权人申请破产。

(五)衡平接管人的职责

1. 接管人的权力概述

UCRERA 第12(a)条授予接管人在正常经营范围(ordinary course of business)之内非常广泛的推定权力,如收集、控制、管理、保存和保护接管财产、经营构成接管财产的业务、聘请专业人士等。第12(b)条规定了接管人在正常经营范围之外需要获得法院特别批准才能行使的权力,包括在正常经营范围之外出售、租赁、许可或以其他方式转让接管财产、改善接管财产、对待履行合同的选择履行权、处理申报债权、向专业人士支付报酬、分配接管财产,以及在正常经营范围之外为使用或改善接管财产而产生债务。该法并未界定何为"正常经营范围",从而给法院留下了裁量空间。

2. 在正常经营范围之外使用或转让接管财产

UCRERA 第16条规定:"经指定法院批准,接管人可以在企业正常经营范围(ordinary course of business)之外使用、出售、租赁、许可、交换或转让接管财产。除非转让协议另有约定,转让将消灭财产上的买回权和优先权(除非该优先权顺位先于接管人的优先权)。"因接管人出售而消灭的优先权继续存在于出售所得之上,即使出售所得不足以清偿全部优先权人,优先权也止于出售所得。出售可以以私下交易的方式进行,享有有效担保债权的债权人可以债权出价,只要其提供的资金足以全额支付合理的转让费用以及清偿因转让而消灭的任何优先权所担保的债权。[①] UCRERA 第16(f)条规定:"出售因欺诈或其他原因被撤销的,善意买受人的权利不受影响。"

3. 接管人的选择履行权

接管人不会自动受所有人缔结的待履行双务合同的约束。根据UCRERA 第17条的规定,经法院批准,接管人可以接受或拒绝所有人与他人缔结的关于接管财产的合同,如果双方当事人均未履行完毕(以下简称待履

---

① 例如,甲的不动产上有3个债权:10万美元的税收债权,A银行在先的300万美元担保债权以及B银行在后的150美元担保债权。B银行申请指定接管,法院授权接管人在正常经营之外出售不动产。A银行不同意出售,并且拒绝甲提前清偿。在出售时,如果B银行是出价最高的人,并且出价为其150万美元的债权加上销售成本加上10万美元,它就可以获得不动产所有权,但受制于A银行的担保权。See Uniform Commercial Real Estate Acceptance Act, Section 16, Comment 7.

行合同)。如果接管人未在合理期限内请求法院作出批准,则推定接管人拒绝履行待履行合同。法院批准接管人拒绝履行合同前,接管人履行合同的,并不构成对合同的接受。待履行合同约定指定接管发生后对方当事人有权修改或终止合同的,不影响接管人接受合同。接管人拒绝履行待履行合同的,构成违约,对方当事人有权就接管财产请求损害赔偿。该损害赔偿请求必须在接管确定的提交索赔请求期间内或法院批准拒绝履行合同后的 30 日内提交,以较晚者为准。需要说明的是,对方当事人也可以对所有人、所有人的非接管财产、所有人的保证人提起诉讼,且不受前述期间的限制。

UCRERA 第 17(g)条对占有不动产或享有不动产分时度假权益(timeshare interest)①的买受人提供了类似联邦破产法的保护。② 如果接管人拒绝接管财产已由买受人占有(如待履行的分期付款的土地买卖合同)或享有分时度假权的待履行合同,买受人可以将拒绝视为合同终止,此时买受人对该财产行使留置权,以收回其已支付的价款;买受人也可以保留合同下的占有财产权,此时买受人应当继续履行支付价金的合同义务,并有权与自拒绝之日起因所有人不履行义务而造成的任何损失进行抵销,但买受人无权或以损害为由向其他接管财产或接管人提出索赔请求。

为避免推高租金,保护长期租约中承租人的权益和信赖,UCRERA 第 17(h)条规定:"在下列情形下接管人不能拒绝履行未到期租约:(1)承租人以出租房屋为主要居所;(2)接管人不是根据抵押权人的申请而指定的;(3)接管人虽然是根据抵押权人的申请而指定的,但是租约优先于抵押担保权、根据协议承租人的权利不受在先担保权的影响、抵押权人同意出租,或者租赁条款在缔结时具有商业合理性且承租人不知道也不应知道租赁违反了抵押。"

4. 选聘专业人士并支付报酬

UCRERA 第 15 条规定:"经法院批准,接管人有权聘请律师、会计师、评估师等专业人士处理接管事务并向其支付报酬。"接管人应当向法院披露拟任命的专业人士与案件是否存在潜在利益冲突。如果存在的利益冲突并不

---

① 根据第 17(a)条的规定,分时度假权,是指持有人享有的总期限超过 3 年且其在任何给定年份中少于一整年的特定时期内占有和使用住宿、设施或娱乐场所的权利。

② See 11 U. S. C. A. § 365(i).

重大,如律师曾代表债权人在不相关的案件中对抗被接管财产的所有人,法院仍有权决定批准该专业人士的聘用。接管人本人“在法律授权的情况下”也可以担任律师、会计师、拍卖师或经纪人。接管人及其聘用的专业人员都必须提交详细的履职报告,接管人需要经过法院向专业人士支付报酬。

5. 通知、债权申报与分配

UCRERA 第 20 条规定:“除非法院另有命令,接管人应当将对其的任命通知债权人,并要求债权人向其申报债权,这是债权人从接管财产及其收益中获得分配的先决条件。”接管人有权向法院提交拒绝债权的建议,但最终决定权属于法院。如果接管财产的预期净收益不足以满足有担保债权,法院可以简化债权申报程序,命令接管人仅通知法院指定的债权人,因为在这种情况下无担保债权人申报债权没有意义。如果之后发现新的接管财产收入,法院可以命令接管人重新启动通知和债权申报程序。

6. 出售接管财产

当接管人以清偿有优先受偿权(lien)[①]债权的方式出售接管财产时,如果财产所在州禁止授予债权人清偿债务余额判决(deficiency judgement),即判决债务人就抵押财产拍卖所得款不足以清偿债权部分承担余额不足责任,则该规则也适用于接管人。

7. 接管人的义务

UCRERA 第 12 条规定:“接管人负有以下义务:(1)准备并保存适当的业务记录,包括每次接收、支付和处置接管财产的记录;(2)对接管财产进行会计处理,包括出售、租赁、许可、交换、收集或以其他方式处置财产的收益;(3)向适当的不动产登记处提交指定接管人的命令副本,如果命令中未包含不动产的法律描述,则提供法律描述;(4)向法院报告在接管期间产生的任何可能失去任职资格的事实;(5)履行法院命令和法律规定的其他义务。”

(六)法院对衡平接管人的监督

法院对衡平接管人的监督贯穿接管程序的始终。接管人在被指定前必

---

① UCRERA 将“lien”定义为担保债务履行的对财产的任何自愿和非自愿的权益,包括担保物权(security interest)。因此,本文将其译为“优先受偿权”。

须向法院提交关于其独立性的宣誓证据(UCRERA 第 7 条),并提交保证忠实履行职责的保证金(数额由法院确定)或者经批准的替代担保(如信用证)。法院根据情况需要,也可以在保证金或替代担保提交前指定接管人,接管财产不得用作担保。对接管人的保证金或替代担保索赔的诉讼时效为 1 年,自接管人被解任之日起算(UCRERA 第 8 条)。

法院通过审查接管人的工作报告对其进行监督。接管人在履职期间可以随时、多次提交临时报告,法院有权命令接管人提交包含接管人最新履职情况、收支情况等信息的临时报告(UCRERA 第 19 条)。接管人在履职完毕后必须提交一份包含履职、接管财产、收支、分配、报酬和费用等信息的最终报告。法院不批准接管人履职报告的,接管人无法领取报酬(UCRERA 第 15 条),法院可以拒绝向接管人支付部分或全部费用(UCRERA 第 21 条)。

法院还可以通过行使事前许可权力对接管人的工作进行监督。法院保留对接管人在正常经营范围之外的行为进行授权的权力,接管人实施的对债权人利益有重大影响的行为,如接管人聘请专业人士并支付报酬、接管人接受或拒绝待履行合同、接管人拒绝所申报的债权,也要获得法院的事前许可。

法院可以“有因”罢免接管人,并更换死亡、辞职或被解任的接管人。UCRERA 没有定义罢免“原因”,而是将决定权留给法院,由法院根据具体情况予以决定。如果法院发现,指定接管人的行为构成浪费或不再需要继续接管,也可以解除接管并终止对接管财产的管理。如果法院发现指定接管人是“错误或恶意”的,则法院可能会要求申请其指定接管人的当事人支付评估费用、开支和实际损失,包括合理的律师费和成本。

三、我国的相关立法

目前,我国正在起草的民事强制执行法拟借鉴大陆法系的强制管理制度。大陆法系的强制管理制度虽然在具体规则上与衡平接管相似,①但强制

---

① 我国学者已全面介绍了强制管理制度,参见张榕、杨兴忠:《执行强制管理制度若干基础理论研究——兼评我国〈民事强制执行法(草案)〉相关规定》,载《现代法学》2004 年第 6 期。

管理制度主要用于金钱债务的不动产强制执行,是强制拍卖的补充措施。[①] 美国衡平接管制度适用范围更广,目的也更加多元。我国立法者在制定民事强制执行法时,可以改造大陆法系传统强制管理制度。笔者认为,我们在解决被强制执行股权价值非正常贬损的问题,处置不能或不宜拍卖和变卖的不动产方面,可以借鉴改造衡平接管制度,该制度还可以为房地产企业处置债务提供一种成本更低的破产替代手段。

(一)股权强制执行

在历史上,衡平接管不是为了接管股权而提出的,股权接管只是衡平接管在财产法领域的一类应用;美国继承衡平接管制度时,也没有强调用该制度解决被冻结股权价值非正常贬损问题。但我国现有相关文献几乎都提到引入衡平接管制度对被冻结股权强制管理。

笔者同意参考衡平接管制度来解决被冻结股权价值非正常贬损问题的主张。现行法针对被冻结股权价值非正常贬损问题,提供了债权人撤销权、恶意串通合同无效、法人人格否认、第三人侵害债权、质权人请求替代担保、行为保全和保全财产置换等救济手段。根据学者研究,前 4 种救济途径存在保障力度较差、适用耗时久、发挥作用滞后等弊端。[②] 事实上,后 3 种救济途径也存在类似问题:物权法上的质押物替代担保制度,不能保护不享有股权质权的债权人,且在债权人唯一有价值的财产系股权时,无法发挥作用;民事诉讼法的行为保全制度,无法避免"聪明的债权人"所有的逃债行为;而财产置换,只能由被执行人启动(提供其他等值担保财产且有利于执行的),不能由债权人申请或由法院命令,保障力度小。[③] 允许法院在被冻结股权价值存

---

① 大陆法系国家在金钱债务的不动产执行措施方面规定了强制管理,如《德国强制拍卖与强制管理法》和《日本民事强制执行法》。强制管理,是指执行机关对于被执行的不动产委托管理人实施管理,以其所得收益清偿债权的制度。参见[德]奥拉夫 · 穆托斯特:《德国强制执行法》(第 2 版),马强伟译,中国法制出版社 2019 年版,第 205 ~ 206 页。

② 丁磊和宋宗宇对前 4 种救济途径及其弊端进行了详细分析。参见丁磊、宋宗宇:《被执行股权价值保护的窘境与破局》,载《重庆大学学报(社会科学版)》2020 年第 2 期。

③ 参见《民事诉讼法》第 104 条,最高人民法院《关于人民法院民事执行中查封、扣押、冻结财产的规定》(2020 年)第 28 条第 1 款第 5 项和第 29 条,最高人民法院《关于适用〈中华人民共和国民事诉讼法〉的解释》(2020 年修正)第 167 条。

在非正常贬损之虞指定强制管理人，由利益中立的管理人依法或依法院授权行使股权（主要是投票权和提案权），可以提供解决冻结股权价值非正常贬损问题的一个方案。

借鉴衡平接管制度采用股权强制管理，还有利于解决被冻结股权无法变价或不方便变价的问题。例如，在 BVIHC（Com）0032 of 2018 案中，债务人是公司的唯一股东，BVI 高等法院以股权变价难以实现且股权接管有利于债务人和债权人为由，裁定对债务人的 100% 股权进行衡平接管。①

需要注意的是，股权强制管理会剥夺个别股东、在效果上甚至可能剥夺全体股东对公司的控制权，对公司经营和股东权利的影响巨大，因此应当通过指定接管限制适用情形、期限和接管人的权力，尽可能防止干扰债务人的正常经营。

第一，限制衡平接管的适用情形。如果冻结足以实现强制执行目的，则禁止指定衡平接管。这需要法院结合案件事实谨慎判断指定接管的必要性。例如，BVI 高等法院在指定衡平接管人的案件中，确立了“公平和便利”标准（just and convenient rule）。在 BVIHCMAP2018/0047 案中，债务人是公司首席执行官（CEO）并享有 51% 股权，BVI 高等法院之所以在冻结债务人股权后裁定指定接管股权，是因为虽然债务人未能履行冻结令的披露义务这一事实不足以认定股权存在价值贬损的危险，但该事实叠加债务人侵占公司财产的前科，以及债务人对公司的实际控制，导致指定接管符合“公平和方便”标准。

第二，明确衡平接管的期限。当债权已获清偿或者股权价值无贬损之虞，法院应当及时裁定解除接管。例如，如果公司提供充分、有效的担保，申请解除禁止的，法院应当允许。

第三，限制股权强制管理人的权力。管理人享有被执行人的股权。由于股权已被冻结，管理人不能处分股权、收取的股息红利；管理人享有的最重要权力是投票权和提案权。管理人对可能导致公司股权价值降低的提案享有一票否决权，也有权提出提高公司价值的议案，或者对相关议案投支持票。

① 该案中，债务人邢某斌持有 Firstwealth 公司 100% 股权，债权人兴业银行请求对股权指定接管。法院以 Firstwealth 公司的拍卖价不能反映公司的真实价值，且指定接管对原被告均有利为由，裁定对股权指定接管以实现公司价值。

由于行使投票权和提案权都对利害关系人产生了重大影响,因而管理人行使上述权力均需经任命法院批准。当事人及利害关系人认为法院的批准或不予批准决定不适当的,可以提出异议。

(二) 金钱债务的不动产强制执行

衡平接管还可以应用于金钱债务的不动产强制执行,由法院指定的接管人占有和管理不能或不宜拍卖、变卖的不动产,并以不动产经营之收益清偿债务。在这点上,衡平接管制度和大陆法系的强制管理制度有异曲同工之妙。

笔者认为,我国目前亟须建立衡平接管制度,以实现对学校、医院等公益事业单位公益设施的强制执行。[①] 我国现行法并未对学校、医院等公益事业单位的公益设施豁免执行,[②]学校、医院等单位债务人应当以单位财产包括教育用地、教育设施、医疗卫生用地和医疗卫生设施负担其债务。但是公益设施承载社会公共利益,法院采取的执行措施不能改变其公益性用途,不能影响实际使用。[③] 我国现行法提供的强制执行措施不能充分救济债权人:查封虽然不影响公益设施的使用,但它不是终局性的,不能救济债权人;拍卖、变卖需要不改变公益设施的用途,这降低了财产价值也增加了拍卖、变卖的难度。如果引入衡平接管制度,由法院根据债权人申请指定第三人对公益设施强制管理,债权人从持续经营所得中获利,则社会公共利益和债权人的合法权益均能获得保障。

---

① 现有研究还主张强制管理可以适用于以下情形:(1)抵押物价值较大但担保的债权数额较少;(2)不动产交易低迷,拍卖价格不适当时,采用强制管理并等待时机拍卖;(3)债务人已出租的房屋,收取将来到期租金或者另行出租给第三人,清偿小额债权;(4)对农村土地承包经营权、农村宅基地和房屋的强制执行。参见胡永康、王芳:《对农村宅基地和房屋可以变通执行》,载《人民司法》2013 年第 4 期;陈计男:《强制执行法释论》,台北,元照出版公司 2002 年版,第 455 页;陈宗荣:《强制执行法》,台北,三民书局 2000 年版,第 439 页。

② 《民事强制执行法草案(征求意见稿)(第六稿)》第 95 条规定,"公益法人正在使用的为完成公益事业所必需的房屋、机器、设备、教学用具等财物"属于执行豁免财产,"但清偿以该物为担保的债权时除外",且"执行债务人同意执行,或者不执行将严重影响执行债权人生活的或者显失公平的,可以执行其部分或者全部"。

③ 参见中国农业银行股份有限公司吉林市东升支行与吉林市碧碧溪外国语实验学校借款担保合同纠纷执行案,载《最高人民法院公报》2016 年第 10 期。

(三)处置房地产开发企业的债务危机

由于历史和现实因素,“衡平接管是替代破产的有吸引力的解决企业债务危机的方式”。[①] 在我国,衡平接管可以成为处置房企债务危机的破产替代手段,因为出于政策考虑,一般不希望房企大规模破产倒闭,而是要求保交房。具体而言,相比破产,接管房企有以下优势。

第一,接管不太影响房企正常经营。接管人在企业正常经营范围之内享有广泛的推定权力,法院对房地产项目指定接管后,接管人可以继续经营,并用房屋销售所得清偿债务。但陷入破产的企业常常无法继续原有的经营:在破产清算中,破产管理人的经营权限十分有限;在破产重整程序中,破产重整计划需要经过债权人会议表决通过并经法院批准后方可由债务人执行,破产管理人享有监督权力。

第二,接管可以保护期房购房者和供应商的权益。相比普通企业,房地产企业涉及的利益主体更加复杂,包括购房者、供应商、建设工程承包人和其他债权人等。如果其申请破产,根据《企业破产法》第 113 条的规定,无担保的供应商债权将成为普通债权,从而造成供应商怠于供货,阻碍房企的正常经营;期房购房人的债权也是普通债权,从而严重损害购房人的权利,甚至引发社会性事件。[②] 如果用接管的方式处置债务危机,则可以让接管人在回收房款后,优先清偿供应商,维持项目正常经营,最终保护购房者权益。

第三,通过接管的方式强制管理房地产企业集团旗下众多的项目公司,在接管人的主导下继续经营或者整体出售项目,有利于化解债务危机。如果母公司或旗下子公司进入破产程序,可能会让市场对集团丧失信心,进而拖累项目公司的运营,造成项目停摆甚至项目公司破产,损害期房购买人的权益;甚至可能引发连锁反应,从房企流动性风险演化为金融系统性风险,对整个市场造成冲击。例如,在恒大集团债务危机中,网上曾谣传恒大破产重组,

---

① Jenny Bourne, *New Wine in an Old Bottle: How Minnesota's Receivership Statute Can Promote Both Efficiency and Equity*, Hamline Law Review, Vol. 36:3, p. 427 – 428(2013).

② 现有文献试图在房企破产中赋予购房者更优的权利(如取回在建房屋权、定金或预付款优先权),参见王欣新、张思明:《论房地产开发企业破产中的购房者利益保护》,载《江汉论坛》2015 年第 10 期。但让项目继续运营,是对期房购房者权益最好的保护方式。

加剧了准业主、供应商和其他债权人的恐惧心理,引发市场对于金融机构的担忧。对此,恒大方面紧急辟谣声明其未进入破产重组程序,防止负面舆情被媒体放大。① 确保房地产项目平稳运行是解决恒大集团债务危机的关键,相关部门和地方政府都督促恒大集团加快恢复项目建设,恒大集团提出的自救方案也是"复工复产保交楼"。② 如果引入衡平接管制度,法院可以根据申请指定对恒大地产在各地的项目接管,并以售楼收入清偿债务,从而依法实现"保交楼",化解债务风险。

第四,房企的资产主要是已建成或在建的商品房和土地使用权等,如果进行破产清算,在建工程资产的评估、拍卖或变卖程序较难进行。而接管制度可以避免这种麻烦,让项目继续运营,并以销售房屋的收益清偿债务。

结　语

几个世纪以来,在法院的推动下,衡平接管制度的适用范围从接管涉案财产以保全财产价值和执行生效判决,拓展到接管企业和地方政府以渡过债务危机,再到接管公共机构和空置住房以维护公民宪法权利。这一演变深刻反映了衡平接管制度的灵活性:它既不隶属于某一部门法,也不单纯是民事强制执行措施,而是法院行使固有的衡平权力的产物。但这种灵活性也造成了衡平接管案件因州而异、甚至因法官而异的不确定后果,阻碍了衡平接管制度在美国的发展。2015 年《美国统一商业不动产接管法》的颁布正是为了解决法律适用不统一的问题。

相较大陆法系的强制管理制度,衡平接管具有更强的灵活性和更广的适用范围。在大陆法系国家和地区,强制管理,是指法院选任中立的管理人接管被执行不动产,以其所得收益清偿债权的制度;在美国,衡平接管不仅可以控制不动产,还可以控制动产和无形财产。从我国已经公布的《民事强制执行法草案(征求意见稿)(第六稿)》来看,我国拟建立大陆法系的强制管理制

① 参见恒大集团:《16 家银行密集回应恒大贷款问题》,载微信公众号"不良资产头条"2021 年 9 月 23 日,https://mp.weixin.qq.com/s/dfoDN-qud7SPCnTQGR7Q0g。

② 参见《许家印最新发声:"恒大要全面实施现楼销售!"》,载搜狐网 2021 年 10 月 23 日,https://www.sohu.com/a/496737785_161795。

度。笔者建议可以适当扩大强制管理的适用范围。

在制定强制管理规则时,可以强化民事强制执行手段,并为房企提供解决债务危机的破产替代性程序。具体而言,我国可以接管被冻结股权,防止其价值非正常贬损,接管不能或不宜拍卖、变卖的公益设施和被抵押的农户承包土地,以及在房地产企业流动性不足时,接管各地项目公司,保障项目正常经营,化解企业债务危机。

西班牙破产法框架下的预破产方法

杜翃宇*

摘要:2008 年金融危机后,西班牙为解决其传统破产程序耗时较长、成本较高的问题,在破产法改革中引入了预破产方法。西班牙包含预破产的完整破产法框架于 2020 年形成。相比传统的庭内破产程序,预破产方法在困境企业处置上呈现更灵活的特点且凸显出预防性功能。《西班牙破产法》规定了再融资协议与庭外支付协议两种预破产手段,并对与预破产相衔接的"衔接破产"情形作出了规定。西班牙预破产制度设计可以给我国建立类似制度、丰富困境企业处置手段带来启示。

关键词:西班牙破产法;预破产;再融资协议;庭外支付协议

在世界范围内,建立更公平有效的破产制度是各国破产法律变革的目标。2008 年金融危机后,西班牙在破产法领域大力进行改革,其预破产制度成为多轮改革的重点。在这个过程中,西班牙确立了"再融资协议"(acuerdo de refinanciación)和"庭外支付协议"(acuerdo extrajudicial de pagos)这两种预破产手段,[①]并且不断细化这两种手段的实施的具体要求,并对其可能的"衔

---

* 新加坡国立大学公司与金融法方向法律硕士研究生。

① 本文内容包含了较多西班牙语专业法律术语,在将其翻译为中文时笔者尽量依照西班牙语直译。但由于西班牙法律制度与我国制度的差异,并非全部专业词汇都能找到对应的中文,国内也尚未有权威性的翻译范本可借以参照,在按照字面意思翻译可能造成歧义或理解困难的情况下,部分词汇采取直译与意译相结合的解释方法,例如,终局破产(concurso de acreedores)、衔接破产(concurso consecutivo),其具体含义在注释部分都进行了补充说明。若有更严谨、准确的翻译,欢迎指正。

文章注释部分涉及西班牙法律文件或单词的中文解释及其缩写:"Real Derecto"(皇家法令,以下简称 RD);"Real Derecto-Legislativo"(皇家立法法令,以下简称 RDL);"Ley de Derecho Concursal"(破产法,以下简称 LC);"texto refundido de la Ley de Derecho Concursal"(破产法合并案,以下简称 TRLC)。

接破产"(concurso consecutivo)[①]这一结果进行规范。

西班牙破产法律制度历史悠久,近年来又作出了许多卓有成效的制度变革。近年来,西班牙营商环境评估排名基本稳定在世界前30名。对西班牙破产制度的研究在以下方面具有意义:首先,对西班牙破产法律制度研究有利于我国"一带一路"建设的发展。中国是西班牙在欧盟成员国外的第一大贸易伙伴,西班牙则是中国在欧盟内第六大贸易伙伴。对西班牙破产制度进行深入了解,有利于中西贸易与投资。其次,预重整与庭外重组是我国目前破产法实践与立法改革中的热点问题,对西班牙预破产方法的发展历程、特征、具体实施方法的分析,也可以为我国相关制度探索提供参考。

一、西班牙破产法历史沿革与基本框架

(一)西班牙破产法发展的历史沿革

西班牙的破产法发展至今有着悠久的历史,其法律渊源从13世纪下半叶颁布的第一部涉及处理商人破产的法典《阿方索七章法典》(Código de Las Siete Partidas de Alfonso el Sabio),[②]到君主制时期产生的第一部系统性介绍破产法基本原则的专著,[③]再到1829年颁布的《商法典》(Código de Comercio)、1881年颁布的《民事程序法》(Ley de Enjuiciamiento Civil de 1881)、1885年改革修订的《商法典》(Código de Comercio de 1885)。随后,1922年西班牙再次进行破产法改革,颁布《暂停支付法》(Ley de Suspensión

① 衔接破产(concurso consecutivo):该术语依据西班牙语直译可以翻作"接续的破产"或"接续而来的破产"。其实义即预破产方法实际操作失败转入庭内破产程序所处的状态,本文统一译作"衔接破产"。本文中另外使用了"终局破产"概念,"衔接破产"是指预破产方法中的一种状态,"终局破产"是指2003年《企业破产法》中规范的"和解"和"清算"这两种传统的法定破产方法。

② 西班牙中世纪的一部重要法典。该法典根据阿方索十世的旨意编写,于1256~1265年完成。法典分宗教、行政、法律、婚姻等7个部分,故名。该法典总结了寺院法和罗马法,又根据城市宪章、卡斯蒂利亚和莱昂习俗等编写而成。西班牙殖民时期该法典被带到海外,被中美、南美和美国的一些州所接受。美国路易斯安娜地区的一些州的法律,均采纳了该部法典。

③ 法学家弗朗西斯哥(Francisco Salgado de Somoza)于1651年编写的《债务人群体争议解决疑难问题》(Labyrinthus creditorum concurrentium ad litem per debitorum inter ellas causatam),在世界范围内产生了影响力。

de pagos de 1922),为公司与其债权人订立协议建立了新的程序。[①] 此后,《西班牙破产法》一直在由这些条文构建的框架内运行。其间,根据债务人是否有商人身份,以及资不抵债的情况是暂时性还是永久性的,将破产状态分为四种并且以不同的程序分别处理:暂停支付(suspensión de pagos)、彻底破产(quiebra)、减免及延期(quita y espera)、终局破产(concurso de acreedores)。[②] 2003年《西班牙破产法》(Ley Concursal de 2003,LC)颁布。这部法律学习了德国法律制度的统一性,将以往分散的法律规则和法律原则统一,结束了西班牙历史上对于商人和非商人主体施行两套破产制度的状态,解决了对破产主体的商人或非商人身份划分难的问题。与此同时,这部法律建立了一套统一的法律框架内的破产流程,也就是所谓的终局破产(concurso de acreedores),[③]为所有类型的破产主体创造了在协议(convenio)和清算(liquidación)这两种途径内实现依法破产的可能性。

(二)现代西班牙破产法的基本框架与预破产的地位

2003年6月9日,《西班牙破产法》颁布。同日,西班牙还配套出台了《破产改革组织法》(Ley Orgánica para la Reforma Concursal)。这两部法律构建了现代西班牙破产法最初的基本框架,即规定了协议和清算这两种程序,并将这两种手段统一归为终局破产。《西班牙破产法》对终局破产的司法程序作出完整规定。终局破产需要专业的破产法官或者商事法官的参与。完整

---

① Darío J. Graziabile, Fundamentos de Derecho Concursal: Nociones, Antecedentes, Evoluciones y Crisis, http://www.bufete-baro.com/pub-docs/DERECHO%20CONCURSAL/GRAZIABILE-Fundamentos-de-Derecho-Concursal.htm.

② 对于商人主体来说,可以选择暂停支付(suspensión de pagos)或是彻底破产(quiebra)两种手段;对于非商人主体,可以选择减免及延期(quita y espera)或是终局破产(concurso de acreedores)。商人主体选择暂停支付和非商人主体选择减免及延期,前提都是积极财产多于消极财产,通过这两条途径要达到的目的都是和债权人签订协议。相反,商人主体选择彻底破产和非商人主体选择终局破产,前提都是积极财产小于消极财产,无完全清偿的可能性。

③ 终局破产(concurso de acreedores):该术语按西班牙语直译应当翻作"债权人参与的破产"。但由于这样翻译可能给读者造成理解上的困难,考虑其实义,可以联想到"债权人集体清偿程序",以及其在破产法框架中的地位,即传统的庭内破产程序,本文统一将其翻作"终局破产"。在西班牙破产法中,"协议"与"清算"这两种破产手段被统一归为"终局破产"。

的终局破产流程包括破产宣告程序(procedimiento de declaración)[①]、共同阶段(fase común)[②]、后置阶段(fase sucesiva)、执行阶段等。根据不同破产案件的具体情况,共同阶段结束后,后置阶段可以开启协议程序(fase de convenio)或者清算程序(fase de liquidación)。每一个程序启动都需要一个符合法律规定的司法决定,否则无法完成阶段的转换。在终局破产中,破产管理人(Administración Concursal)在破产法官(Juez del Concurso)的监督下发挥重要作用。

2003年《西班牙破产法》法典颁布后,西班牙在破产法领域不断进行改革。西班牙法律总编纂委员会(Comisión General de Codificación)[③]称,“现代西班牙破产法的历史就是改革的历史”,因为很难在西班牙的立法进程中找到像《西班牙破产法》一样,在短短十几年中就经历了如此频繁的改革和修订的法律。尤其是在2008年金融危机的冲击下,现行破产法程序过于漫长和成本过高的问题暴露出来。在密集的破产法改革后,预破产的手段被引入。

预破产(pre-concurso)[④]手段作为传统的终局破产的替代方法被引入,债务人可以在不向法院申请宣告破产的情况下,与债权人进行谈判,就债务清理、经营调整等内容协商后签订协议,达到企业拯救的目的。具体而言,预破产有再融资协议(acuerdo de refinanciación)和庭外支付协议(acuerdo extrajudicial de pagos)两种手段,而再融资协议或庭外支付协议的失败可能导致第三种结果,即所谓衔接破产(concurso consecutivo)。

---

① 破产宣告程序(procedimiento de declaración):破产宣告程序的主要任务是法官颁布宣告破产的判决书(auto dedeclaración)。这一阶段一般由债权人或债务人或其他利益相关人向法院申请宣告破产而开启。

② 共同阶段(fase común):自宣布破产的判决书生效之日起到协议阶段(fase de convenio)开始之时结束,或是协议作为预协议草案直接通过时结束。在这一阶段,要完成积极财产(masa activa,即财产及财产性权利)和消极财产(masa pasiva,即债务)的调查,需出具财产清单(inventario)以及确定债权人名册(lista de acreedores)。

③ 西班牙法律总编纂委员会是西班牙司法部下属的最高法律建议机构。其职责为在司法部的职权范围内,做好制定法律或规定性文件的准备阶段的工作,以及其他保护法治系统的工作。

④ 预破产(pre-concurso):该术语在西班牙语中直译即为“预破产”。其实义与联合国发布的《破产立法指南》中对“预重整”的定义相近,但由于另有“reorganización/reestructuración”等西班牙词语可能被直译为重整,为了避免造成混淆,本文统一将该术语译为“预破产”。

二、改革中成型与发展的预破产方法

(一)发展动因与发展历程

在法律改革与实践过程中,西班牙立法者发现,尽管他们通过出台法律规范来鼓励破产者通过协议手段走出困境,但最终大多数的破产者还是走向清算。这是因为申请破产宣告这一程序耗时甚长,往往在这一阶段,企业资不抵债的境况已经无法被挽回,选择协议破产已经没有意义。同时,即使法官宣告破产企业进入了终局破产程序,庭内程序的框架内,债务人与债权人达成协议耗时长,在这一过程中不仅有雇佣破产管理机构的高额花费,还需要大量司法资源。为了解决这些在传统的终局破产框架内长期难以得到有效解决的问题,立法者尝试结合司法实践经验,建立并发展出一套混合型制度。①

西班牙破产法几次重大的改革分别集中在 2009 年、2011 年、2014 年进行,正是在这几次的改革中,预破产方法从无到有,并且逐步发展形成体系。

2009 年 3 月 7 日,西班牙政府颁布的第 3/2009 号皇家法令首次引进了再融资协议(acuerdo de refinanciación),同时精简了债务人进入终局破产程序的手续。但是数据显示,在一半的破产案件中,仅共同阶段的程序就耗时近 1 年,而完成整个破产程序需要耗时 3 年。在这个过程中,债权人往往无法承受这一糟糕的后果,因为破产费用已经被花费而始终没有积极财产增加。同时,超过 90% 的企业最终仍然选择了清算。立法者鼓励当事人使用协议手段,通过例如预协议提案(propuesta anticipada del convenio),②使其破产程序在共同阶段完成。然而,预协议提案的实现率非常低,仅有 5% 的协议是通过签订预协议提案达成的。可见,破产程序过于漫长以及消耗过大的问题依旧

① Ángel José Rojo Fernández Río, "El Derecho Preconcursal", Lecciones de Derecho Mercantil. Volumen Ⅱ, 2018, págs. 603 – 621.

② 预协议提案(propuesta anticipada del convenio):在终局破产框架内,协议(convenio)这种手段可以通过协议提案(propuesta del convenio)与预协议提案(propuesta anticipada del convenio)两种不同的形式予以完成。

没有得到有效解决。改革也因此被批评不够全面、系统。[①]

2011 年 10 月 10 日颁布的第 38/2011 号法律试图修正这些缺陷以设置更加高效的程序。这一次的改革重点在以下方面:(1)加强再融资协议的作用;(2)提高程序的简易性和灵活性以降低破产成本;(3)允许在破产程序进行的过程中,在破产协议中进行企业结构变更,如允许在协议中合并和分割;(4)对破产管理机构的专业性提出更高要求;(5)提高劳动者的保护水平;(6)加强对关联企业破产的规范。

2013 年 9 月 27 日颁布的第 14/2013 号法律,重新修改了部分关于再融资协议的规定,同时引入了第二个法定的替代手段,即庭外支付协议。2014 年 3 月 7 日颁布的第 4/2014 号皇家法令[②]、9 月 5 日颁布的皇家法令[③]对再融资协议中如分期支付、延期、债务的资本化运作等问题作出进一步规定。此次改革的重点集中于对预破产的规范。

2020 年 5 月 7 日公布的皇家立法法令[④]正式出台《破产法合并案》(el texto refundido de la Ley de Derecho Concursal, TRLC), TRLC 于 2020 年 9 月 1 日生效。作为西班牙改革中的一步,新的合并案对 2003 年以后多次的改革内容进行了整合,预破产的内容也正式被统一纳入了合并案的文本,极大地丰富了《西班牙破产法》的内容,《西班牙破产法》内容的体量由 243 条扩充至 751 条。

(二)预破产的目标与特点

与传统的协议或清算方法不同,预破产手段更加灵活——在减少司法力量参与的情况下,债务人可以在预破产期间通过与债权人进行谈判而减少债务,或修改需要履行的义务,或者延缓支付,这给予了困境中的企业更多时间,避免企业陷入彻底破产。换言之,预破产方法保留了更少的司法强制性

---

① Blas A. González Navarro, "La Ley Concursal, en constante evolución: últimas reformas", Comunicaciones en Propiedad Industrial y Derecho de la Competencia, CEFI, n° 75 mayo-agosto 2015, pags. 47 - 69, https://blasgonzalez.com/en/la-ley-concursal-en-constante-evolucion-ultimas-reformas/.

② Real Decreto-Ley 4/2014.

③ Real Decreto-Ley 11/2014.

④ Real Decreto Legislativo 1/2020, de 5 de mayo.

但追求更强的预防性功能。①

具体而言,西班牙法律实务者指出,破产者可以通过预破产实现的目标主要有以下几个方面:(1)减少企业破产后最终个人承担责任的可能;(2)避免企业在债权人向法院申请后短期内陷入被宣告破产的境地;(3)有使已到期或即将到期的债务进行再融资的机会;(4)抱着达成预协议提案的目标尽快与债权人开始协商谈判,避免传统的终局破产程序的时间消耗;(5)可以避免终局破产程序中法院执行拖延、向法院支付破产费用以及其他完成破产程序需要占用企业人力、物力等对企业维持经营造成的不利影响。②

作为终局破产的替代手段,预破产具有许多优点:(1)有利于维持公司内部运行的稳定。与终局破产不同,在预破产阶段中,公司不是必须受到破产管理机构的干预,即公司可以保留其理事机构以负责所有行政决策,设法维持原有的内部运行方法。(2)对破产企业的企业声誉和职工稳定性影响较小。预破产阶段,企业保留一定的“隐私权”。尽管法院书记员可以命令在公共破产登记处(Registro Público Concursal)披露预破产谈判通知的摘要,但如果债务人明确要求,也可以不公开该摘要。(3)能够中止执行。预破产谈判开启的通知被呈递给法院,能够使法院最多在 3 个月内不对该企业维持生产经营活动所必需的财产采取执行措施。(4)花费更少。因为其时间短且不需要雇佣破产管理人,预破产手段往往比终局破产的花费低得多。

但同时,预破产也有其明显的局限性。例如,债权人也许因为意识到该企业已经陷入或即将陷入资不抵债的状态而使用各种手段催促企业提前履行其义务,完成债务清偿,这可能干扰企业的正常经营。又如,预破产对债务人通知法院开启与债权人的谈判有明确的时间限制。如果债务人已经向法院呈递了一份通知书,则在 1 年内其不能再次呈递。③ 可见,预破产程序开启后也可能产生不可逆的效果,对企业后续的经营调整造成限制。

---

① Fernández Gómez, Martín, Acuerdos de Refinanciación y su Homologación Judicial. Traballo Fin de Mestrado, Facultade de Dereito, Universidade da Coruña, 2020.

② Las ventajas del preconcurso de acreedores ante el covid – 19, http://www.alcorconsulting.es/publicaciones/archivos-de-publicaciones/150 – las-ventajas-del-preconcurso-de-acreedores-ante-el-covid – 19.

③ TRLC Artículo 583.4.

三、预破产的实施

预破产方法的两种具体分类被称为再融资协议(acuerdo de refinanciación)和庭外支付协议(acuerdo extrajudicial de pagos)。依据 TRLC,债务人试图通过这两种方法完成自救时,就可能进入衔接破产(concurso consecutivo)这一状态,即预破产方法尝试失败后债务人仍然需要进入庭内程序完成企业拯救或者有序退出市场。

在预破产的实施过程中,债务人与债权人需要发挥更大的主动性,法院主要起到监督作用。这一特点体现在各个方面,例如,法律规定,无论采取哪一种预破产方法,都必须经过债权人与债务人的谈判(negociación con los acreedores)这一重要环节。同时,TRLC 对于债务人与债权人进行谈判的时间、形式、结果等都作出了规定,还明确了处于预破产阶段的债务人与债权人对于开启谈判一事通知法院的必要性,即实际处于破产状态或濒临破产的债务人在未宣布破产前开启与债权人的谈判应该使有宣告破产权限的相应法院知晓。① 履行这一项通知义务的时间期限参照终局破产中向法院申请破产宣告的规定,即《西班牙破产法》第 5 条规定的"自债务人知道或者应当知道自身破产状态之日起两个月内申请宣告破产"。② 同时,当债务人为了达成庭外支付协议而申请任命破产调解人(mediador concursal),一旦后者接受该职位,公证人(notario)、商务登记员(registrador mercantil)或者商业工会(Cámara de Comercio)应该通知法官。他们不仅负责通知法官,在债务人与债权人达成庭外支付协议的谈判开启时,还要指明调解人的身份。③

(一)再融资协议(acuerdo de refinanciación)

1. 概念与分类

再融资协议是未被法院宣告破产的债务人与债权人之间签订的协议,签

---

① TRLC Artículo 583.1.

② LC Artículo 5.

③ TRLC Artículo 583.2.

订再融资协议可以延长债务人的义务履行期限或者使债务人履行其他义务以延续企业生命。再融资协议作为预破产的一种手段,法律没有提供其明确概念。本文所指的再融资,[①]并不是指寻找新的债权人或引入新的资金,而是指债务人向原债权人寻求对其利率、偿债期限或合同中列出的其他条款进行有利的修改,使债务人有更宽裕的资金和时间恢复实力。在这一层面上,也可以理解为该类协议因此具备了融资的功能。

TRLC 第 596 条到第 604 条规定了再融资协议的范围和类型,即什么样的协议可以被称为再融资协议。根据 TRLC 第 596 条,再融资协议分为集体再融资协议(acuerdos colectivos de refinanciación)和单独再融资协议(acuerdos singulares de refinanciación),前者是与全体债权人签订的协议,可以选择是否经由司法批准(homologación judicial),后者是仅与一个或多个债权人建立的协议,不能经由法官批准。[②] 法律对集体再融资协议作出了更详细的规定,而对单独再融资协议仅在要求上作出了规定。

对于集体再融资协议,法律[③]作出以下要求:(1)协议必须包含 1 份证明债务主体能够在短期内(2 个月以内)和中期内(2 ~ 5 年)连续进行专业业务活动或经营活动的可行性计划(plan de viabilidad)。根据西班牙司法实践,[④]再融资协议的生效不仅仅要求在形式上符合法律规定,而且其内容要真正保证业务活动或经营活动的延续,而不是指向破产清算。具体而言,附加的可行性计划应该是一份兼具短期和中期目标的"真正的规划",而不是成为债务人拖延或逃避进入庭内破产程序的过渡手段。(2)协议至少应该明确一个目标,即延长债务人偿还债务的时间或者修改或免除债务人的义务。(3)协议应该在其约定的日期前由债务人和多数债权人(债权金额达到总债权额的至少 3/5)签署。签署协议的债权人的债务金额,应该由公司的审计员或者债务人住所地的商业登记员进行确认。(4)协议应该及时向全体债权人公开

---

① 本文对该预破产方法采取"再融资协议"的翻译是为了与西班牙语原词"acuerdo de refinanciación"对应,避免与其他西班牙语词汇混淆。从其实际内容上看也可以翻译为"再授信协议"。

② TRLC Artículo 596.

③ TRLC Artículo 598.

④ 2015 年毕尔巴鄂商事法院第 195 号案件 Sentencia N° 195/2015 del Juzgado de lo Mercantil-Bilbao, Rec. 249/2015 de 23 de julio. ECLI:ES:JMBI:2015:1556。

披露。

依据 TRLC 第 602 条的规定,集体再融资协议对债务人和签署了协议的债权人有约束力。债务人如果是集团,集团中的各公司都应该参与再融资协议的签订和执行。对于债权人来说,如果债权人为企业联合组织,则当人数足够代表企业联合组织的债权人签署了协议,协议对该企业联合组织全体有约束力。除非协议中另有规定,否则协议就于公开文书正式通过之日生效。

对于单独再融资协议,法律[①]作出以下要求:(1)必须包含一份可行性计划;(2)协议中约定的日期前,积极财产与消极财产的比值应当有所提高;(3)协议应当使流动的积极财产等于或者超过流动的消极财产(在期限内变现的资产必须大于该期限内到期的债务);(4)协议不能使债权人的保证或财产担保的数额超过签订协议前;(5)协议中保留或产生的利息,不得超过协议签订前债权人要求债务人承担的利息平均值 1/3;(6)协议需以书面的形式向所有参与谈判的债权人披露。

2. 司法批准(homologación judicial)

司法批准是法院发挥监督和引导作用的步骤。TRLC 第 605 条规定:"没有被宣告破产的债务人和债权人随时可以请求法院批准其已成立的集体再融资协议。在预破产程序中,法官依据申请,审查再融资协议的公平性、可行性、合法性、必要性等。"依据法律规定,法官不仅要审核协议附加的可行性报告的真实性,即审核再融资协议是否真正可以帮助企业在短期和中期延续经营活动,还要审核签订再融资协议的必要性,即企业是否真正陷入资不抵债的状态而需要这种特殊的方法帮助企业走出困境。[②] 当事人可以通过申请司法批准,使符合当事人意思自治且合法、合理、切实可行的协议获得更有力的保障。

需要注意的是,TRLC 第 605 条到第 627 条规定了再融资协议被司法批准的要求和程序,其中,第 605 条明确了单独再融资协议不能作为司法批准的对象。[③]

---

① TRLC Artículo 604.

② 2016 年塞维亚商事法庭第 360 号案件 Auto del Juzgado Mercantil 360/2016 de Sevilla de 6 de abril. Núm. Ecli: ES:JMSE:2016:298A。

③ TRLC Artículo 605.

法律[①]规定了可以被批准的再融资协议应该满足以下条件:(1)包含短期和中期的可行性报告。(2)协议应该明确的目标是,显著提升债务人可使用的资金,或者修改或免除债务人的义务。(3)协议已经被出席的债权人通过,并且有持有不少于金融债权总额 51% 的金融债权人同意签署该协议。这里的金融债权人的债权额及占比必须通过审计人员签发证明。(4)在申请司法批准以前,协议已经以书面形式向所有签署了该协议的债权人公开。

有效的司法批准不仅要求协议符合以上条件,司法批准也应当符合 TRLC 程序性的规定。例如,有权限批准再融资协议的法官应当是依终局破产程序被认为有权进行破产宣告的法官;[②]债务人和任意签署了协议的债务人都有权申请对协议进行司法批准;[③]法官审核通过后裁定同意执行该协议(providencia de admisión a trámite),并将其在公共破产登记处(Registro Público Concursal)公示,法官应该在公示后的 15 日内颁布批准该协议的裁定书(auto de homologación)。

司法批准的主要效果在于使协议具有了扩展效力。法官应当在批准协议的裁定书上声明:该再融资协议不仅对债务人、签署该协议的债权人、达到代表比例要求的签订了协议的企业联合组织有约束力,依照 TRLC 第 613 条第 2 款[④]的规定,经司法批准的协议的约束力扩展到那些没有签署该协议或者对该协议表达反对意见的债权人。

3. 协议无法履行的后果

依据 TRLC 第 628 条的规定,债务人无法履行再融资协议的规定的,任何受到影响的债权人都可以向法院申请宣告再融资协议无法实现(declaración del acuerdo de refinanciación),无论该协议是何种类型,无论是否经过司法批准。若该协议经过司法批准,则由进行司法批准的法官进行协议无法履行的宣告;若该协议未经司法批准,则由有权宣告终局破产的法官进行协议无法履行的宣告。这一申请将被转移给债务人和签署协议的债权人证实(当协议经过司法批准,效力波及提出反对意见的债权人,此时这类债权人也应配合

① TRLC Artículo 606.
② TRLC Artículo 609.
③ TRLC Artículo 610.
④ TRLC Artículo 613.

参与),决定是否承认协议无法履行。①

若法院判决宣告再融资协议无法实现,再融资协议中对债务的约定失效。同时,债权人可以申请由法院对债务人宣告破产,或者要求对他们的各自的债权进行单独执行(ejecución singular)。②

(二)庭外支付协议(acuerdo extrajudicial de pagos)

1. 适用条件

庭外支付协议是由破产调解人(mediador concursal)引导,以债务人渡过企业延续经营危机为目的,在法庭外实现债务清理的预破产方法。

破产调解人这一新的机构于2013年的《西班牙破产法》改革中开始得到推行,并且关于破产调解人的任命和职责在TRLC中也有较详细的规定。庭外支付协议这一预破产手段在2015年的《西班牙破产法》改革中得到强化,在2020年的改革中得到进一步发展。

根据TRLC第631条到第633条对申请人的规定,预计负债不超过500万欧元的任何自然人,③以及负债不超过500万欧元、资产少于500万欧元以及债权人少于50人的法人,④只要有意愿并且有足够的资产支付完成过程中产生的费用,⑤都可以诉诸庭外调解以克服资不抵债的状况。

同时,TRLC第634条规定了下列人群不得申请指定破产调解人(这类人不能进行预破产框架下的庭外调解):(1)在过去10年内有因财产犯罪、文件造假、危害社会安全和公共秩序或者侵害劳动者权益等有判罚记录的债务人;(2)在过去5年内,签订过庭外支付协议,或达成过再融资协议并经司法批准,或已经被宣告破产的债务人;(3)正在为签订再融资协议与债权人进行谈判的债务人;(4)在终局破产程序内已经被同意执行的债务人。⑥

---

① TRLC Artículo 628. Incumplimiento del acuerdo de refinanciación.

② LC Artículo 55. 单独执行(ejecución singular)即法院对特定的财产而不是全部财产采取强制措施。在一般情况下,破产案件中采取的都是统一执行(ejecución universal),即将债务人的全部财产视为一个整体进行处置。TRLC Artículo 629. Efectos de la declaración de incumplimiento.

③ TRLC Artículo 632.

④ TRLC Artículo 633.

⑤ TRLC Artículo 631.

⑥ TRCL Artículo 634.

2. 程序设计及协议内容

TRLC 第 662 条至第 682 条对签订庭外支付协议的程序作出了详细规范。破产调解人接受任命后 10 日内,应该向债权人发送召开会议的通知书,会议应该在债权人同意后的 2 个月内在债务人的住所地召开。破产调解人负责草拟庭外支付协议提案(propuesta del acuerdo extrajudicial de pagos),并且在会议召开日至少 20 日以前送达债权人,债权人在一定期限内有权提出替代方案或修改意见。法律①规定协议提案的内容可以包括以下四个方面:(1)期限不超过 10 年的延期支付;(2)债务的免除;(3)部分或全部的债权转为股份或其他义务;(4)财产或权利转让给债权人代替债务。

庭外支付协议不能更改法律在终局破产框架下规定的清偿顺序,除非清偿顺序被推后的债权人明确表示同意。② 同时,法律规定协议提案必须附上清偿计划(plan de pagos)以及可行性报告。

法律规定,被召集的债权人应该出席会议,除非他们在会议召开前 10 日内已经表示接受或反对该提案。③ 持有债权超过可计算的债权总额 65% 或 75% 的债权人对提案表示支持的,就意味着债权人形成大多数意见(当提案内容涉及这 3 种情况,即不超过 5 年的延期支付,或不超过 5 年的“债转股”,或免除超过 25% 的债务,则以 65% 的债权额作为大多数意见的判断标准。其他情况下,都以 75% 作为标准),④提案通过,可以起草和签署正式协议。

经多数债权人签署的正式协议应该形成书面的公开文书,并且需要经过破产调解人同意、经由提名破产调解人的机构进行评估,随后将通过的正式协议呈递法官及公共破产登记处,并且在公共破产登记处进行公示。

3. 效力

庭外支付协议对债务人以及不享有担保物权或者其债权不超过其担保物权价值的债权人有约束力,除了公共债权(créditos públicos)⑤的债权人。

---

① TRLC Artículo 667.

② TRLC Artículo 670.

③ TRLC Artículo 676.

④ TRLC Artículo 678.

⑤ TRCL Artículo 287. 公共债权,是优先债权的一种,是指债权人为公权机关的债权,如税款债权。

法律强调,任何公共债权都不受庭外支付协议的影响。[①]

破产调解人有责任监督庭外支付协议的实现。[②] 当庭外支付协议履行完毕,破产调解人应当前往公共破产登记处签订宣誓书(acta notarial),[③]证明协议已经被履行完毕。但如果这一协议无法实现,就会导致衔接破产的开启。

(三)衔接破产(concurso consecutivo)

衔接破产脱胎于2013年《西班牙破产法》改革,在2015年、2020年《西班牙破产法》改革中得到发展的一种新的破产形式,其内容在TRLC第695条到第720条中予以规定。

依据TRLC第695条[④]的规定,以下3种情况,经破产调解人或债务人或债权人申请,会触发衔接破产:

第一,在预破产进行的过程中,达成再融资协议或庭外支付协议的尝试失败;

第二,债务人表示无法完成预破产协议;

第三,法官依职权宣布债务人与债权人达成的预破产协议无效。

同时,TRLC第705条规定,在意识到债务人无法履行庭外支付协议规定的义务时,破产调解人有主动向法院请求宣告衔接破产的责任。除非法官提出要求,一般由破产调解人担任结果性破产阶段的破产管理人。[⑤]

衔接破产可以以清算的方法开启,也可以通过申请通过预协议提案达成协议的方法开启,[⑥]即实际上进入庭内破产程序。衔接破产阶段开启后,通常以更简洁的程序进行。如此一来,虽然签订的再融资协议或者庭外支付协议可能失效或终止,但可以避免这两种预破产手段失败后,只能从零开始进入传统的终局破产程序,而不得不重复进行大量前期审查、谈判工作,或者债务人由于尝试失败就此彻底失去走出困境或合法有序退出市场的机会。

---

① TRLC Artículo 683.

② TRLC Artículo 693.

③ TRLC Artículo 694.

④ TRLC Artículo 695.

⑤ TRLC Artículo 709. 1.

⑥ TRLC Artículo. 706.

四、建　议

在我国,预重整这一概念尚未得到法律层面的明确规定,在 2019 年《全国法院民商事审判工作会议纪要》第 115 条、2018 年《全国法院破产审判工作会议纪要》第 22 条中出现了“庭外重组与庭内重整衔接机制”的表述。在实务层面,温州、深圳、北京、南京、重庆等地法院出台了各自的预重整指导文件。总体看来,我国理论界和实务界对预重整的概念界定不尽相同,司法实践中对预重整的功能认识有待加强,以充分发挥其优势作用。

从目前看来,预重整作为一种介于庭内重整和庭外重组之间的困境企业拯救模式,既有庭外重组强调私人协商的特点,又可以通过法院批准、强制执行的预重整方案转入庭内重整。这些注重程序高效衔接、发现重整价值的独特机能,使预重整越来越被推崇。[①]《西班牙破产法》中构建的预破产制度,在设立目标和内容等方面都与所谓的预重整有相似性,并且发展出较丰富、系统的规范。就我国的情况而言,笔者提出以下建议。

(一)重视庭外程序与庭内程序衔接

从目前我国各地出台的预重整指导文件可以看出,我国实务界将预重整看作一项庭内重整的前置程序,其还是以进入庭内重整程序为目的。这一点与《西班牙破产法》对在预破产框架内尽可能“独立解决问题”的期待有所不同,但是二者都有在庭外程序与庭内程序相衔接方面的追求。

无论是将预重整作为庭内重整程序的前置程序,还是将其作为一条独立的困境企业拯救路径,对于我国的预重整制度来说,重视庭外程序与庭内程序相衔接,是很有必要的。一方面,重视庭内与庭外程序相衔接有利于提高重整受理率,即在预重整阶段有更充分的时间观察和评估企业的重整价值和重整可能,使法院能够在审查时通过预重整管理人提交的预重整工作报告清晰判断债务人重整价值,提高法院办案效率。另一方面,重视庭外程序与庭

---

① 参见杨光、王瑶:《“预重整”制度认知与解构》,载商法网 2020 年 10 月 13 日,https://law.asia/zh-hans/pre-reorganization-system/。

内程序的衔接能够提升重整程序的质量。许多公司在直接进入重整后，为防止重整失败，转入破产清算往往成为首要考虑。因此，重整被比喻成一次"只能赢、不能输"的战役，①企业和利害关系人也许会不顾企业的实际经营情况而勉力推进程序，保留企业的"壳"。然而如果企业有司法程序兜底，在预重整阶段企业既没有现实的清算压力，但是又头悬未来可能破产的利剑，各方有足够的动力和更充裕的时间开展多轮谈判与多方博弈，有利于形成"谈判—妥协—再谈判—再妥协"的良性互动格局，最终发掘出最优的重整方案。②

在庭内程序与庭外程序的衔接上，《西班牙破产法》可以带来3点积极的启示。一是参考集体再融资协议有关司法批准程序的相关规定，《西班牙破产法》可以保障切实可行的预破产手段受到司法力量的保护，达到与法庭内重整相似的效果。二是当债务人通过预破产手段走出困境的尝试失败后，其可以申请进入衔接破产，这意味着虽然预破产阶段缺少司法力量的实际参与，但仍有司法力量兜底。三是法律规定了债务人在预破产阶段开启与债权人谈判、达成预破产协议时都有通知法院的义务，这意味着法院能够相对及时地获取信息并且监督困境企业的庭外自救进展。

（二）调动多方力量，创新机构管理

西班牙在破产法改革的过程中增设了破产调解人这一机构，能够在很大程度上分担司法系统的压力。同时，西班牙在法律中规定了在庭外支付协议这一预破产手段实施的过程中商会、公证员、商业登记处、公共破产登记机关等行政机关、社会组织的责任，在预破产实施的各个环节积极调动多方力量。这启示我们可以开拓思路——不仅应提升中介机构的职业化、专业化水平，也可以适当调整行政机关发挥作用，同时调动多方力量参与困境企业拯救。

近年来，我国多地法院与地方政府都在积极推动完善破产配套制度，构建破产审判府院联动机制。不同地方进行了不同的组织建设尝试。例如，杭

① 参见杜军、全先银：《公司预重整制度的实践意义》，载《人民法院报》2017年9月13日，第7版。

② 参见杨光、王瑶：《"预重整"制度认知与解构》，载商法网2020年10月13日，https://law.asia/zh-hans/pre-reorganization-system/。

州市组织了本市法院、市政府、市发展改革委员会、市财政局、市审计局等相关党政机关、国有企业、银行负责人建立专项领导小组;[①]绍兴市建立联席会议机构,专门讨论研究相关问题,将联席会议作出的决定印发相关单位,并要求相关单位及时反馈落实情况[②];还有的专家学者提出参照其他较成熟的市场经济国家和地区经验,设立独立于法院、破产管理人、公共服务机构的作为社会整体利益的代表的机构,如美国的联邦托管人机构、英国的破产署、俄罗斯的独立的联邦企业重整与破产管理局等。[③] 通过调动多方力量,创新机构管理,不仅能够为避免企业成为“僵尸企业”建立更多预防措施,还能释放司法资源不足的压力。

(三)在实践中循序渐进地完善制度设计

笔者认为,我国在为丰富困境企业处置手段进行制度设计时,也应该结合实际、循序渐进。一方面,鼓励各地结合地方实际,在实践中完善制度设计。例如,西班牙在法律层面统一规定了允许采用预破产的主体的债务金额范围和企业规模,并且专门为预破产设置了破产调解人这一专业机构。而我国由于区域经济发展水平、专业机构的行业规模、行业规范水平等差异较大,在预重整程序的适用对象、破产管理人在预重整程序中地位和发挥的作用等方面,不同地区可以出台符合区域实际情况的实施标准、可操作性强的指导方案。另一方面,鼓励更多地方开展预重整的尝试,为更高位阶规范的设立奠定基础。我国多地已经开展了预重整的探索,但首先开始于如温州、北京、深圳等经济发展水平较高的城市。随着我国各地在预重整方向上的制度创新与实践探索中不断积累经验,在实践中发现问题、解决问题、不断总结,预重整制度以独立、完整的形式被纳入《企业破产法》也许是可以期待的。

---

① 参见杭州市人民政府办公厅2018年12月13日发布并实施的《关于成立杭州市企业涉险与破产司法处置府院联动工作领导小组的通知》。

② 参见绍兴市人民政府办公室、绍兴市中级人民法院办公室2019年4月24日发布并实施的《关于印发府院联动服务企业联席会议制度的通知》。

③ 参见郭娅丽:《破产处置“僵尸企业”中府院联动机制建设的经济法分析》,载《经济法研究》2018年第1期。

理论纵横

不动产强制拍卖交付制度研究*

罗　楠**

摘要：关于不动产强制拍卖交付，实务中法院做法差异化，学界缺乏该制度理论及相应程序保障的体系化研究。为解决执行中的交付难题，分析不动产强制拍卖交付难的现状与成因，考察域外交付性质的学说类型，梳理交付行为附随属性在我国现行执行模式下实现实体与程序衔接、理论与实践呼应的合理性，通过后置交付时间节点，统一执行依据，厘清交付主体的法律地位，准确划分负有交付义务的第三人范围，梳理不动产在强制拍卖程序中交付的制度逻辑，并在遵循比例原则的基础上设计程序防范机制，从而确保不动产强制拍卖交付的顺利执行。

关键词：强制拍卖；不动产；交付占有

在金钱债权的民事执行中，法院通过强制拍卖保障诉讼程序中胜诉债权的实现，维护债权人合法利益，竞买人基于对国家公权力之信任参与其中并于支付价款后成为买受人。在一般情形下，买受人获得不动产所有权后，理应获得对不动产实际排他的控制与支配，享有占有、使用、收益及处分的权利。但实践中频发不动产拍卖成交后仍处于债务人或第三人占有之下，买受人难以取得实际控制权而再次寻求司法救济的现象。正如陈荣宗所言，“强制执行之实务上，命债务人交出不动产之强制执行，执行法院遭受之困难最

* 本文系华东政法大学2022年校级研究生创新项目“不动产强制拍卖交付制度研究”（项目编号：2022－2－018）的阶段性成果。

** 华东政法大学民事诉讼法专业博士研究生。

多,盖债务人大都以消极行为不为搬迁,其凶恶者且以积极行为抗拒执行人员之强制搬迁行动,通常非动员多数执行人员不为功”。[①] 实务交付困境反映了不动产强制拍卖交付制度在理论、立法等方面的严重缺失,深入探讨该制度,有助于统一学术通说,细化立法规范,解决执行难题。

一、不动产强制拍卖交付行为概述

(一)不动产强制拍卖交付的定义

物之交付,是指将债务人或第三人占有的物交由债权人或特定第三人占有或控制,转移占有即视为不动产之交付使用。同时,根据最高人民法院《关于审理商品房买卖合同纠纷案件适用法律若干问题的解释》第 8 条的规定,实体法所谓房屋交付使用是指出卖方将房屋交由买受人占有,具体表现为无特殊约定时出卖方与买受人交换钥匙,此时买受人通过钥匙这一媒介获得对房屋实际的占有。[②] 对应程序法的执行环节,所谓不动产的“交付”,是指通过钥匙等媒介的移转使买受人获得对不动产整体空间的实际支配。

强制拍卖交付包括主动交付与强制交付两阶段。前者是指买受人依法获得拍卖成交裁定并转移所有权后,不动产的无权占有债务人或第三人从不动产内部搬离,将不动产钥匙交至买受人,同时腾空建筑物内所有与拍卖无关的动产,使买受人获得对涉案标的物实际、排他的控制。当占有人拒不履行交付义务时,进入强制交付阶段,执行法院依买受人申请对占有人实施腾退,适用强制措施完成不动产实际占有者的转变。

(二)不动产强制拍卖交付的物权变动

所有权转移与交付关系的核心在于,强制拍卖成交后买受人依法获得所有权时执行法院是否必须交付。一方面,所有权人获得标的物是实体法赋予当事人的物权,具有对世效力,可对抗任意相对人;另一方面,所有权人获得占有是法定权利,根据相关法律规定,当且仅当不动产实际交付时,依公法程

---

① 陈荣宗:《强制执行法》,台北,三民书局 2000 年版,第 594 页。

② 参见尹田:《物权法》(第 2 版),北京大学出版社 2017 年版,第 128 页。

序原始取得的物权具备完整性，买受人成为真正意义上的所有权人。执行程序理应对当事人享有的法定实体权利予以保护。其他方面，执行权具有独立性，并非审判权的简单延续，其虽以生效裁判作为准入门槛，然执行程序一经启动便成为公权力行使的独立环节。强制拍卖作为以国家公权力保障金钱债权实现的执行手段，其公法性表明该程序不仅旨在实现债权人债权，同时需平衡所涉各方主体的合法权益，通过转移所有权并交付的方式实现对买受人的利益保障，降低占有第三人权利减损程度并促使其采取积极措施维权。因此，以拍卖成交裁定送达、不动产所有权转移至买受人作为基准时，买受人在此之后依法成为标的物实际物权人，占有人负有及时交付义务。因占有人交付致使权利减损的，买受人可以债务人为相对人寻求救济保障。

（三）不动产强制拍卖交付的法理基础

比例原则作为行政法的重要原则之一，是指行政主体实施行政行为需兼顾目标的实现和保护相对人的权益，保持适当比例，若实现目标可能对相对人的权益造成不利影响，则此不利影响应被限制在最小范围和限度之内。比例原则主要包括适当性、必要性与合比例性。适当性要求行政机关采取行动的方法必须符合实现法律规定的目的，其行政权力的行使应与法定目的相符；必要性要求行政机关须在若干实现法律目的的可选择手段中，选择对当事人以及公共利益造成损失最小的方式，避免造成不必要的损害；合比例性要求为实现目标所采取的行为方式应当在造成的损害和获得的利益之间形成平衡，行政机关应避免盲目采取手段，忽略可能造成的不利后果。

强制拍卖交付难主要归因于不动产实际占有人拒不履行义务，法院强制执行势必与其权利产生冲突。遵循比例原则可有效化解主体间矛盾，实现执行经济化与正当性。首先，交付须以买受人获得所有权且具有交付意愿为必要条件，不动产强制拍卖交付以买受人提出申请为前提。其次，因占有人类型包括债务人与第三人，为避免在执行程序中损害第三人依法享有的实体权利，负有交付义务的第三人范围应严格限缩，避免执行力主观范围恶意扩张。再次，针对占有人采取强制措施时，需要根据具体情形采取适当且必要的腾退手段，非必要不得采取极端措施，避免造成占有人合法权益损害。最后，针对恶意妨碍交付执行者，为避免司法资源浪费以及当事人合法权益被侵害，法院需及时采取强制措施实现腾退,必要时处以惩戒措施以实现对社会的教育与警醒作用,降低损害。

二、不动产强制拍卖交付的现实问题

(一)实践现状

不动产强制拍卖交付的类型大致分为3种:强制拍卖前先行腾空型、强制拍卖后强制清空型以及强制拍卖后买受人另行诉讼型。

其一,强制拍卖前先行腾空是部分执行法院鉴于交付难度高,为避免竞买人拍卖前勘察不动产困难、削弱竞买意愿、降低预期出价而采取的应对之策。安徽省高级人民法院、江苏省高级人民法院以及福建省福安市中级人民法院均在其规范性文件中对下属法院实施交付的方式予以明确规定,强调法院应养成清场意识,以拍卖前腾空为原则,不腾空为例外,法院腾空不动产后,有权占有的第三人可向债务人另行诉讼并请求赔偿损失。① 提高拍卖成功率虽为该模式的优势,但在交付前提各异时,笼统适用该模式有违公正。其缺陷具体有三:首先,当第三人占有时,若不区分第三人占有权源、不考虑买受人权利负担之承受一并腾空,有通过程序消灭实体权利之嫌,不具备正当性且缺乏法律依据。其次,因拍卖前腾空的实施序列排在查封后、强制拍卖前,若不动产流拍或拍卖终止,不动产将处于长期搁置状态,无法发挥标的物价值,预期收益减少将对债务人合法权益造成侵害,同时我国并未对腾空期间的管理人与管理费用予以规定,先行腾空将提高立法复杂性。最后,先行腾空并非一劳永逸,后续可能存在再行占有情形,预先清场将造成对有限司法资源的浪费。

其二,实施强制拍卖后强制清空的法院在强制拍卖成交后主动督促占有人交付,根据不动产占有情形或直接强制执行②或依职权向占有人送达腾房公告,责令其限期腾退迁出,期限届满后占有人拒不执行时,法院无须再度通

---

① 参见刘浩明:《强制执行:不动产司法拍卖的清场程序前置》,载江苏检察网2020年5月27日,http://www.jsjc.gov.cn/m/。

② 参见叶素健:《天长:法院强制执行 拍卖房产成功交付》,载安徽网2019年12月10日,http://m.ahwang.cn/p/1879374.html。

知,选定日期径直采取执行措施即可。[①] 部分法院在向占有人送达执行公告及实际执行前,[②]进行了多次交涉和协商,以期达到自觉腾空的目标,然此状态过于理想化,成功案例较少,言词相劝成功率过低,占有人自觉性较差。如2019年8月,买受人余某言通过网络强制拍卖获得涉案房屋所有权,在其签收拍卖成交裁定书后,拍卖法院向占有房屋的承租第三人发出腾退通知,要求占有人限期腾退房屋并完成交付。因占有人未于此期限内腾房,故拍卖法院再次向占有人发布通知,要求占有人限期将房屋交付给人民法院。在涉案房屋张贴公告后数日,占有人才逾期将涉案房屋交付给人民法院。[③]

其三,强制拍卖后买受人另行诉讼型多见于强制拍卖平台上,无论占有人为债务人还是第三人,执行法院均通过在拍卖公告中标明"房屋未腾空""房屋被他人占有"等信息或写明房屋以不交付方式拍卖以排除法定义务,迫使买受人仅可通过另行提起财产损害、返还原物、物权保护、排除妨害等诉讼的方式请求现占有人腾空不动产并返还使用权。对此,实务中存在审理法院支持执行法院不交付、[④]审理法院要求执行解决并驳回起诉[⑤]以及审理法院支持买受人另行诉讼[⑥] 3类不同的裁判结论。

(二)成因分析

实务中,审理法院与执行法院观点不同,审理法院之间存在不一的做法、交付主体高度的主观恶性表明不动产强制拍卖交付制度存在亟待解决的难题。

第一,不动产强制拍卖交付的性质认定不清进而导致执行依据不明。国

---

① 参见李果、周君:《湖南长沙:从拍卖到交付　强制执行的14天》,载人民法院报网2020年3月11日,https://www.chinacourt.org/article/detail/2020/03/id/4841765.shtml。

② 参见杨烽:《拍卖房产难交付　法院强制腾退》,载宜宾日报网2020年7月27日,http://www.jj831.com/。

③ 参见余某言诉徐某蛟物权保护纠纷案,湖北省襄阳市襄州区人民法院(2020)鄂0607民初116号民事判决书。

④ 参见广东省广州市中级人民法院民事判决书,(2018)粤01民再263号。

⑤ 参见天津市第二中级人民法院民事裁定书,(2019)津02民终5802号;山东省济南市中级人民法院民事判决书,(2019)鲁01民终2397号。

⑥ 参见广东省广州市中级人民法院民事判决书,(2018)粤01民终22709号;江苏省南通市中级人民法院民事判决书,(2018)苏06民终4857号。

内支持参照日本、德国将交付定性为独立的物之执行程序的人不在少数,根据意大利的立法规定,坚持交付应定性为强制拍卖附随行为的人也存在。理论界尚未就此形成通说,差异性裁判表明实务界同样难以就交付的性质及执行依据形成统一认知。

第二,交付主体范围及法律地位模糊,即负有交付义务的占有人类型模糊、法律地位差异化。债务人负有交付义务毋庸置疑,但对于负有交付义务的第三人范围,域外判断标准主要为两类:其一,不考虑第三人占有的时间,实行单一标准制。如德国、日本以第三人的占有权源能否对抗买受人或占有权源是否因拍卖成交而消失进行裁判。其二,实施双重标准制,即以查封时间或据以执行的法律文书生效时间为基准,再辅以占有权源是否被去除或第三人占有是否善意为标准。[①] 如主张查封的绝对效力说以查封时间为标准,认为查封后占有不动产的第三人不论其占有原因,法院均解除占有并点交,包括查封前承租而查封后始占有的第三人。[②] 最高人民法院《关于人民法院办理执行异议和复议案件若干问题的规定》(以下简称《异议复议规定》)第31 条支持有关查封前合法占有第三人不负交付义务的规定,然最高人民法院并未进一步说明。且在实务中有审理法院提出,一个已存在租赁权的标的物发生所有权变动,其成因包括民法上的买卖、抵押、赠与,也包括程序法中的强制拍卖等活动,其中民法行为产生的所有权变动属于私法范畴,可为《民法典》调整,而强制拍卖属于公法范畴,其所有权变动不再适用实体法规范,买受人取得涉案房屋的所有权无法适用“买卖不破租赁”原则。[③] 可见,负有交付义务的第三人范围受私法上当事人权利负担承受范围影响尚未形成通说。

此外,负有交付义务的第三人所处法律地位也因腾退占有与强制拍卖的先后顺位不同而有区别。最高人民法院《关于人民法院民事执行中拍卖、变卖财产的规定》(以下简称《拍卖变卖规定》)第 27 条借鉴《拍卖法》第 24 条、第 31 条关于拍卖方负有按照约定将拍卖标的交付给买受人的义务的规定以及《民法典》第 598 条向买受人交付拍卖标的并转移标的所有权是出卖方最

① 参见刘文彪:《第三人占有房屋案件的执行应慎重》,载中国法院网,https://www.chinacourt.org/article/detail/2011/05/id/450672.shtml。

② 参见杨与龄编著:《强制执行法论》,中国政法大学出版社 2002 年版,第 440 ~ 441 页。

③ 参见湖北省襄阳市襄州区人民法院民事判决书,(2020)鄂 0607 民初 116 号。

基本义务的相关规定,提出执行法院需在法律规定的情形内交付标的并依法对拒不移交者强制执行,但未明确各方主体在交付这一环节所处法律地位。若交付时间节点在强制拍卖前,占有人应向执行法院承担交付义务,后由执行法院向买受人承担交付义务;反之,则占有人向买受人承担交付义务。对于后种情形,学界对于占有人的交付对象以及执行法院饰演的角色存在明显分歧。

第三,立法粗糙,强制拍卖的交付主体欠缺强制规范约束。首先,现行相关立法呈现低阶化、碎片化,缺乏高阶且统一的法律规范,仅有针对任意拍卖制定的《拍卖法》,并未出台民事强制执行法,相关要求主要分散在程序法、司法解释以及各地法院针对上位法作出的规范性文件中。虽有部分省市人民法院出台指导规定,但并未实现全面覆盖,且各地要求宽严不一、实施操作差异化。

其次,缺乏腾退不动产的具体规定。《民事诉讼法》第 261 条为不动产交付的简略概述,并未明确涉及强制搬离不动产的具体措施和方式;《拍卖变卖规定》第 27 条仅笼统规定法院要在一定期限内交付,其内容不具体且未涉及腾退;最高人民法院《关于人民法院网络司法拍卖若干问题的规定》(以下简称《网拍规定》)第 6 条第 7 项虽再度强调执行法院具有交付拍卖财产的法定职责却未能展开阐述;最高人民法院《关于人民法院执行工作若干问题的规定(试行)》(以下简称《执行规定(试行)》)第 43 条仅规定占有人负有交付义务;最高人民法院《关于人民法院民事执行中查封、扣押、冻结财产的规定》(以下简称《查封扣押冻结规定》)第 24 条相较前述法条已作细化,但仍显原则性和宽泛化,未明确规定该如何具体腾空房屋。① 各地区人民法院的规范性文件中,仅广东省、江苏省、安徽省以及福建省福安市针对腾退出台了具体规定,其他省市或未制定或笼统规定于强制拍卖的相关文件中,并未细化。腾退房屋作为交付重点,缺少具有强约束力的上位法规定以及符合各地区实际需求的高度细化、统一标准的程序性规范。

再次,法条之间相互矛盾,未能统一。例如,《异议复议规定》第 20 条第 2

① 参见柯澄川:《执行中对承租人暂缓腾退先行拍卖的适用》,载《人民司法(案例)》2016 年第 32 期。

款规定,当不动产被债务人占有时,应给予3个月的宽限期,《拍卖变卖规定》第27条则要求15日内移交。针对同一执行行为,法条规定之间相互矛盾,设置了不同的交付期和宽限期。又如,《民法典》第405条与《拍卖变卖规定》第28条相互矛盾,法官自由裁量的范围宽泛,难以明确向买受人负有交付占有的第三人类型,导致不动产强制拍卖后实施交付占有存在多种可能性。法条间冲突造成法院的选择适用,有违正当性原则。

最后,立法规范的缺失、执行压力的增大为主体推卸责任提供缺口。一方面,执行法院为提高结案率转嫁责任。实务中部分执行法院抱有懈怠和侥幸心理,拒绝履行详尽调查义务,将法定义务和职责设置为买受人的额外负担,将不动产是否存在占有这一问题交由买受人自行判断并要求其自负后果。在有意向参与的竞买者咨询工作人员有关拍卖后房屋腾退问题时,工作人员存在或明确告知自行解决或搪瓷推脱的现象。[①] 竞买者与执行法院地位的不对等致使其无法获得全面信息,仅可被动接受此"义务"并花费大量人力物力为未知的强制拍卖买单。此外,部分法院因难以完成《拍卖变卖规定》第27条规定的15日内移交要求而参考任意拍卖实践中"按现状拍卖"规则,[②]并将该规则扩大适用于强制拍卖后不动产交付中,设置"不交付拍卖"模式,以降低执行难度,将腾房义务转嫁给买受人。[③] 而且,有的法院在拍卖公告中备注:"一审法院对租赁合同的真实性未作判断,因该租赁产生的纠纷另循法律途径解决。拍卖成交后,一审法院仅出具执行裁定书及协助执行通知书。"[④]此做法变相增加买受人的竞买负担,致使当事人获得救济的途径遭受挤压,不仅有违诚实信用原则,同时损害了买受人就涉案房屋所享有的合法、排他地实际占有与支配权益,降低司法公信力,造成"全盘负责"与"概不负责"的两极分化局面。另一方面,占有人缺乏责任意识和正确的法治观念。占有人明知无权占有,但为谋取私利擅自使用已被执行法院查封、扣押的不

① 参见赵玉东:《不动产司法拍卖交付难之破解》,载《人民司法》2020年第19期。

② 任意拍卖中的"按现状拍卖"规则,是指在有形财产拍卖中,由拍卖人就拍卖标的的现状事前作出声明,拍卖人或委托人可以在成交后按照声明标的的现状将拍卖标的直接移交给买受人,并且无须对拍卖标的的数量和质量承担保证责任的一种拍卖方式。

③ 参见霍玉芬:《拍卖法要论》,中国政法大学出版社2012年版,第174页。

④ 广东省深圳市中级人民法院民事判决书,(2019)粤03民终30222号。

动产与不知情的善意第三人进行交易,或与第三人恶意串通,强行占有涉案不动产以逃避或抗拒执行,致使买受人无法及时获得对不动产之占有,其主观上存在恶意。

基于上述实务困境及制度缺陷,笔者将在下文以明确交付行为的性质为前提对制度本身进行规范化界定,并通过外部程序机制予以保障。

三、不动产强制拍卖交付行为的性质

(一)学说纷争

强制拍卖交付行为的性质作为交付制度设计及保障措施完善的核心在我国尚未定论,目前关于强制拍卖交付的性质存在两类学说:"附随行为说"与"执行程序说"。

1."附随行为说"

将交付视为强制拍卖附随行为者认为,拍卖成交时强制拍卖程序尚未结束,交付完成、买受人获得实际占有,程序方告终结。交付属于强制拍卖程序的环节之一,是强制拍卖的附随行为,也是财产处置的结果。该学说为意大利的立法所支持。意大利立法提出拍卖成交后作出的裁决书不仅具有转移所有权的效力,同时具有要求占有人解除对涉案不动产实际占有的强制效力,执行法院负有强制交付占有的义务。①

根据此学说,交付被视为强制拍卖法院发布的职务命令,是强制拍卖的附随行为,待强制拍卖完成,买受人请求法院执行提出的申请仅为执行法上的请求权,执行法院无须另行制定执行依据,交付的附随性使其与强制拍卖适用同一执行依据。为避免占有第三人的合法权益受损,"附随行为说"对交付占有的相对人范围进行严格限缩,如将负有交付义务的相对人类型限定为债务人、查封后占有的第三人、查封前无权占有的第三人、不动产上设定的权利已通过强制拍卖去除者、不动产的保管人或管理人 5 类,以确保请求强制交付的不动产属于权属清晰的状态。我国立法对此在第三人占有类型已明确的前提下参照独立的物之交付程序部分适用,即根据《民事诉讼法》第 261 条

① 参见《意大利民事诉讼法典》第 586 条、《意大利民事诉讼法实施细则》第 164 条。

之规定,对于债务人以及无权占有的第三人,要求其限期搬离的公告需经执行法院院长许可后发布,逾期未履行者,由执行员进行强制交付。有权占有的第三人不具备交付义务,买受人不得请求法院强制交付。第三人被强制腾退后,关于其实体权益第三人应以债务人为被告通过诉讼程序维护,不应当也无法在执行程序中实现。

2.“执行程序说”

该学说的基础为债权人以获得的实体判决为执行依据请求债务人交付标的物并实现债权人对该物实际排他的控制而享有的物之交付请求权。无论是以拍卖成交裁定生效,抑或是以买受人支付价款作为不动产所有权转移的基准时,“执行程序说”均坚持基准时前后均为独立程序,交付在基准时之后应视为全新的物之交付执行程序,买受人请求法院实施强制腾退是其作为不动产物权人对占有人主张的实体请求权,当事人就此交付申请可提出异议并进行诉讼。

法国、德国立法支持此学说,前者的得标判决、后者的拍卖成交裁定被视为交付执行依据。① 日本虽就买受人取得所有权的时点存在“拍卖成交裁定说”和“缴足价金说”,但现行民事执行立法受“缴足价金说”影响。日本立法认为,买受人所有权转移时,拍卖程序终结,后续的交付占有应为一项全新的物之交付请求权执行程序,并将其规定为交付命令制度。② 支持法院针对申请制作的交付命令是买受人为行使所有权向债务人或第三人提出实体法上的请求权而形成的新执行依据。③ 韩国基于民事诉讼法“对于交付命令不服的当事人可提出即时抗告”而将法院发布的交付命令视为一项执行权源,将其作为强制执行程序中为保障买受人利益而设立的独立程序,并将买受人提出申请后执行法院作出的交付命令作为执行依据。④

该学说支持者认为,附随行为说无法解释第三人出于自身权利考虑占有不动产,认为交付命令的相对人不及于案外第三人,无法直接对第三人实施

---

① 参见德国《强制拍卖与强制管理法》第 93 条第 1 项。

② 参见《日本民事诉讼法典》,曹云吉译,厦门大学出版社 2017 年版,第 315 ~ 319 页。

③ 参见[日]竹下守夫:《日本民事执行法理论与实务研究》,刘荣军等译,重庆大学出版社 1994 年版,第 116 ~ 117 页。

④ 参见姜大成:《韩国民事执行法》,朴宗根译,法律出版社 2010 年版,第 249、304 页。

强制执行。[①] 因此,根据《查封扣押冻结规定》第13条之规定,若第三人为债务人利益占有,则法院可径直采取强制交付措施;若第三人为自身利益占有,买受人需另行诉讼,获得针对第三人的新执行依据后再予强制执行。

(二)附随行为的合理化

第一,从私法秩序的调整出发,交付定性为附随行为是出于物权完整以及公示的必要性。首先,确保物权的完整性。萨维尼在1840年出版的《现代罗马法体系》中提出,交付包含两方面内涵:一是转移所有权的意思表示;二是占有的现实交付。[②] 交付旨在实现实际控制与所有权完整,交付占有前,当事人仅享有法律层面的所有权,交付行为的完成使其获得事实层面的所有权。引申到强制拍卖程序,买受人因拍卖成交裁定获得法律意义上的不动产所有权,但直至交付获得实际占有时,买受人方拥有事实上的所有权。

其次,物权变动需公示。根据《拍卖变卖规定》第26条和《民法典》第229条的规定,法院作出的强制拍卖成交裁定具有形成力,非基于法律行为取得不动产所有权将直接产生物权变动效果,因公权力介入而使该物权变动自带对外公示的意思表示,同时发生法律效力。[③] 物权特性将排他效力赋予物权变动,但为明确物权法律关系、维护交易安全和稳定,避免当事人对标的物的归属产生争议或造成财产价值减损,物权作为权利人直接支配物权客体的支配权之一,其存在与变动须通过客观上可识别的方式展示,以方便社会公众知晓物权的归属和变化情况。[④] 为扩大变动公示的辐射范围、弥补公众司法认知的局限以及确保买受人意思自治的实现,以交付占有告知社会涉案不动产归属发生移转的方式具备了正当性。同时相较于公告和登记,该方式可促进权利受损第三人通过另诉寻求救济,将各方主体的损失维持在最低限度,比例原则的适当性在执行程序中得以充分运用。

此外,交付弥补查封公示的缺漏。查封顺位在前,强制拍卖顺位在后,在

---

① 参见江必新主编:《强制执行法理论与实务》,中国法制出版社2014年版,第755页。

② 参见江平:《民法学》(第3版),中国政法大学出版社2016年版,第263页。

③ 参见程啸:《因法律文书导致的物权变动》,载《法学》2013年第1期。

④ 参见李连芳:《论交付在不动产物权变动中的法律意义》,载《山东审判》2010年第6期;马骏驹、陈本寒主编:《物权法》,复旦大学出版社2007年版,第51页。

最终成交前,强制拍卖可能因流拍、债权人撤销申请或债务人通过其他方式履行债务而终止,法院无法确保查封必然进入强制拍卖程序。采取"死封"①将导致债务人在查封后、拍卖成交前这一阶段无法对不动产行使处分权,致使不动产收益降低,造成经济损失。为此,法院多采用张贴封条、进行登记等简易方式实现查封公示之目的。随着互联网的深度运用,部分法院选择通过网络进行查封登记,取消实地考察,忽略外显的查封手段,查封对外公示不充分,致使善意第三人因无从得知不动产权利之移转,难以在法定期限内及时申报权利,而存在拒不交付的抵制情绪。为避免上述情形发生,拍卖法院作为查封主体,基于比例原则适当性的内涵,应当一并完成交付以弥补查封公示的漏洞、遵循物权自由的立法规定。

第二,从执行立法倾向出发,虽然《人民法院办理执行案件规范》第475条、第577条规定拍卖标的物交付的具体执行参照物之交付请求权的执行程序,将交付定性为独立的物之交付程序。但定性为强制拍卖的附随行为并不影响执行时借鉴物之交付程序。且从文义解释来看,"参照"一词之适用表明立法并未将强制拍卖后的交付与物之交付程序等同,后者仅为具体措施的借鉴标准。

第三,从执行模式差异性来看,首先,意大利立法规定均采取"附随行为说",相较直接仿效多元制国家对不动产强制拍卖交付的定位,意大利的"一元制"执行权配置模式更具参考性。其次,法国、德国虽为多元制执行模式,但基于不动产的高现实价值,为杜绝权利负担的承受引发债务人与第三人异议,避免将不动产的执行权赋予执行员后仍需执行法院介入审查和裁定实体纠纷,造成执行环节烦琐,均规定由执行法院统一负责。② 这也是两国基于比例原则采取的限制措施。最后,域外持"独立程序说"的国家通过在立法中赋予执行依据、抗告和诉讼的方式来实现救济。但我国立法尚未制定全面的权利救济保障机制,在现行执行混乱的状态下,将交付视为附随行为,其制度稳定性更强,同时不利后果与损害发生的概率最小,体现了必要性与合比例性。

---

① 汤伟、朱敏、蒋晓亮:《司法拍定不动产的交付》,载《人民司法》2014年第7期。

② 法国的多元制执行模式下,强制拍卖程序与物之交付执行程序分属执行法院与执行员。参见陈杭平:《比较法视野下的执行权配置模式研究——以解决"执行难"问题为中心》,载《法学家》2018年第2期。

第四,从强制拍卖特质出发。一方面,我国强制拍卖公法性质的通说决定了交付定性为附随行为更符合立法目标,是比例原则适当性的具体体现。首先,强调强制拍卖的私法效果是多元制国家采取执行程序说的主要因素之一。不动产强制拍卖在日本的性质通说为折中说,认为公法上的处分以及私法上的买卖均为强制拍卖体现的法律效果。① 韩国通说认为,强制拍卖兼具私法与公法特质,虽其因由国家强制力主导而与私法上的买卖有较大区别,但仍具备买卖的基本性质,因而韩国支持“私法行为说”。② 上述讨论基于强制拍卖的私法属性,为保障买受人作为实体上的物权人所享有的实体请求权,避免公权力过分介入私法秩序而支持分离强制拍卖与交付。我国强制拍卖作为以公法为依据实施的处分,其产生的法律效果与私法中的任意拍卖存在差异,无法适用实体法中买卖行为的相关规定,属于产生私法上权利变动效果的公法行为。③ 其次,强制拍卖的公法性质旨在实现公法变动效果,交付在拍卖后由拍卖法院一并负责为必然结果,符合执行正当性与执行经济原则。最后,强制拍卖法院作为国家公权力的化身,负有拍卖后交付的法定义务。

另一方面,强制拍卖为时段并非时刻概念,根据先后顺序和用途又细分为多个具体的执行行为,交付行为包含在内,当事人若认定交付违法,其有权以概括性的强制拍卖为对象提出异议,此异议符合《民事诉讼法》相关规定。

第五,从救济措施的稳定性来看,现有程序的救济保障已然充分,无须另行设置独立程序。对买受人来说,债务人以诉讼程序中对债权债务关系明确为前提进入执行程序,债务人无权占有的事实清楚,交付义务明确。买受人通过另行诉讼或物之交付方式获得强制执行与拍卖后直接进入强制交付取得的效果并无差异,司法资源因此浪费是对公共利益的侵害,不符合比例原则的必要性要求。

对占有人来说,可在两阶段主张自身合法权益。阶段一:查封至发布拍

---

① 参见白绿铉:《日本民事执行机关及不动产拍卖程序——兼谈赴日考察获知的一些情况》,载中华人民共和国最高人民法院执行工作办公室编:《强制执行指导与参考》2004年第1卷,法律出版社2004年版,第226页。

② 参见姜大成:《韩国民事执行法》,朴宗根译,法律出版社2010年版,第295页。

③ 参见肖建国主编:《民事执行法》,中国人民大学出版社2014年版,第235~236页。

卖公告前。不动产查封时的权利状态与事实支配的占有状态如何决定了债务人或第三人对该不动产的占有关系,此占有关系是法院将个案归为可交付或不可交付的主要标准。占有人可主动申报其占有现状和来源权利;未主动申报者,一并视为债务人占有而负有交付义务。① 故对拍卖标的物权属持异议者,可在此阶段积极主张权利的合法性。阶段二:拍卖公告发布后至正式拍卖前。拍卖公告的发布作为拍卖程序必要环节之一,其内容直接指向拍卖标的,确认所有权归属与权利负担的承受和消灭。拍卖公告公示后,利害关系人对拍卖公告程序不服的可依据《民事诉讼法》第 236 条提出执行异议。第三人根据拍卖公告对标的物主张实体权利的,可根据《民事诉讼法》第 238 条提出案外人异议。若对拍卖公告登录的信息内容存在异议,则进一步区分:当信息错误,该标的物实际为第三人所有时,第三人有权提出案外人异议;当信息错误不影响标的物拍卖时,第三人有权提出执行行为异议。② 在占有人权利救济保障充分的前提下,出于比例原则的适用,不宜对占有人过度保护,避免“躺在权利上睡觉”的现象出现,致使各方主体的利益与损害难以维持平衡,司法失去中立性与权威性。

对执行法院来说,若将交付视为独立执行程序,则占有人在买受人申请后、法院作出执行依据前,主张有权占有抗辩时,法院需再次审查标的物现状与权利负担并判断第三人主张的合法性,将造成重复认定。然占有人异议若为真实合理,其在前述阶段便会积极主张,何以拖延至交付时,实有恶意妨碍交付之嫌。该行为除拖延执行时间、浪费司法资源外,并无益处。对于极少数因自身原因未能及时主张权利者,比例原则要求法院不得在执行程序中对第三人盲目采取措施,以免造成损害与利益的失衡,法院既不可为少数人的未知权利牺牲多数人的已知合法利益,也不得在执行程序中侵害实体性权利违反法理,应当告知此类主体通过其他途径维权。

第六,从实务操作来看,一方面,买受人对强制拍卖这一国家公权力实施的司法措施会产生远高于任意拍卖的信赖度从而激发竞买欲望,并当然希望

① 参见吴光陆:《强制执行法》,台北,三民书局 2015 年版,第 352 页。

② 参见最高人民法院执行局编:《最高人民法院〈关于人民法院网络司法拍卖若干问题的规定〉理解与适用》,中国法制出版社 2017 年版,第 177 ~ 178 页。

强制拍卖一次性解决与拍卖标的物有关的一切事项,其中必然包括拍卖成交后顺利获得不动产所有权并实现对案涉标的物之占有的意思表示。同时,执行法院强制交付权力的行使与物权所追求的所有权自由目的相符,有利于比例原则在执行程序中发挥作用。另一方面,在船舶拍卖案例中,有审理法院明确提出,根据《执行规定(试行)》第 43 条的规定,强制拍卖成交后,买受人交付全部价款、执行法院办理相关手续并交付拍卖物方钱物两清,此时强制拍卖执行程序终结,法院交付拍卖标的物作为执行行为的延续,属于强制拍卖确认成交过程的中间环节。[①] 虽船舶移交适用《海事诉讼特别程序法》第 38 条及最高人民法院《关于适用〈中华人民共和国海事诉讼特别程序法〉若干问题的解释》第 35 条的特殊规定,但规则的普适性是诉讼法追求的奥义之一,也是比例原则适当性原理在执行环节的重要反馈,法院对船舶拍卖后交付性质之认定属于程序性事项,为实现程序的统一,强制拍卖的标的物无论是不动产还是特殊动产,执行终结节点均需保持统一。

四、不动产强制拍卖交付的制度设计

(一)交付时间节点

前述的现实困境表明交付时间节点的统一是无法绕开的前提。将交付时间节点提至拍卖前,在现行立法框架下,会产生财产保管人及责任负担的争议,降低不动产收益,且对占有人尤其是第三人的权益保障也会造成影响。如《民法典》第 405 条虽删除了原《物权法》第 190 条有关"后设立的租赁关系不得对抗登记在先的抵押权"的规定,但关于抵押权设立后的租赁关系的合法占有性争议依旧存在:观点一认为,抵押权人实现抵押权时,抵押物上的租赁关系当然失效并去除,否则违反物权优先效力规则;[②]观点二认为,在抵押权之后设立的租赁权并不当然去除,若租赁权的存在对抵押权的实现未造成损害,则租赁权继续存在,由买受人承受。[③] 司法解释之间也存在明显矛盾。

---

① 参见赵英伟、李钢:《执行拍卖中交付错误的国家赔偿责任》,载《人民司法(案例)》2016 年第 8 期。

② 参见王利明:《物权法研究》(下)(第 4 版),中国人民大学出版社 2016 年版,第 1238 页。

③ 参见崔建远:《物权法》(第 4 版),中国人民大学出版社 2017 年版,第 464～465 页。

如最高人民法院《关于审理城镇房屋租赁合同纠纷案件具体应用法律若干问题的解释》第14条支持观点一;[①]《拍卖变卖规定》第28条支持观点二,提出在抵押权之后设立的第三人占有权源若不事先去除,将影响不动产价格,执行法院应在去除占有后再行拍卖。[②] 实体法的立足点在于,保障物权人利益,程序法更多考虑当事人权衡以及执行的实操性,强调秩序内的相对稳定性。基于上述考虑,在不影响债权人与买受人权益的前提下,较之时间节点的前移,将交付置于强制拍卖成交时,可提供腾退缓冲期,减轻法院执行压力,确保纠纷一次性解决。

(二)负有交付义务的第三人范围

第一,合法占有范围。第三人合法占有的范围与买受人权利负担的承受范围一致。我国对于强制拍卖不动产上权利负担的处理:担保物权及优先受偿权采取涂销主义;用益物权遵循物权优先原则,采取承受主义。其中,租赁存在与否需根据抵押权设立的先后顺序决定:若租赁在先抵押在后,"买卖不破租赁",买受人需承受;若抵押在先租赁在后,租赁权[③]涂销,买受人无须承受。

第二,合理占有范围。考量强制拍卖程序特性、平衡主体利益,对负有义务的第三人范围在合法占有的基础上进行细化。有学者提出,以占有权源能否对抗买受人作为判断第三人交付义务有无的标准。另有学者提出以查封作为基准时:查封前为合法占有,买受人无权请求第三人交付;查封后占有标的物的第三人负有交付义务。更有甚者提出从占有是否存在法律依据、占有不动产的时间节点以及主观上是否为善意入手。具体流程为:首先,判断第

① 参见程啸:《论抵押财产出租时抵押权与租赁权的关系——对〈物权法〉第190条第2句的理解》,载《法学家》2014年第2期。

② 参见乔宇:《案外人执行异议之诉中抵押权与租赁权的关系》,载《人民司法(案例)》2018年第17期。

③ 承租人享有的租赁权包括两层含义:一是要求出租人交付不动产的权利;二是占有使用不动产的权利。对此有学者提出,执行程序应当对《民法典》第725条进行限缩解释,将执行程序中租赁权的成立限制于是否占有租赁物,承租人是否实际占有应作为执行程序中租赁权成立与否的标准。如此设置一方面会避免买受人在交易前调查实况的成本,防止买受人权利受到侵害,保护交易安全;另一方面能够防止恶性规避执行行为的发生,防止债务人与第三人通过虚假租赁达到占有目的。

三人是否为非法占有，非法者责令搬出，拒绝则强制执行。其次，针对合法占有者，进一步明确其占有与生效法律文书的先后顺序，若第三人占有顺位先于执行依据的法律文书生效之时，法院执行不及于第三人，强制程序终结，买受人另行诉讼维权。最后，占有人顺位后于法律文书生效之时，则根据占有人主观是否为善意细分：若第三人善意，强制执行无法对抗，程序终结，买受人另行通过审理程序维权；若第三人恶意，法院负有强制交付占有的义务。①

就交付困境而言，上述观点均不具可行性。首先，以占有权源作为标准过于单一，缺乏灵活性，无法避免占有人恶意串通致使买受人权利受损的情形。其次，活封的大量适用使查封这一节点不具备可参考性。最后，以法律文书生效时间作为节点，一方面，在金钱债权执行中，生效法律文书未涉及不动产，查封前案外第三人无从知晓不动产现状，前置占有时间节点无疑将损害善意第三人的合法权益，造成市场交易混乱；另一方面，法律文书生效后再行审查第三人主观善恶依靠法官的自由裁量，缺乏客观性。此外，判断第三人善意与否无意义，善意取得制度目的在于维护实体法上所有权的安全和交易稳定，作为由国家公权力行使的执行权更负有保护交易安全、维持执行公信力以及实现执行程序安定之价值，追求纠纷一次性解决的前提是纠纷同质化，对于明显应通过实体程序裁决的纠纷不宜纳入执行程序。善意第三人交付后利益受损的，应当向债务人请求赔偿，而非在拍卖程序中纠缠。

因此，基于占有的合法性与合理性，负有交付义务的第三人范围包括以下方面：(1)担保物权和其他类型的优先受偿权适用涂销主义随强制拍卖的成交而不复存在，无论查封时间先后，无论占有状态，第三人均不具备合法占有权源。(2)租赁权和其他类型的用益物权一般情形下适用承受主义，不因强制拍卖而去除，并根据查封时间以及第三人占有状态判断：首先，查封前已存在并已实际取得占有的用益物权人依法不负有交付义务，其对不动产之占有属于民法调整范围，可对抗强制拍卖这一民事执行行为。其次，查封前已获得但未实际占有不动产的第三人理应交付不动产，若第三人权利受损，其向债务人提起损害赔偿，而无权对抗买受人。最后，查封前无权占有、查封后

---

① 参见刘文彪：《第三人占有房屋案件的执行应慎重》，载中国法院网2011年5月16日，https://www.chinacourt.org/article/detail/2011/05/id/450672.shtml。

占有者受查封效力拘束的,其占有自始至终属于无权占有,占有权源无法对抗买受人所有权,第三人因此遭受的损失应当向债务人追偿。此外,根据《网拍规定》第 14 条第 3 款的规定,第三人拒绝交付的前提在于买受人事先对该不动产上存在的权利负担知悉并认可。非因执行法院失误和过错或第三人故意隐瞒导致买受人在成功竞买之前无从得知不动产上存在权利负担的,第三人不得对抗善意买受人,理应交付。

(三)交付主体的法律地位

1. 执行法院为出卖人

学界对于强制拍卖标的物出卖方的认定的争议主要集中于三个方面:其一,强制拍卖并未使债务人丧失财产权,执行机关难以认定为出卖人,适用排除法,仅债务人可作为出卖方。① 其二,根据拍卖结果,执行机关是否丧失财产权或所有权并非认定出卖方的依据,对出卖人的判断,标准是享有变卖权。执行机关以公权力为保障,在实施查封后取得对标的物公法上独立的变卖权,并非以债权人在实体法中的变价权或以债务人享有的所有权为基础,执行机关能够独立实施变卖行为并使拍卖标的物的所有权直接发生变动效果,执行机关即为出卖人。② 其三,出卖方这一主体无存在的必要,"公法说"否认强制拍卖存在实体法上的买卖效果,无须讨论何方为出卖人。③ 笔者赞同执行法院说。首先,"债务人说"忽略强制拍卖的公法属性。任意拍卖由当事人自行组织;强制拍卖由国家强制力推动、以执行法院作为强制执行权的实施主体,债务人仅提供不动产并完成法律规定的义务。为明确区分两种拍卖类型,不宜将债务人作为出卖人。其次,"无出卖人说"过于片面,强制拍卖虽为公法行为,公权力的介入与行使却不单表现为工具价值,更凸显主导控制功能。其公法属性并未否认私法上的物权变动效果,若认定无出卖方,拍卖成交裁定仅可确认事实,无法实现涉案不动产的物权变动。且否认出卖人的存在将加剧"执行乱",难以追责,不利于买受人维权。最后,执行法院主导性

---

① 参见陈荣宗:《民事程序法与诉讼标的理论》,台北,三民书局 2000 年版,第 78 页。

② 参见陈桂明、侍东波:《民事执行法中拍卖制度之理论基石——强制拍卖性质之法律分析》,载《政法论坛》2002 年第 5 期。

③ 参见吴光陆:《强制执行法拍卖性质之研究》,台北,五南图书出版社 1987 年版,第 95 页。

强、资源优势明显，且属于客观中立第三方，出卖人作为拍卖的掌控者与决策者，由执行法院担任更能推进执行，最大限度体现公平原则。

2. 债务人为无权占有人

根据最高人民法院《关于适用〈中华人民共和国民事诉讼法〉的解释》（以下简称《民诉法解释》）第 491 条的规定，强制拍卖成交裁定送达时，买受人将依法取得不动产所有权。此时债务人丧失所拍不动产所有权，从有权占有变为事实上的无权占有，其依法负有向标的物的现所有权人交付不动产的义务。限期不搬离的，法院可强制执行。

3. 第三人为协助义务人

执行程序中第三人是否应当受执行力主观范围扩张而成为执行当事人的争论始终存在，并据此出现了“执行当事人说”与“协助义务人说”。[①] 狭义的协助执行仅发生在法院内部，广义的协助执行包含人民法院、相关单位以及公民。在不动产强制拍卖交付环节，第三人追加为执行当事人并非充分必要条件，宜将第三人认定为协助义务人。

其一，根据《民诉法解释》第 493 条第 1 款的规定，第三人应当作为协助执行人，基于不动产实际占有者的身份介入并辅助债务人完成交付活动，拒不履行协助义务者，法院可强制执行。将第三人定性为执行当事人缺乏立法依据。其二，强制拍卖主体为债务人与买受人，二者就涉案标的物产生明确的债权债务关系。根据主体相对性，交付的实体法律关系只存在于买受人与债务人之间，第三人并非适格当事人，不应在执行程序中剥夺其实施实体诉讼的权利。其三，将第三人追加为执行当事人，需实施相应变更程序，但目前的执行程序混乱，变更程序不规范，随意追加当事人易导致诸多矛盾，不利于效率价值与经济原则的实现。与之相比，将第三人列为协助义务人后，第三人的异议可在另诉中对债务人提出，减少交付环节中时间的拖延。其四，第三人被追加为执行当事人虽有利于对其违法行为施以惩戒，但协助义务人拒不协助交付时，法院同样可以运用罚款、拘留等制裁性方式实现执行目的。[②]

① 参见郭兵主编：《法院强制执行》，人民法院出版社 2007 年版，第 154 页。

② 参见王建：《协助执行义务人民事责任的构成要件和追究机制》，载《人民司法（应用）》2018 年第 22 期。

基于比例原则最低限度的要求,同时根据理性人理论,人们的一切行为,其目的在于以最小代价实现最大利益,对第三人宜赋予协助义务人的法律地位。其五,交付难皆由债务人的不当行为所致,若将第三人追加为执行当事人,债务人可推卸责任,要求法院直接对第三人强制执行,此时交付能与不能全在于第三人与买受人。但第三人的占有与债务人密不可分,只有将第三人作为协助义务人,将债务人拉进争议中心,倒逼其为解决自身问题调和其与第三人的矛盾,实现交付。综上,将交付环节中的第三人定位为协助义务人更为适宜。

(四)交付的执行依据

其一,物之交付程序的执行依据不适用。一方面,我国执行机关仅审查程序性事项,不具备裁判实体法律关系的权能与条件。在强制拍卖前,执行法院仅对第三人是否有权占有进行形式审查,非对第三人占有依据的实体权利义务进行实体裁判,对第三人占有权源的认定不具备与诉讼判决同等的效力,无法适用物之交付的执行依据。另一方面,物之交付为非金钱债权项下的执行程序,执行依据为法院作出的实体生效裁判文书,对涉案标的物存在争议的,由审判机关审理;交付作为强制拍卖的附随行为,属于金钱债权项下的二级程序,与物之交付非属同一层级,发生争议时由执行机关进行审查,争议解决裁定的效力层级不同,因而强制拍卖交付不适用独立的物之交付程序的执行依据。①

其二,不宜另行制作执行依据。法国以拍卖成交裁定作为交付执行依据,国内有学者据此提出参照适用。然而,适用该说具有以下两个问题:(1)拍卖成交裁定欠缺作为执行依据的形式要件。目前拍卖成交裁定上仅包含债务人与买受人的基本信息、不动产所有权自交付时转移给买受人等,并不满足执行依据的形式要件。② 因拍卖成交裁定无法囊括第三人基本信息,直接以拍卖成交裁定作为执行依据将损害有权占有第三人的实体利益。虽有观点提出,通过在拍卖成交裁定上增加向占有人发布执行通知的方式使拍卖成

---

① 参见谭秋桂:《民事执行法学》(第 3 版),北京大学出版社 2015 年版,第 291 页。

② 参见鲁桂华主编:《民事执行文书样式与制作指南》,法律出版社 2016 年版,第 48、310 页。

交裁定在形式上成为执行依据,并申明到期尚未履行的,法院可以此作为执行依据依法强制执行交付。[①] 但是,一方面,此时发挥执行效用的主体实际为后增的执行通知,与拍卖成交裁定不具备关联性,法院无须以裁定作为载体即可发布执行通知;另一方面,执行通知作用在于告知信息,拍卖成交裁定仅具有确认成交事实的效果,二者不具备强制执行效力。简单适用将扩大拍卖成交裁定的适用范围,执行法院有滥用权利之嫌,有违执行正当性而不应予以考虑。

(2)拍卖成交裁定不符合执行依据的实质要件。拍卖成交裁定在法国为确权判决,由负责实体性事项的执行机关作出,判决内容可以确认或变动实体法律关系,与审理法院制作的诉讼判决具有同等效力。我国执行机关无权作出有关实体法律关系的裁定,拍卖成交裁定为执行法院单方行为,无他方主体参与,[②]虽因国家强制力的介入产生物权变动效果,然裁定作为对执行过程中对部分行为进行确认的文书,本身不具备变更实体法律关系的权能,属于非讼性质,效力上无法与诉讼判决等同,不宜作为强制拍卖交付的执行依据。

其三,交付与强制拍卖的执行依据一致。首先,附随行为与强制拍卖程序理应保持实体依据一致。其次,二者针对的客体均为特定不动产。最后,二者针对的主体均为买受人与债务人,占有第三人虽可作为标的物控制者因异议而介入强制拍卖并成为当事人,但强制拍卖与交付均针对不动产所有权人即债务人,第三人仅作为协助义务人出现,与买受人、债务人非处同一法律地位。

五、不动产强制拍卖交付的防范机制

解决不动产强制拍卖的现实困境不仅依托于交付制度本身的构建,还需以系统规范的上位法为基础,在出台有关不动产强制拍卖后腾退的细化规定、制作统一的不动产交付和腾退标准完善立法后进一步在强制拍卖程序中

---

① 参见沈利军:《拍卖成交后拍卖财产的移交时限》,载《江苏经济报》2016 年 7 月 27 日,B03 版。

② 参见毋爱斌:《司法拍卖无效认定程序体系论——从最高人民法院指导案例 35 号谈起》,载《法学》2017 年第 1 期。

制定防范运行机制。

(一)细化不动产现状调查权

1. 执行人员内览权

尽管2008年的《执行规定(试行)》第28条至第30条规定了法院调查、申请执行人举证及被执行人申报3种途径,构建了我国被执行人财产申报制度的雏形,但目前强制拍卖前调查不动产占有现状的方式仍为法院依职权主动询问和协助调查,未有执行人员可否入内调查的相关规定。实务中,部分法院通过在拍卖公告中模糊不动产占有现状并告知买受人自行解决移交的方式推卸法定职责和义务。① 可以在已有调查方式基础上考察日本的"预先观览制度"、②韩国的"现状调查制度",③赋予执行人员进入不动产进行现场调查、针对不动产的占有权源询问占有人并请求其提供相关证明文书的权利,使其得以对房屋权属情况进行确认并审核该不动产是否满足过户及交付条件,避免因相关信息被隐瞒影响现状和估价认定。

2. 竞买者进入不动产内部查看的实地调查权

竞买者作为独立的民事主体,有权利也有义务在强制拍卖前对不动产进行细致调查,避免纠纷再生。若发现不动产存在未于竞买公告中如实披露并特别提示的其他情形时,竞买者可向执行法院提出异议以弥补法院拍卖前现状调查的天然缺陷。强制拍卖前法院特别提示竞买者进行现状调查,当事人自行放弃的,视为竞买者认同拍卖公告的全部内容,了解标的物上的各项瑕疵,事后因竞买者未进行实地查看导致的损失,拍卖法院无须承担瑕疵担保责任。

3. 占有人申报权

在笔者所查阅的有关强制拍卖不动产腾退的案件中,占有人多以其对标的物享有合法权益进行抗辩。及时申报是占有人权利义务的统一体。占有

---

① 如福建省厦门市中级人民法院(2019)闽02民终2570号案例中的拍卖公告载明:"暂未发现租约,但提醒意向买受人自行通过合法途径解决拍卖标的可能涉及的装修、租赁、标的物移交等方面的纠纷,由买受人自行判断处理。"

② 参见《日本强制执行法》第64-2条。

③ 参见《韩国民事执行法》第5条。

人在强制拍卖前及时主张权利，将纠纷解决前置，使标的物进入强制拍卖时处于权属清晰的状态。同时，占有人对权利的申报将在一定程度上减少执行法院前期调查时可能遗漏的权属争议，有利于维护占有人的合法权益，避免消极拖延。但鉴于占有人主动性与法律意识较为薄弱，执行法院应提醒并通知占有人在一定期限内及时申报，期限届满未主张者视为放弃权利，其无权在交付时另行向买受人主张，也不可以将未申报作为阻碍执行的抗辩事由。

（二）完善不动产保全制度

具体包括执行法院履行全面告知义务、依法解除查封后的违法占有以及必要时要求占有人出具承诺书。

1. 法院负有告知当事人所涉不动产上全部信息并提请特别注意的义务

法院除需在拍卖公告中对不动产所在地、种类、实际情况、占有使用情况以及权利受损的救济途径进行说明外，负担依法由买受人承受的，法院也应在拍卖公告中详细说明并公示。[①] 执行法院在拍卖公告中履行全面告知义务并进行客观公示的，对标的物不负有瑕疵担保责任，且在拍卖结束后可以拍卖公告为免责条款对抗阻碍执行行为，保证执行顺利终结。[②] 执行法院未履行法定公示、说明义务，如未依法发布公告信息、遗漏或说明内容与实际情形不符，造成买受人或者其他利害关系人权益受损的，视为拍卖公告的权利负担条款存在瑕疵，法院无法免除瑕疵担保责任且应当承担相应的法律后果。[③]

2. 规范恶意妨碍

一方面，为避免查封后的恶意处分行为提高买受人交付难度、损害善意第三人合法权益，可考察《日本刑法》第 96 条第 6 款的规定，将妨碍或规避司法拍卖执行的行为纳入犯罪。执行法院在查封时原则上应该要求占有人腾退，对于不动产查封后仍由债务人占有使用的，应明确告知债务人不得擅自交由第三人使用以及违反的法律后果。执行法院查封后，若占有人擅自处分不动产、改变不动产占有现状将其交由他人或自己占有，可经买受人申请或

---

① 参见李元福：《试用层次分析法分析房地产司法拍卖成交问题》，载《现代经济信息》2016 年第 19 期。

② 参见田涛：《强制拍卖与任意拍卖结合操作中的若干问题》，载《法治论丛》2004 年第 5 期。

③ 参见饶群：《网络司法拍卖公告瑕疵的规制与救济》，载《人民司法(应用)》2018 年第 22 期。

法院依职权及时解除不动产上的违法占有并排除其妨害。[①] 若占有人存在疑似或已有处分不动产的行为,多次警告仍不改正的,法院可在强制拍卖前敦促占有人出具禁止处分承诺书。同时,因查封后的占有皆为无权占有,执行法院有权赋予此承诺书一定程度的法律效力以增强不动产强制拍卖交付的执行正当性。[②] 待占有人拒不交付时,买受人可以此承诺书为依据请求占有人主动腾退或请求执行法院强制执行,也可凭此承诺书向审理法院另行诉讼。对于行为恶劣导致或可能导致执行法院维护成本增加、买受人利益减损的占有人,可依具体情形要求其提供保证金,用于支付违反规定的罚款、强制腾空的执行费用以及赔偿不动产承诺期满后迟延交付的损失。但上述承诺书及保证金均需在查封前向占有人特别提示并详细说明,未履行该告知义务的执行法院需对买受人承担瑕疵责任。

另一方面,对于经法院催告仍不腾退,或在法院强制执行的现场进行暴力阻挠,又或对涉案不动产的内外部结构进行恶意毁损、灭失的当事人,英国以藐视法庭罪扣押妨碍人的方式实现占有。[③] 美国的制裁方式具体表现为持续累加的罚款和定期监禁,直到占有人迁出不动产为止。[④] 我国《刑法》第91条第2款规定,执行法院查封的不动产应以公共财产论处,对于故意毁损、灭失或阻碍执行法院执行的行为涉嫌刑事犯罪或行政处罚的应予以严惩。因此对于无正当理由拒不交付、阻碍执行者,可依法采取罚款或拘留等强制措施,同时适用限制出境、记录不良信用、纳入失信被执行人名单,依法构成犯罪的,应当以拒不执行人民法院判决裁定罪和妨害公务罪追究其刑事责任。同时,法院可通过责令妨害执行的债务人承担迟延履行利息和迟延履行金、协助执行的占有第三人承担赔偿损失等民事责任的方式督促不动产占有者衡量得失后自觉履行交付义务。

---

① 参见汤伟、朱敏、蒋晓亮:《司法拍定不动产的交付》,载《人民司法》2014年第7期。

② 参见雷彤:《司法拍卖不动产的交付问题研究》,载《人民司法》2019年第13期。

③ 参见张永红:《英国强制执行法》,复旦大学出版社2014年版,第219~221页。

④ 监禁在美国属于人身执行措施,但不是在民事判决中提出对债务人的监禁,而是在执行程序中,对债务人有能力履行而不履行的行为即拒不履行法院命令进行的惩罚。See Jack H. Friedenthal, Arthur R. Miller & John E. Sexton (ed.), *Civil Procedure: Cases and Materials*, West Academic Publishing, 2013, p. 1154.

(三)适用必要化的驱逐措施

在法国,驱逐作为一项人身强制措施被广泛适用于不动产交付执行的各个环节,若依据某项司法决定需对特定场所进行执行,但占有人无正当理由占用场所时,可通过驱逐当事人命其搬离占有场所的方式实现移转。该制度首次规定于法国1991年7月9日第91-650号《关于改革民事执行程序的法律》中:案涉场所为被驱逐者主要居住地的,被驱逐者将拥有2个月的宽限期完成搬离,该宽限期可根据具体情形延长或缩短。被驱逐者应在收到通知后的1个月内搬离场所的全部动产,被驱逐者若消极不作为,执行法官可在1个月后提前终止宽限期,将全部动产悉数公开拍卖,同时对被驱逐者实施逾期罚款。①

鉴于驱逐在法国的成功适用,我国可在强制拍卖阶段参考适用驱逐措施完成交付执行。但需注意,法国将驱逐作为一项人身执行行为,我国学界主流观点对人身是否可以作为执行标的持否定论,认为人身不得作为执行标的。国内目前通说认为,强制拍卖的制度功能在于"排除诉讼中的妨害,保证人民法院审判工作顺利进行",强制措施不属于民事诉讼程序,而是对民事诉讼程序(包括执行阶段)的保障。② 因妨害执行而采取的强制措施与执行行为的区别在于制度目的存在差异:执行行为旨在实现债权,强制措施目标为确保执行程序顺利进行,督促债务人履行义务或惩罚。③ 故当占有人拒不腾退时,驱逐的用意在于实现买受人的占有,驱逐应视为法院用以排除交付妨碍所采取的执行措施之一,而非人身强制措施。适用驱逐体现了司法权威性与法院公信力,但过度适用可能引发占有人的逆反心理,导致激进的妨碍行为,进而造成群众性纠纷。因此,驱逐措施的适用在我国应遵循比例原则,限制于必要时刻以避免执行权能的滥用。且"必要时刻"应具体为不动产占有人违法违规,其阻碍行为已经或即将造成不动产价值减少,此时法院可根据具体情形自由裁量是否适用驱逐措施,以保全不动产的价值,降低当事人权利

① 参见[法]让·文森、[法]雅克·普雷沃:《法国民事执行程序法要义——强制执行途径与分配程序》,罗结珍译,中国法制出版社2002年版,第16页。

② 参见柴发邦主编:《民事诉讼法学新编》,法律出版社1992年版,第267页。

③ 参见江必新主编:《强制执行法理论与实务》,中国法制出版社2014年版,第196页。

受损的程度。

余　论

不动产强制拍卖交付难已成为困扰实务界的一大难题,但尚未引起理论界足够的重视。现有讨论主要集中于不动产强制拍卖交付制度本身,其中又以对交付性质的讨论为重点,但论证多简单照搬域外既有理论,未植根于我国具体国情。在现行法律规范语境与执行现状下,将不动产强制拍卖交付界定为强制拍卖的附随行为更符合本土发展规律。通过交付时间节点与执行依据的统一,所涉各方主体法律地位的界定以及负有交付义务第三人范围的梳理可合理设计强制拍卖环节内不动产交付的防范机制,解决交付执行难的问题。

民事执行视角下责任承担方式的具体化
——基于对知识产权诉讼中"销毁"的检讨展开

欧阳嘉俊*

摘要:在实践中,审判机关与执行机关对责任承担方式基于审执分离的原则,最高人民法院倾向由执行前的审判程序统一进行具体化审查,以约束执行裁判权。然而,知识产权诉讼中的"销毁"实体请求化后出现问题,如消极审判、要件不明、证明标准不统一以及与执行调查结果存在出入等。其根本原因在于,遵循公法逻辑的责任承担方式的确定,独立且区别于实体要件的审查,故执行机关的具体化判断权是必要的。执行前的审判程序只能对责任承担方式的具体化进行正当性与必要性的应然层面审查,且必须吸收职权主义要素。此外,若要进一步约束执行机关的裁决权,应当通过执行异议之诉的方式进行事后救济,而非寄希望于事前审判程序的具体审查。

关键词:责任承担方式;民事执行;审执分离;销毁;执行救济

"责任承担方式"的用语在我国有"抽象"与"具体"两个层次的含义,抽象的责任承担方式通过立法确认,实则成了请求权的一部分。《民法典》第179条沿袭了原《民法通则》《侵权责任法》的规定,以"承担民事责任的方式"表述了11种救济方式。民法学界长期以来从绝对权请求权与侵权责任关系

* 中国人民大学与德国慕尼黑大学联合培养博士研究生。

的视角对责任承担方式的立法体例进行长久的探讨,①尽管观点与结论莫衷一是,但探讨本身都遵循一个基本前提:绝对权请求权的责任承担方式本身也是一个实体请求,需要法院在审判程序中加以审理。简言之,即将抽象的责任承担方式作为法律规范中的制裁要素,属于法律要件确定后当然产生的法律后果,本质上属于"法的适用"层面,落入"责任人是否应当承担某种义务"的审判权审查范畴,这就使责任承担方式一直被认为是实体请求的一部分。

然而,民法学者往往忽视的是责任承担方式还作为一种法律制裁的具体形式存在,在执行程序中,执行机关会将抽象的责任承担方式具体化为执行措施,其实这是对责任承担方式的再一次司法判断。在实践中,执行依据载明的责任承担方式越具体、指向越明确,执行机关就越倾向"修改"法院的判决,使具体与抽象的责任承担方式产生一种分离的倾向。以"修理、重做、更换"的责任承担方式为例,实体判决中法院通常会确定具体的标的,甚至确定具体方案,但仍然会出现与实体判决完全脱离的执行方案。比如,执行机关认为判决确定的方案不具备可操作性,所以无法执行;②执行机关认为,判决确定的方案项目重复,进行合并修改;③双方当事人未能就判决主文具体履行达成一致,执行法官有义务根据客观实际情况,确定公平合理、符合实际、切实可行的方案④;生效法律文书确定方案严重影响第三人利益,无法维修⑤等。执行机关不能因为执行依据不明或者无法执行为由推诿,故只能通过行使一定的自由裁量权,针对责任承担方式未被履行的具体原因、现实的执行条件等实际情况制定出包含详尽、具体、合理、具有可操作性实施方案的执行命令。⑥

---

① 参见崔建远:《绝对权请求权抑或侵权责任方式》,载《法学》2002年第11期;王轶:《论侵权责任承担方式》,载《中国人民大学学报》2009年第3期;张谷:《作为救济法的侵权法,也是自由保障法——对〈中华人民共和国侵权责任法(草案)〉的几点意见》,载《暨南学报(哲学社会科学版)》2009年第2期。

② 参见江苏省连云港市中级人民法院执行裁定书,(2021)苏07执复56号。

③ 参见江苏省盐城市中级人民法院执行裁定书,(2021)苏09执复4号。

④ 参见广西壮族自治区桂林市七星区人民法院执行裁定书,(2021)桂0305执异7号。

⑤ 参见江苏省海安市人民法院执行裁定书,(2020)苏0621执690号。

⑥ 参见胡思博:《论对行为请求权的强制执行》,载《法学杂志》2020年第11期。

由此,从形式上看,责任承担方式的确定在实践中兼具抽象与具体的双重属性——实体请求与执行措施。基于对审执分离理论的坚守,最高人民法院在《关于人民法院立案、审判与执行工作协调运行的意见》第11条[①]中就主张,通过要求审判机关明确执行依据主文来缩减执行程序中的具体判断,即寄希望于将责任承担方式的具体化统一前置,由执行前的审判程序"一揽子"解决。为顺应这样的潮流,知识产权诉讼中"销毁侵权产品与用于制造侵权产品的工具"作为侵权责任的承担方式,也被要求以实体请求的形式出现在审判程序中,但因缺乏理论供给,难以通过审判程序的精细化审查来约束执行裁判权,往往导致处理结果的不公正与矛盾冲突。本文旨在对以"销毁"的实践乱象为代表进行总结与检讨,再对深层原因加以分析,明确一味地将责任承担方式的具体化委以审判机关并不妥,其无法脱离执行机关的判断,要制约执行裁判权应当依靠执行程序中的执行异议之诉。

一、不同视角下知识产权诉讼中"销毁"的区别

(一)作为实体请求的"销毁"

最高人民法院2020年出台的《关于依法加大知识产权侵权行为惩治力度的意见》(法发〔2020〕33号)(以下简称《意见》)第6条规定:"对于假冒、盗版商品及主要用于生产或者制造假冒、盗版商品的材料和工具,权利人在民事诉讼中举证证明存在上述物品并请求迅速销毁的,除特殊情况外,人民法院应予支持。在特殊情况下,人民法院可以责令在商业渠道之外处置主要用于生产或者制造假冒、盗版商品的材料和工具,尽可能减少进一步

---

① 最高人民法院《关于人民法院立案、审判与执行工作协调运行的意见》(法发〔2018〕9号)第11条规定:"法律文书主文应当明确具体:(1)给付金钱的,应当明确数额。需要计算利息、违约金数额的,应当有明确的计算基数、标准、起止时间等;(2)交付特定标的物的,应当明确特定物的名称、数量、具体特征等特定信息,以及交付时间、方式等;(3)确定继承的,应当明确遗产的名称、数量、数额等;(4)离婚案件分割财产的,应当明确财产名称、数量、数额等;(5)继续履行合同的,应当明确当事人继续履行合同的内容、方式等;(6)排除妨碍、恢复原状的,应当明确排除妨碍、恢复原状的标准、时间等;(7)停止侵害的,应当明确停止侵害行为的具体方式,以及被侵害权利的具体内容或者范围等;(8)确定子女探视权的,应当明确探视的方式、具体时间和地点,以及交接办法等;(9)当事人之间互负给付义务的,应当明确履行顺序。对前款规定中财产数量较多的,可以在法律文书后另附清单。"

侵权的风险;侵权人请求补偿的,人民法院不予支持。"《意见》正式地将"销毁"纳入诉讼程序的实体审查范围,从而明确作为实体请求的"销毁"应当具备以下两个特点,但在司法实践中这些特点又并非完全得到法院的认可。

1. 应由权利人主张

作为实体请求的"销毁"受到处分原则的约束,在当事人主张后,法院才可加以审理。最高人民法院 2020 年出台的《关于加强著作权和与著作权有关的权利保护的意见》(法发〔2020〕42 号)第 6 条第 1 款规定:"当事人请求立即销毁侵权复制品以及主要用于生产或者制造侵权复制品的材料和工具,除特殊情况外,人民法院在民事诉讼中应当予以支持,在刑事诉讼中应当依职权责令销毁。"该规定的比较性表述,通过对比刑事诉讼中法院职权责令销毁,变相认可了民事诉讼处分原则的约束及于"销毁"的请求。

然而,约束性的处分原则要求当事人对诉讼开始、对象、终止的处分能够对法院产生约束力,①由此其不仅要求法院奉行"不告不理"的消极司法原则,还积极地要求法院对当事人已经主张的实体请求、事实都进行审理与回应。但在司法实践中,原告提出的知识产权侵权诉讼中,诉讼请求大多会包括"判令被告停止侵犯知识产权,并销毁侵权相关产品、模具、宣传资料",而许多法院却采取模糊化的手段忽略"销毁"的请求。在威科先行法律数据库中,笔者以"销毁""知识产权与竞争纠纷""判决书""最高人民法院"的关键词检索到 736 个案例,经统计,在"销毁"这一关键词在全文仅出现过一次的案例中,权利人在诉讼请求中提出"销毁",法院最终判决侵权事实成立的案例有 46 个,法院不认定侵权的案例有 96 个。② 这意味着即使是最高人民法院,在许多经过一审、二审乃至再审的判决中均未对是否应当支持原告的"销毁"请求作出回应,多数的处理方式是仅在判决主文中明确"被告立即停止侵犯知识产权"。停止侵权判项的明确本身也是侵权事实成立的应有之义,但不知作出这样处理的法院是否也认为"销毁"本身也是"停止侵权"的应有之义。尽管

① 参见刘学在:《我国民事诉讼处分原则之检讨》,载《法学评论》2000 年第 6 期。

② 载威科先行法律数据库 2021 年 9 月 15 日,https://law.wkinfo.com.cn/。

理论上"销毁"的性质仍有争议,[①]最高人民法院却已经认可"销毁"属于"停止侵权"的一种具体化方式,故从实体法逻辑来看,仅判决"停止侵权"似乎也算认可了原告"销毁"的请求。

然而,与民事诉讼主张具体化原理类似,最高人民法院通过处分原则要求原告具体化自己的请求后,才能产生"销毁"的法律后果,这不仅是为了维护法院的审理利益,还是为了保障对方当事人的防御利益。[②] 否则原告若仅提出"停止侵权"的请求,却不通过具体化的事实主张来支持"销毁"这一法律后果,尽管法院认为有"销毁"的必要,但要么缺乏事实依据无法作出,要么只能依职权认定从而侵害被告的防御权利。因此,从程序法逻辑来看,"销毁"作为实体请求的具体化,是为了被告的程序保障,但是审判程序中又被刻意模糊化,原因可能在于审判法官认为"销毁"请求是个"烫手的山芋",仅依靠审判程序无法妥当处理。

2. 权利人应当证明存在应销毁物品

《意见》的最大特点在于,其增加了"存在应销毁物品"的要件,且权利人必须就该要件承担证明责任。从司法实践来看,绝大多数驳回"销毁"请求的法院都采用"权利人未提供证据/提供的证据不足以证明存在应销毁物品"的理由。但这一要件在实践中仍存在争议。

第一,"存在应销毁物品"是法院判决"销毁"本身就应具备的要件,还是人为规定的要件。尽管大多数法院接受了《意见》的观点,将"存在应销毁物品"作为审查的标准甚至唯一标准,但是在《意见》出台之前,仍有判决认为"销毁"的请求并不需要该要件。如最高人民法院的公报案例对于该案的"销毁"问题进行了如下分析,"销毁尚未售出的剩余侵权产品是消除危险的必要措施之一,可以防止侵权产品进入销售渠道,若被告存在尚未售出的侵权产品,应当予以销毁","一审法院曾应原告的申请,赴被告的生产经营场所进

① "销毁"的性质在学界有"停止侵权说"和"消除危险说"。前者参见朱志刚:《侵犯知识产权的民事诉讼中如何适用"停止侵害"责任》,载《电子知识产权》2009 年第 3 期。后者参见吕娜:《知识产权侵权诉讼中侵权物品的处置》,载《人民司法》2009 年第 9 期;宁立志、李国庆:《知识产权侵权物品"销毁"制度反思》,载《江汉论坛》2014 年第 10 期;叶挺舟:《论知识产权"销毁"侵权责任的法律适用——以浙江省知识产权审判实践为例》,载《电子知识产权》2017 年第 9 期。

② 参见占善刚:《主张的具体化研究》,载《法学研究》2010 年第 2 期。

行证据保全,但经查看未发现制造侵权产品的专用模具,本案现有证据不能证明制造侵权产品需要专用模具”,“被告在其不同时期印制的产品宣传册中均印有本案侵权产品,此种行为属于许诺销售行为,销毁印有本案侵权产品的尚未发放的产品宣传资料,是消除危险的必要措施之一。被告若存有印有本案侵权产品的尚未发放的产品宣传资料,应当销毁”。[①] 可见,在该案中,最高人民法院所用的“若存在”表明其审查的重点并非是否存在应销毁物品,而是若存在,是否有必要销毁,实然层面的存在与否并不由审判程序加以判断。当然,《意见》出台前,也有法院在判决理由部分明确阐述“被诉侵权产品理应存在相应的模具,然而,理应存在并不等于客观存在,客观存在需要证据加以证明”,[②]从而支持该要件。但是,这样的实践争议足以说明,“存在应销毁物品”要件是原生性要件还是目的性的人为规定是值得探讨的,其正当性仍待说明。

第二,“存在应销毁物品”应采用什么证明标准。对于法院来说,更重要的问题是权利人提出什么证据才可证明该要件。如权利人能否仅以被诉侵权人显示库存产品的网页界面截图证明存在应销毁物品,不同的法院作出的处理截然相反:“赞成说”认为,被侵权人自己显示的库存产品已经足以证明存在应销毁产品;“反对说”则认为库存界面可以人为修改,不足以达到证明标准。两种冲突观点都有正当性,“赞成说”倾向保护权利人,因为存在应销毁物品的证据难以获取,不能要求每个权利人都带着公证员“微服私访”式地潜入侵权人的生产场所,[③]故采取较低的证明标准。[④] “反对说”则坚守实体权利要件的严格证明要求,认为可以人为修改的网页界面的证明力自然无法

① 株式会社岛野诉宁波市日骋工贸有限公司侵犯发明专利权案,载《最高人民法院公报》2014 年第 1 期。

② 参见浙江省高级人民法院民事判决书,(2012)浙知终字第 11 号。

③ 在司法实践中,为获取侵权人存在、使用或销售侵权产品的证据,权利人通常会与公证人员扮作普通顾客或合作意向者进入侵权人相关场所进行证据保全,由此获得的公证证据也受到最高人民法院认可。参见最高人民法院民事判决书,(2020)最高法知民终 357 号;最高人民法院民事判决书,(2011)民提字第 55 号。

④ “赞成说”,参见河南省信阳市中级人民法院民事判决书,(2021)豫 15 知民初 143 号;广东省东莞市第三人民法院民事判决书,(2021)粤 1973 民初 6285 号;广东省高级人民法院民事判决书,(2020)粤民终 1176 号。

达到高度盖然性标准。[①] 从该争议不难看出，将“销毁”等责任承担方式完全作为实体请求，在诉讼证明上必然会出现诸多问题，权利人的证明难度较高，从而有违实质正义观念。

（二）作为执行措施的“销毁”

在民事执行视角下，“销毁”属于可以替代的行为执行措施。在实践中通常有以下方式完成对侵权产品、模具的销毁：第一，侵权人自行销毁，销毁后需经申请执行人认可或者向法院出具保证书；第二，交由行政机关销毁，因为“销毁”在我国同时也是行政行为，故基于其经验与能力，行政机关经常成为协助执行人；第三，由法院亲自销毁。尽管执行方式较为明确，但是实践中遇到的问题也不可忽视：

首先，“销毁”在执行程序中也存在被忽视的现象。大量案件请求执行的包括金钱债权和销毁请求，大多数法院在责任财产调查后一并认定“无可供执行财产”，随之裁定“终结本次执行”。[②] 尽管实务界多有呼吁，[③]我国的“终结本次执行”制度并不能适用于以行为为标的的执行。[④] 故实践中大量“销毁”的执行请求以“终结本次执行”的方式结案，能够表明在执行中“销毁”的请求也经常被忽视。

其次，执行机关作出的大量“无可销毁物品”的裁定，表明审判程序事前审查“可执行性”的努力趋于无用。对“应销毁物品”的执行调查的手段较丰富，本质上与金钱债权的责任财产调查区别不大，包括由申请执行人提供线

① “反对说”，参见广东省广州市白云区人民法院民事判决书，(2021)粤0111民初2348号；广东省高级人民法院民事判决书，(2020)粤民终2231号。

② 在威科先行数据库中，以“销毁”“执行”“知识产权与竞争纠纷”为关键词进行搜索，共得559条结果，其中49.19%的案例以“终结本次执行程序”的方式结案。载威科先行法律数据库2021年9月20日，https://law.wkinfo.com.cn/。

③ 参见于风卫：《应赋予行为执行案件以终结本次执行的结案方式》，载洛阳市涧西区人民法院网2021年10月13日，http://jxqfy.hncourt.gov.cn/public/detail.php? id=1642；李志增、刘祖一、李冰、王明振：《完善执行制度机制，破解行为执行难题——河南省郑州市中级人民法院关于行为执行不能案件的调研报告》，载全国法院切实解决执行难信息网2021年10月13日，http://jszx.court.gov.cn/main/ExecuteResearch/235057.jhtml。

④ 我国对终结本次执行的基本规定是最高人民法院《关于适用〈中华人民共和国民事诉讼法〉的解释》第517条，即“经过财产调查未发现可供执行的财产，在申请执行人签字确认或者执行法院组成合议庭审查核实并经院长批准后，可以裁定终结本次执行程序”。

索、被执行人主动申报、有关机关提供信息等。但不禁使人疑惑,既然执行程序中法院也会依职权调查应销毁物品,那么将“存在应销毁物品”作为实体请求的要件是否有必要?若审判程序通过实体要件的审查能够确定确有应销毁物品存在,那么为何多数执行程序的调查结果为“无责任财产可供执行”?结合审判程序中对“应销毁物品”证明标准的争议,可见,一旦放宽证明标准,势必导致大量的执行调查结果与审判程序的审查结果不一致。严格适用证明标准,则会让当事人越俎代庖地承担了证据调查的责任,执行机关的调查似乎多此一举,但是当事人即使达到了严格的证明标准也不能保证判决具有可执行性。

最后,执行机关作出的具体化裁判缺乏足够的程序保障。在“销毁”的执行中,被执行人经常会提出法院查封的应销毁物品超出了范围,如被查封的模具并非专门用于生产侵权产品的模具、被查封的原材料并非专门用于生产侵权产品的原材料。被执行人对于应销毁物品范围的异议,并非对判决确定的实体事由的争议,而属于《民事诉讼法》第236条对违反法律规定的执行行为提出的异议。① 但是,销毁物品的范围是“销毁”作为执行措施中最为关键的争议点,而执行行为的异议程序保障力度较弱,以书面审查为原则、听证为例外②且异议和复议期间不停止执行。③ 如出现过被执行人提出执行异议后,执行异议争议的物品仍然被法院销毁,也就无法判断该物品是否属于应销毁的范围,即使异议能够成立,销毁行为也不像拍卖行为一般可撤销,复议法院也以此驳回了被执行人的请求。④ 由此,“销毁”这样不可逆的执行措施,严重影响被执行人的利益,但是现行的执行救济无法满足责任承担方式的具体化救济需求,这也是希望将责任承担方式的具体化交由审判程序判断的重要原因。

---

① 参见上海市第三中级人民法院执行裁定书,(2018)沪03执异24号;广东省深圳市中级人民法院执行裁定书,(2016)粤03执338号。

② 参见最高人民法院《关于人民法院办理执行异议和复议案件若干问题的规定》(法释〔2020〕21号)第12条规定:“人民法院对执行异议和复议案件实行书面审查。案情复杂、争议较大的,应当进行听证。”

③ 参见最高人民法院《关于适用〈中华人民共和国民事诉讼法〉执行程序若干问题的解释》(法释〔2008〕13号)第10条第1款规定:“执行异议审查和复议期间,不停止执行。”

④ 参见江西省高级人民法院执行裁定书,(2018)赣执复73号。

综上，在民事执行视角下，“销毁”作为实体请求导致的众多问题就能得到本质性的检讨：权利人申请执行后，执行机关的调查与对销毁的执行本应是权利人的权利，但由审判机关承担具体化判断责任后，这一权利就变为了权利人主张以及证明的义务。然而，执行机关进行具体化判断又缺乏必要的约束，无论是无视“销毁”请求，还是不经听证确定销毁范围，执行当事人都无法得到救济。笔者认为，上述问题的根本原因在于对执行程序中责任承担方式具体化的性质、特点研究不足，以致采取前置化的解决方法并不妥当。

二、责任承担方式的具体化具有特殊性

若比较大陆法系国家的立法例，责任承担方式确定的实体请求权化成为一种当然的现象，如日本的“差止请求权”具有创造性救济机能，可以根据生动的案件事实、个别的案件经过来创造个别的救济方法，符合当事人自己创制救济方式的形成、实现。因为在请求权基础的分析框架中，诸如停止侵害、排除妨害、消除危险等责任承担方式也被具体化为不作为请求权，具备独立的要件。①

但是，遵循这一逻辑，审判机关似乎就当然承担了请求权实现的具体化判断，以至于在“销毁”的实践中产生法院消极审理、争议要件不明、证明标准不定等问题。审判程序受到当事人主义桎梏的实体请求显得叠床架屋，导致责任承担方式不再是权利人当然的救济，而是权利人通过承担更重的主张和证明责任从而获得的“奖励”，相对而言，执行机关的具体化审查则更为得心应手。

由此，笔者认为，要解决责任承担方式双重程序属性的内生矛盾，首先必须清楚认识责任承担方式的确定②与实体要件的关系，并明确责任承担方式的确定遵循与实体请求权判断截然不同的公法逻辑。因此，执行前的审判程序无法完全包揽责任承担方式的确定，执行机关的具体化判断具有必然性，

① 参见杨立新主编：《请求权与民事裁判应用》，法律出版社2011年版，第333～339页。

② 下文谈及的“责任承担方式的确定”都具有两方面内涵，即责任承担方式的抽象判断与具体化。

只能转换思路通过执行产生的异议之诉加以规制。

(一)责任承担方式的确定独立于实体要件的判断

尽管责任承担方式往往作为当事人诉讼请求的一部分被提出,大多法院也会加以审查,但从制度机能与目的来看,责任承担方式的判断与实体权利义务关系的判断具有本质差异。一味地被其"诉讼请求"的形式迷惑,就会忽视其本身的独立性与特殊性。

责任承担方式的确定,既包括抽象判断也包括本文旨在讨论的具体化判断,笔者认为,责任承担方式的抽象与具体判断本身都独立于实体请求的判断。请求权能够表明一个特定人针对他人的特定请求可以通过诉讼来主张和执行,它首先说明一种实体法的地位,同时也表明了"程序上的功能"。[①] 请求权功能上的二分,意味着也存在两种审查要件,实体要件应当是实体法地位产生的必要条件,而责任承担方式的判断则是实体法地位确定后产生程序功能的额外的救济要件。

这一观点切合英美法中对于救济法的定义:救济既不属于实体法,也不属于程序法,而是跨越两者之间的、相对独立的一部分。在英美法中,实体法所回答的问题是:"原告是否有权利?权利的内容是什么?"程序法所回答的问题是:"原告的实体权利受到侵犯后,怎样能够获得补偿?"救济法所回答的问题是:"原告的实体权利受到侵犯后,获得的补偿内容是什么?"[②]从性质上来看,当事人对责任承担方式的主张本质上就是对第二性的救济权利的主张,实体权利作为第一性权利,其实质是由立法者确定的,属于"命令"部分;而第二性权利则离不开法院对不法行为的制裁或者补救。[③] 故从某种意义上说,只有救济权才是法律意义上的真正的权利,因为只有救济权才可以为法律所强制执行,原权仅仅为救济权的推理起逻辑铺垫的作用。[④]

---

① 参见[德]卡尔·拉伦茨:《德国民法通论》(上),王晓晔等译,法律出版社2013年版,第322页。

② 于宏:《英美法上"救济"概念解析》,载《法制与社会发展》2013年第3期。

③ 参见[美]霍菲尔德:《基本法律概念》,张书友编译,中国法制出版社2009年版,第169~170页。

④ 参见王涌:《私权救济的一般理论》,载《人大法律评论》2000年卷第1辑,中国人民大学出版社2000年版。

从审查顺序来看,只有法院确认被告已经侵犯了原告受实体法所保护的权利之后,法院才会分析原告的救济是什么,故救济是诉讼末尾法院所命令的东西。法院将努力给出适合于原告的解决办法,才能改变现实情况使其符合实体法。①

典型如权利人要求侵权人损害赔偿,都是基于已经确定的实体侵权要件,法院通过审查额外的救济要件,从而达到不同的救济目的。损害赔偿作为典型责任承担方式的额外救济要件是"损害赔偿的数额",它可以作为其他责任承担方式的替代履行方式。争讼程序形成的裁决型生效法律文书的正当性基础在于"正当程序保障下的自我规则原则",②但该理论无法完全解释为何如确认之诉也提供了充足的程序保障却无法获得执行力。笔者认为救济要件的存在使给付之诉得以区别于确认之诉,相对于实体要件,即使这些额外的救济要件不作审查,也不影响实体地位的确定。但只确定当事人具有的实体地位,却未明确救济方法,故也无法产生能够加以执行的程序功能。③

由此可以得出结论:确定责任承担方式的救济要件独立于实体法律地位的审查要件,故基于实体与程序二分视角下的审执分离主张就缺乏正当性,责任承担方式本不该作为典型的实体要件由审判权垄断。下文就将分析责任承担方式与实体要件的具体区别,以明确通过执行权之前的审判程序垄断责任承担方式的确定违背了责任承担方式的本质性质。

(二)责任承担方式的确定区别于实体要件的判断

上文已明确了责任承担方式的要件独立于实体要件,接下来就应明确这种独立性的意义,即责任承担方式的确定与实体要件判断的区别。笔者认为,无论责任承担方式是具体的还是抽象的,是通过审判程序还是执行程序确定,责任承担方式的正当性审查遵循的都应该是公法逻辑。

---

① See Doug Rendleman, *Remedy Discussion Forum: Brown II's "All Deliberate Speed" at Fifty: A Golden Anniversary or a Mid-life Crisis for the Constitutional Injunction as a School Desegregation Remedy?*, San Diego Law Review 41, p. 1579(2004).

② 参见黄忠顺:《执行力的正当性基础及其制度展开》,载《国家检察官学院学报》2016 年第 4 期。

③ 故一般认为给付之诉与确认之诉是包含关系,往往是合并被提起的。参见[日]高桥宏志:《民事诉讼法制度与理论的深层分析》,林剑锋译,法律出版社 2003 年版,第 60 页。

日本的差止请求权在性质上也被定义为实体请求权,但是其审查事由却也遵循的是公法逻辑。如认可预防侵害请求权的关键在于是否确实存在侵害之虞,学说和判例各采不同的判断标准。学说的标准为“客观说”,认为客观上非常明显;客观上可行预期的状态;存在具体事实的情况下即可判断存在侵害之虞。而判例采的是“主观说”,即被告仅制造了一台侵权装置并卖给了他人,法院根据被告以制造此类装置为业,具备大量生产侵权产品的技术和设备,被告将来有可能进行侵权装置的制造和销售,从而认可了原告的预防侵害请求。① 又如,著名的 eBay 案中,地方法院和美国联邦巡回上诉法院的分歧在于,法院是应当依据四要件测试的衡平原则来决定永久性禁令的颁发,还是理所当然地自动对侵权人发布永久性禁令。② 美国联邦最高法院最终认可了四要件测试,即认可了法院对禁令的正当性与必要性判断:原告有合法的权利请求;未来侵害是逼近的而且损害赔偿是“不充分”的;禁令给被告造成的困难并非不成比例地大于给原告的利益;符合公共利益。

尽管对于判断标准的观点有所不同,但都基于同样的前提:责任承担方式的审查与传统的实体请求权审查存在本质区别。一方面,是审查事由的区别。《美国专利法》第283条规定,法院依照“衡平法原则”判决禁令,而衡平法原则的产生本来就是因为法律不可能预见和涵盖所有的案件,所以由一个权力机关被授权来排除法律对某些特殊情况的适用。③ 相对实体请求权紧紧扎根于成文法,禁令救济这样责任承担方式的确定因为缺乏某个具体的制定法明确,需通过法官完整的衡平心证才能作出。④

若从法官衡平判断的具体内容来看,责任承担方式的判断本质遵循的是公法上的比例原则。比例原则虽然作为传统的公法原则,但在责任承担方式确定上的适用是必然的:其一,比例原则作为司法审查的标准是最重要的功能,可以称为人民法律救济的“灵丹”;⑤其二,责任承担方式必然会使责任人

① 参见杜颖:《日本知识产权保护中的差止请求权》,载《外国法译评》1999年第4期。

② 参见鲁灿、詹锐:《从 eBay 案看美国专利保护趋势——兼论我国专利“停止侵权”责任方式》,载《电子知识产权》2006年第9期。

③ 参见[英]威廉·布莱克斯通:《英国法释义》(第1卷),游云庭、缪苗译,上海人民出版社2006年版,第73页。

④ 参见和育东:《美国专利侵权的禁令救济》,载《环球法律评论》2009年第5期。

⑤ 参见陈新明:《德国公法学基础理论》(下),山东人民出版社2001年版,第380页。

直接受到国家强制力的干预,故法院的判断本质上是在国家权力与公民权利之间进行利益衡量,切合比例原则防御性权利保障的一般定位。① 基于这样的公法逻辑,与实体要件和既有事实的紧密联系不同,法官作出的判断并不完全基于事实,而更多地取决于利益衡量,且并非对既有权利义务关系的司法确认,而是面向未来产生对责任人的强制约束效果。

另一方面,为适应审查事由的公法化,审查方式在一定程度上适用职权主义。环境侵权公益诉讼的职权干预主义即主要针对原告请求的责任承担方式的干预,②实践中法院经常会考虑"恢复原状"的可能性、成本等问题,以决定是否以"损害赔偿"的形式来替代履行。③ 即使非公益诉讼也对救济要件采取近乎自由证明的认定方式,尽管我国学者对肇始于德国的自由证明模式仍采取较保守的态度,④但德国、⑤日本⑥民事诉讼法对赔偿数额的证明都作出宽松的特别规定,⑦我国实践与立法中对"知识产权赔偿数额"要件的证明也已探索性地采纳了自由证明,一是减轻证明标准,法院甚至可以责令侵权人提供证据,否则使其承担不利责任;⑧二是放宽证据形式,多种证据载体不

---

① 参见蒋红珍:《比例原则适用的范式转型》,载《中国社会科学》2021 年第 4 期。

② 参见最高人民法院《关于审理生态环境损害赔偿案件的若干规定(试行)》(法释〔2020〕17 号)第 11 条规定:"被告违反国家规定造成生态环境损害的,人民法院应当根据原告的诉讼请求以及具体案情,合理判决被告承担修复生态环境、赔偿损失、停止侵害、排除妨碍、消除危险、赔礼道歉等民事责任。"

③ 参见张辉:《论环境民事公益诉讼的责任承担方式》,载《法学论坛》2014 年第 6 期。

④ 我国多数学者基本以程序事实与实体事实二分的方式来界定是否适用自由证明,参见邵明:《刍议民事诉讼证明的分类及适用》,载《人民法院报》2005 年 3 月 23 日。在此基础上也承认如经验法则、非讼程序、简易程序等可适用表见证明,但仍持保守限制的态度,参见占善刚:《论民事诉讼中之自由证明》,载《法学评论》2007 年第 4 期;周成泓:《民事诉讼中的自由证明论略》,载《河北法学》2013 年第 7 期。

⑤ 《德国民事诉讼法》第 287 条第 1 款规定,当事人对是否有损害、损害的数额以及应赔偿的利益额存有争议时,法院应考虑全部情况,经过自由心证,对争点作出判断。是否依申请而调查证据、是否依职权进行鉴定以及调查和鉴定进行到何程度,都由法院酌情决定。

⑥ 《日本民事诉讼法》第 248 条规定:"在承认损害确已存在的情况下,由于损害的性质,证明其损害金额极其困难时,法院可以根据口头辩论的全部旨意和证据调查的结果,认定适当的损害金额。"

⑦ 对于损害赔偿数额确定的性质,德国学界的通说是"降低证明标准说"。参见谷佳杰:《民事诉讼损害赔偿数额确定制度研究》,西南政法大学 2015 年博士学位论文,第 124 页。

⑧ 《意见》第 9 条规定:"权利人依法请求根据侵权获利确定赔偿数额且已举证的,人民法院可以责令侵权人提供其掌握的侵权获利证据;侵权人无正当理由拒不提供或者未按要求提供的,人民法院可以根据权利人的主张和在案证据判定赔偿数额。"

拘束于形式而作为法官的定案依据。①

责任承担方式的确定适用公法审查逻辑,审判程序不仅不应垄断责任承担方式的判断,其适用的当事人主义甚至多有龃龉,故审判权与执行权在责任承担方式确定问题上的权力界限值得深入探究。

(三)责任承担方式具体化的权力分配

明确责任承担方式的确定与实体要件的关系与差异后,应当探究的是,对于责任承担方式,为何审判权与执行权都一定程度上享有审查权? 二者的界限为何? 最重要的是,本文所探讨的责任承担方式的具体化判断权力应当如何进行合理分配? 正如上文所述,二者的实然分界标准是责任承担方式判断的抽象程度,通过立法,被作为请求权部分提出的是抽象的责任承担方式,作为执行措施判断的则是具体化的责任承担方式,而这种实然的界限实际上有其内在的逻辑,根源于审判程序与执行程序的不同的保障机能。

笔者认为,执行前的审判程序中的当事人主义旨在保证程序正义,其即使承担了一部分具体化判断职能,也只能进行抽象的正当性审查;而执行程序旨在保证权利实现的实质正义,其借助国家公权力,能够进行具体审查,故执行裁判权才是责任承担方式具体化判断的主导性权力。

1. 执行前的审判程序在具体化判断中有局限性

执行前的审判程序主要承担责任承担方式的抽象判断职能,根本原因在于,其采用的是当事人主义审查方式。采用当事人主义的目的,除在将其作为规范制裁要素的请求权思维方法影响下产生的思维惯性外,更多的是基于程序保障的考量,即只有使当事人对法律制裁后果竭尽全力进攻防御才能使其产生既判力与执行力等程序效果。② 但是,当事人主义的局限也显而易见:其只能判断抽象的应然状态,即进行的是责任承担方式的正当性审查。当事

---

① 参见最高人民法院《关于知识产权民事诉讼证据的若干规定》(法释〔2020〕12 号)第 31 条规定:"当事人提供的财务账簿、会计凭证、销售合同、进出货单据、上市公司年报、招股说明书、网站或者宣传册等有关记载,设备系统存储的交易数据,第三方平台统计的商品流通数据,评估报告,知识产权许可使用合同以及市场监管、税务、金融部门的记录等,可以作为证据,用以证明当事人主张的侵害知识产权赔偿数额。"

② 此观点切合程序保障的既判力根据论,参见[日]中村英郎:《新民事诉讼法讲义》,陈刚、林剑锋、郭美松译,法律出版社 2001 年版,第 230 页。

人主义用于实体要件的判断优势明显,因为当事人作为既有事实的亲历者有能力进行证明,故其包含的辩论主义本身也是发现真实的手段之一,[①]法院判决的实体法律地位本质上就是基于当事人证明的既往事实作出的应然层面的判断。其实民法中所述及的责任本质上也只是民事义务,二者的区别仅在于"义务"指的是原权对应的义务,"责任"则是指救济请求权对应的义务,而且后者以来自公法上的直接强制作为保障。[②] 由此,即使将责任承担方式视作请求权,在审判程序中也不会具体确定权利到底如何实现,只能通过对救济要件的判断来救济请求权指向的义务,当事人讨论仍然是"是否应当承担某一义务",仍未脱离应然范畴。若将责任的具体实现方式也交由当事人主义确定,当事人并非亲历者,又缺乏对现实情况的证据调查能力,即失去了其对既往事实查明以及应然判断上的优势。

当然,当事人主义在具体化判断中的局限性并不能说明执行前的审判程序也难以承担具体化判断的职能,因为现代民事诉讼中不存在完全的当事人主义,审判程序很多时候也会吸取职权主义要素。执行前的审判程序是对基准时前所有现实情况作出的静态判断,而执行程序中对于责任承担方式的具体化判断,一方面,会将基准时之后发生的现实情况也纳入考量范围;另一方面,具体化判断本身就具备动态性与多变性,如一些责任承担方式要求长效型行为效果,由于其在行为执行完毕后将长期处于固定持续的状态,因而存在该状态被外力打破,从而使稳定效力被破坏的情况。[③] 因此,尽管通过审判程序加强当事人程序保障的思路本身并没有问题,但是执行前的审判程序作为事前审查,从性质上就与责任承担方式的具体化判断不契合,将所有的具体化判断权力委以执行前的审判程序并不妥当。

2. 执行裁判权是具体化判断的主导性权力

边沁倾向认为,仅将法院判决恢复个人权利或纠正个人错误作为"救济"是不精确的,"救济"应当定义为如何使制裁部分产生实际效果,即将救济等

---

① 参见邵明、常洁:《民事诉讼模式重述——以公益和私益为论述角度》,载《中国人民大学学报》2019年第6期。

② 参见马俊驹:《民法上支配权与请求权的不同逻辑构成——兼论人格权请求权之独立性》,载《法学研究》2007年第3期。

③ 参见胡思博:《论对行为请求权的强制执行》,载《法学杂志》2020年第11期。

同于执行。[①] 故执行程序中的职权主义更契合责任承担方式权利实现的制度目的,即通过职权探知调查现实情况,职权干预明确执行措施,才能真正确定"权利如何实现",也即完成对当事人的全部救济。

实际上,在采取控制性或处分性执行措施时,即使再简单的执行实施案件,通常也不可避免地需要执行员根据形式化标准进行实体判断,判断性权力与实施性权力彻底分离在理论上是不可能的,[②]在责任承担方式具体化的方面尤甚。基于实体法视角,通常会误认为责任承担方式也是遵循"判决→执行"的进路,由审判机关用尽判断权力。但审判机关的判断仅止步于应然的义务层面,确定的责任承担方式抽象而不具备可操作性,执行机关通过对执行措施的裁决从而获得对责任承担方式具体实现的完全审查权,包括具体措施的正当性、方式、范围等问题。故在责任承担方式上,审判权对执行权的约束极小,执行权成为责任承担方式具体化的主导性权力。

而为了规制执行权,一些国家会通过立法使债权人的决定权约束执行机关的裁决权,如《德国民事诉讼法》第 885 条第 3 款[③]规定的对于腾退房屋过程中无价值物品的销毁,执行员应该销毁这些物品,但是否销毁,可由执行债权人自行决定。[④] 但个别性的规定无法完全规制社会生活中多样化的执行裁定,因此才会出现把一些本应由执行机关判断的具体化问题交由审判机关判断的"实体请求化",即"执行→判决"的逆向进路,故当事人主义并不契合责任承担方式确定后的给予受害人完全救济制度目的,其只是进行权力规制与程序保障的权宜之计。

3. 执行前的审判程序仅能审查责任承担方式具体化的正当性、必要性

不可否认,依赖执行前的审判程序对责任承担方式进行具体化判断能够有效限制执行裁判权自由裁量的范围,但这样的事前审查是有局限性的。故即使将本应由执行机关确定的具体化责任承担方式交由审判机关确定,也应当限于具体化判断中较抽象的部分,即正当性、必要性审查,而非对具体的执

---

① See Rafal Zakrzewski, *Remedies Reclassified*, Oxford University Press, 2004, p. 20.

② 参见肖建国:《中国民事强制执行法专题研究》,中国法制出版社 2020 年版,第 73 页。

③ 《德国民事诉讼法》第 885 条第 3 款规定:"债权人可随时将非执行标的的动产移除,并使其得到保管。他可随时毁弃保管中不能换价的动产。"

④ MüKoZPO/Gruber, 6. Aufl. 2020, ZPO § 885a Rn. 21.

行方案、范围、效果进行审查。

基于以上结论,可以对“销毁”实体请求化的规定进行反思,“销毁”属于停止侵害或消除危险在权利实现中的具体化是无争议的。换言之,其本应由执行机关根据执行依据记载的抽象责任承担方式自行确定。而将“销毁”作为实体请求,审判机关应当审查的仅为“是否有必要销毁”,至于是否存在应销毁物品、应销毁物品的范围为何、销毁的效果等“如何销毁”的问题都有待执行机关的调查。最具正当性的理由在于,执行程序的职权性、单方性、不平等性都是申请执行人得到完全救济的关键因素,一旦将其完全转入事前的审判程序,实质是以严重损害申请执行人的利益来达到程序保障的目的。因此,才会出现形式正义与实质正义冲突的两难情况:将“是否存在应销毁物品”等“如何销毁”的证明负担都作为实体要件强加给权利人,审判机关要么追求实质正义,降低证明标准,使该要件形同虚设,甚至出现执行机关出现矛盾的调查结果的尴尬局面;要么恪守实体标准,损害权利人利益。

但是,对于“如何执行”的重要问题,缺乏程序保障同样会发生有违实质正义的后果,故也有必要通过审判程序对其进行制约。但其本质不是诉讼证明问题,不能依赖事前的审判程序要求当事人进行证明,而是依靠执行程序延伸的审判程序,通过当事人的辩论对执行权确定的事由进行再评估,以确保执行的合理性。

三、公法逻辑下责任承担方式的确定与救济

上文对责任承担方式确定的完全实体请求化产生的一系列问题进行了原因分析,明确了责任承担方式与实体要件的判断是有本质区别的,并且救济要件应遵循公法逻辑来判断。执行前的审判程序在抽象审查外只能承担一部分责任承担方式具体化的职能,即对责任承担方式具体化的必要性、正当性进行审查,由执行程序对责任承担方式的具体方式、范围、效果等事项进行审查。故制度构建进路有两条:其一,对执行前的审判程序进行制度构建,使其适应责任承担方式公法逻辑的判断;其二,通过执行程序产生的执行异议之诉来约束执行权对责任承担方式的具体化判断。

(一)执行前审判程序的制度构建

1.审判程序中处分原则与职权干预主义的调和

在诉审同一、不告不理方面,责任承担方式都比较严格地遵循了处分原则的要求,即当事人未提出的请求法院不能加以裁判,即使是本应由执行权判断的具体责任承担方式,也沿用了不告不理的模式,较合理。审判机关倾向对严重影响责任人的权益的责任承担方式进行具体化判断,严格的不告不理,一方面,能为对方当事人提供防御的机会,而非如执行程序中直接由执行机关突袭地作出;另一方面,其更切合权利人的诉求,责任承担方式也更多样化。由此,若审判程序中权利人主张的责任承担方式乃得到支持,执行机关就应在其具体程度下依照执行依据执行;若未得到支持,则意味着审判法院已经否认其正当性与必要性,执行机关也不能对该责任承担方式进行具体化判断,这也是处分原则的应有之义。

然而,为避免当事人提出的请求无法成立,也应当允许法院干预当事人请求的变更。诉诸审判程序的具体责任承担方式特殊性强、后果严重,故也要求法院在正当性、必要性的判断中更审慎。但高标准往往带来的是请求的支持率低,若完全依照当事人主义必然会导致责任承担方式的缺位。如上文所述,有些法院采取刻意忽视的态度,最大原因就在于,一旦否认了当事人的责任承担方式,就无法给其提供类似的替代性救济,不如仅对抽象的责任承担方式加以裁判,只能把具体化判断的职能完全留给灵活性更强的执行机关加以处理。

实体法提供了许多责任承担方式缺位的替代手段,如知识产权国际条约和实体法中提供了多种避免"销毁"的替代措施,欧共体第 2004/48 号《知识产权执法的指令》即规定了以金钱补偿作为禁令的替代措施。① 在此指令的影响下,欧洲各国司法界都倾向认为,销毁请求权是一种带有惩罚性质的不

① 欧共体第 2004/48 号《知识产权执法的指令》第 12 条规定:"成员国可以规定,在适当的情形下,以及在直接承担本部分所规定的禁令责任的人提出请求的情况下,如果此人的行为不是故意的或者没有过错,如果执行禁令会对其造成不成比例的损害,以及如果对于被侵权损害一方的金钱补偿看起来是令人满意的,有管辖权的司法机关可以裁定,向受害的当事人支付金钱补偿,代替采取本部分规定的措施。"

以过错为前提的请求权,它应当适用“适当性原则”,当侵权行为可通过其他轻微措施避免时,销毁不予适用。[①] 故《德国著作权法》第 99 条[②]和《法国知识产权法典》第 L335 -7 条[③]都作出了将本应销毁产品交付权利人以替代销毁的规定。最高人民法院《关于审理侵犯专利权纠纷案件应用法律若干问题的解释(二)》(法释〔2020〕19 号)第 25 条第 1 款也明确使用者可通过支付产品的合理对价继续使用侵权产品。[④] “销毁”本身是最极端的停止侵权措施,若权利人可以通过无偿交付模具、支付使用费等方式替代“销毁”,显然更符合社会效益的要求,“销毁”也不具备必要性。

但在完全当事人主义的模式下,权利人为彻底地维护自身权益,肯定会提出最为极端的责任承担方式,若法院无法依职权干预,在能够采取替代措施的情况下就不能支持权利人的请求,从而导致责任承担方式的缺位。由此,应当允许法院主动就权利人主张的责任承担方式可能的替代性措施进行释明,或者在综合审查了责任承担方式的必要性后提前开示自己的心证,告知为何不予支持以及可能的替代性措施。而这样的职权干预并非对权利人处分权的侵夺,也不会侵害法官中立原则。当事人主张的具体责任承担方式无法通过正当性、必要性审查时,法院通过释明指引权利人变更的请求必定是效果更为缓和的具体化责任承担方式,仍在当事人原请求所包含范围之内,且实质上增加了当事人通过辩论影响法官心证的程序权益。

2. 审判程序中辩论原则与职权干预主义的调和

基于审判程序仅审查具体化责任承担方式的必要性与正当性,当事人对救济要件的攻击与防御活动的目的就不在于证明事实,而在于说服法官。因为这些救济要件大多为评价性要件,没有预先规定特定的社会事实为原型,

---

① 参见宁立志、李国庆:《知识产权侵权物品“销毁”制度反思》,载《江汉论坛》2014 年第 10 期。

② 《德国著作权法》第 99 条规定:“受害者可要求以适当价格将复制物或设备全部或部分出让给他,以代替第 98 条规定的处置。该适当价格不得超过制作费用。”

③ 《法国知识产权法典》第 L335 -7 条规定:“法院没收的设备、侵权工具和因侵权而获得的收益,应当转交给受害人或其继承人,以弥补他们因侵权而受到的损害。”

④ 最高人民法院《关于审理侵犯专利权纠纷案件应用法律若干问题的解释(二)》(法释〔2020〕19 号)第 25 条第 1 款规定:“为生产经营目的使用、许诺销售或者销售不知道是未经专利权人许可而制造并售出的专利侵权产品,且举证证明该产品合法来源的,对于权利人请求停止上述使用、许诺销售、销售行为的主张,人民法院应予支持,但被诉侵权产品的使用者举证证明其已支付该产品的合理对价的除外。”

而是以多样化的社会性事实所推导出来的价值判断为法律要件，通常人们对此很难达成共识。[①] 例如禁令造成的损害与防止侵权效果之间的比例性判断，一方面，法官自然需要结合全案情况，加以判断侵权情节的轻重，这在日本被称为"辩论全趣旨"，其已经超出辩论主义的基于事实对法官产生约束力的效果，而扩张为整个口头辩论过程中出现的一切资料和信息；[②]另一方面，更重要的是，法官依照自己的一般经验对所谓比例性进行主观判断，此时当事人只能通过论理或援引案例等方式影响法官的心证。

因此，当事人对法院的弱约束力意味着法院职权干预的角色增强，当然审判程序中的职权干预主义并非洪水猛兽，因为当事人强约束性的辩论主义本身可能并非当事人的权能，而当事人沉重的负担，[③]关键在于如何构建职权干预主义下的当事人程序保障机制。释明义务能有效缓解法院职权干预主义的独断性，但是在实体要件的判断中法官大多进行证据释明，在救济要件的判断中则应倾向于法律释明。救济要件本身并不由成文法明确规定，其大多由法官主导并在内心确定必要要件，因此法官预将当事人没有提出的法律观点作为判决的基础时，应当预先向当事人开示，给予当事人发表意见的机会，否则不得作为裁判基础。[④] 为适应当事人辩论活动的说服目的，法官还应适时披露自己的法律评价心证，[⑤]比如，因为某些原因自己不认可某要件的成立，从而给予当事人对症下药、影响法官心证的能力。

作为职权干预主义的底线，笔者认为，即使是对于救济要件，法院也不可擅用职权主动调查证据。如在实践中，当事人要求责任人承担维修义务的，一般会要求鉴定机构以"维修方案"为名出具鉴定意见，法院以此为基础判断维修的必要性甚至确定维修方案。[⑥] 但是，即使当事人未申请鉴定，法院依然

---

① 参见段文波：《规范出发型民事判决构造论》，法律出版社 2012 年版，第 84 页。

② 参见[日]新堂幸司：《新民事诉讼法》，林剑锋译，法律出版社 2008 年版，第 388 页。

③ 参见熊跃敏：《辩论主义：溯源与变迁——民事诉讼中当事人与法院作用分担的再思考》，载《现代法学》2007 年第 2 期。

④ 参见熊跃敏：《民事诉讼中法院的法律观点指出义务：法理、规则与判例——以德国民事诉讼为中心的考察》，载《中国法学》2008 年第 4 期。

⑤ 对临时心证状态的释明一般被归类为证据释明，参见任重：《我国民事诉讼释明边界问题研究》，载《中国法学》2018 年第 6 期。但是在救济要件中披露的临时心证应当是法官的法律评价状态。

⑥ 参见江苏省东台市人民法院民事判决书，(2008)东民一初字第 28 号；上海市第一中级人民法院民事判决书，(2013)沪一中民二(民)终字第 768 号。

可以结合案情确定责任人的维修义务,[①]至于维修方案如何则由当事人自行协商或执行机关确定。其本质原因就在于,责任承担方式的确定是在实体法律地位确定之后,已查明事实足以判断必要性与正当性判断,故无须审判法院例外打破中立性调取证据。

(二)责任承担方式的执行异议之诉救济

上文已述,期望通过执行前的审判程序完全确定责任承担方式只是无奈之举、权宜之计。因为具体的执行措施通常被认为是执行机关确定的程序事项,只能由执行异议程序给予救济。"销毁"的执行实践已经表明,粗糙的执行异议制度在审查诸如应销毁物品范围、是否达到销毁效果等问题时无法给被执行人提供有效的程序救济,才使执行权专有的审查事由不得不逃逸到审判程序。因此,若希望给予执行当事人完全的程序保障,只能依赖执行程序中的异议之诉。

然而,责任承担方式具体执行事由的确定能否被视为程序性问题?执行机关对责任承担方式的具体化仍是在实体判决确定的抽象框架内进行的,故从本质来看,其是裁判文书不明时执行机关对执行依据作出的解释。[②] 执行解释是否会影响审执分离从而导致其缺乏正当性,学界是有争议的,本质原因在于执行机关的解释属于对实体权利义务关系的判断,可能会导致执行权对审判权的僭越。[③] 尽管上文明确责任承担方式的确定区别于实体要件的判断,但是在程序法与实体法二分的视角下,其仍属于实体法问题,因为以实体或程序问题区分执行救济方式的论点合理性就在于基于实体事由的重要性

---

① 参见北京市第一中级人民法院民事判决书,(2014)一中民终字第02037号。

② 执行依据主文表达不明,是指作为申请法院强制执行依据的判决书针对原告诉讼请求的判项或调解书协议条款所确定的法律义务的指向、范围、数额等具体要素不明确,但并非法院漏审、漏判,也并非基准时后当事人争议的诉讼标的法律关系或标的物发生变化。参见邱星美、董建中、谢恩品、付冬青:《执行依据主文不明的识别与救济配套机制》,载《人民法院报》2019年7月25日,第5版。

③ 最高人民法院将对不明执行依据的解释作为实体事项,要求执行机关征询审判机关的意见。最高人民法院《关于人民法院立案、审判与执行工作协调运行的意见》第15条第1款规定:"执行机构发现本院作出的生效法律文书执行内容不明确的,应书面征询审判部门的意见。审判部门应在15日内作出书面答复或者裁定予以补正。审判部门未及时答复或者不予答复的,执行机构可层报院长督促审判部门答复。"

与复杂性应当给予更严密的程序保障机制。[①] 但是,最高人民法院不给执行机关解释权,实质上还是寄希望于执行前的审判程序“一揽子”地解决问题。笔者认为,执行机关对这样广义上的实体问题加以判断是无可避免的,如判例的观点即认可执行机关不仅仅有解释权,必要时其还负担解释的职责,必须要结合适度性原则加以斟酌。[②] 相对于禁止解释,更重要的则是设置完善的事后救济机制。

再进一步,应当如何对责任承担方式的执行解释加以救济?笔者认为,应当以债务人异议之诉与债权人异议之诉的方式允许执行当事人以诉讼的方式获取救济。缺乏救济保障的根本问题在于,对我国执行机关所有执行行为的救济都依赖简陋的执行异议。实际上,理论已经将应获救济的执行行为分为违法执行行为与不当执行行为,前者是指违背强制执行法规定的要件、程序或方法的执行行为,后者是指执行行为虽符合强制执行法的规定,但执行结果与债权人在实体法上之权力关系不符的执行行为。[③] 前者适用的救济方式即为执行异议,而后者因为涉及实体性争议自然应适用实体性执行救济方法,即执行异议之诉。[④]

尽管我国的执行异议制度承担部分实体判断职能,如案外人需通过执行异议主张可妨碍执行的权利,但执行异议的程序特性决定其无法处理复杂的实体争议,无法为当事人提供有效的程序保障。

第一,从审执分离的原理来看,重大的民事执行行为直接决定执行当事人的合法权益和执行程序的顺利进行,应当将执行裁判权定位于审判权,由执行法官行使,并适用民事审判程序的保障原理。[⑤] 而在裁决程序的单方听审并不影响事后判决程序的听审,一旦债务人对执行行为中的瑕疵提出法律救济,则在法律救济程序中适用审判程序的一般规则,当然也就适用双方听

① 参见张卫平:《执行救济制度的体系化》,载《中外法学》2019年第4期。

② 参见马家曦:《执行内容确定之程序展开——以“执行依据”不明的解释及应对为中心》,载《甘肃政法学院学报》2019年第3期。

③ 参见杨与龄编著:《强制执行法论》,中国政法大学出版社2002年版,第7页。

④ 参见杨与龄编著:《强制执行法论》,中国政法大学出版社2002年版,第8页;翁晓斌:《民事执行救济制度》,浙江大学出版社2005年版,第20页;陈娴灵:《我国民事执行异议之诉研究》,湖北人民出版社2009年版,第42页。

⑤ 参见肖建国:《民事审判权与执行权的分离研究》,载《法制与社会发展》2016年第2期。

审原则。[①]

第二,从功利性的程序功能来看,执行异议制度的审查并不能停止执行行为,对执行裁判权的约束效果较弱,就会出现在执行异议过程中争议的具体执行标的已经被采取“销毁”等不可逆措施的问题,“先斩后奏”绑架了执行异议的审查,使后者为避免进一步的纠纷只能承认执行行为的合法性。而执行异议之诉中,原告可以通过提供担保,有效中止执行程序,使被执行人的重大权益不会因为执行程序无法停止而得不到有效救济。

综上,通过执行程序中的执行异议之诉,能够解决执行机关专擅责任承担方式具体化的问题,并给予当事人必要的程序保障。而给予执行当事人以事后救济的方式并不意味着救济成本的增加,无法约束也缺乏程序保障的司法判断权意味着权力滥用导致的不良后果溢出程序,从而由社会承担“案结事不了”的成本。故在执行前的审判程序无法有效约束执行裁判权时,执行程序中延伸的审判程序是不可避免的,况且当事人希望通过执行异议之诉阻碍执行,必须提供足够的担保,这样能够有效防止诉讼的救济手段被滥用,基于制度成本问题否定该构想并不必要。

但是,如何定位此种执行异议之诉仍存在进一步的探讨空间。将其定义为债务人异议之诉与债权人许可执行之诉则与该类诉讼的典型定义有出入,债务人执行异议之诉由债务人提起,旨在修正当事人实体权利义务关系与执行依据不符的情况;债权人许可执行之诉则由债权人提起,旨在排除案外人权利对执行的妨碍。债务人或债权人都可能以“销毁”等责任承担方式为对象提起执行异议之诉,且审查对象是法院的不当执行行为对当事人实体权利的影响,与传统的执行异议之诉存在较大区别。[②] 由此,此类诉讼中执行机关调查证据的适用、证明责任的分配、原执行机关的地位等问题都需要进一步研究。

---

① 参见[德]弗里茨·鲍尔、[德]霍尔夫·施蒂尔纳、[德]亚历山大·布伦斯:《德国强制执行法》(上),王洪亮、郝丽燕、李云琦译,法律出版社2019年版,第106~107页。

② MüKoZPO/Wolfsteiner ZPO § 727 Rn. 4.

以物抵债的历史流变：从私力救济到执行方法

薛倩倩*

摘要：以物抵债发端于中国法的实践。封建社会时期，以物抵债是债务纠纷（主要为高利贷）的私力救济方式。清末民国时期，以物抵债在民事强制执行立法中被确立为执行方法，同时仍是民间债务纠纷的传统救济方式。新中国成立至今，在民事主体权利义务平等的基础上，延续了民国时期执行法上的以物抵债制度。目前，民事强制执行中的以物抵债，包括合意型以物抵债、执行和解中的以物抵债以及司法拍卖中的以物抵债3种类型。但由于实体法理论的欠缺，总体较混乱。未来有必要以我国以物抵债的历史积淀为基础，将以物抵债作为独立的有名合同，发展一套独立的、实体与程序并重的以物抵债理论。

关键词：以物抵债；司法拍卖中的以物抵债；民事强制执行

以物抵债在我国民事强制执行中具有重要地位。早在20世纪80年代，以物抵债就以执行和解的形式进入执行领域。2004年，最高人民法院《关于人民法院民事执行中拍卖、变卖财产的规定》（以下简称2004年《拍卖变卖规定》）（已被修改）又确立了司法拍卖流拍后的以物抵债制度。2015年，最高人民法院《关于适用〈中华人民共和国民事诉讼法〉的解释》（以下简称《民诉法解释》）（已被修改），进一步确立了不经拍卖的以物抵债制度，从而形成了

* 中国政法大学诉讼法学专业博士研究生。

多元的强制执行以物抵债制度体系。

应当注意的是,虽然“以物抵债”在我国的司法实践中被广泛应用,但其并非比较法上的通行概念。尤其在实体法层面,《民法典》没有任何关于以物抵债的规定,学理上也只是从代物清偿、新债清偿、债的更改等角度来界定以物抵债。这使以物抵债制度的构建在程序法和实体法上面临诸多困境。有鉴于此,本文主要从历史的角度,对我国封建社会以来的以物抵债制度与实践进行梳理,以期对理解和规范当下的以物抵债实践有所助益。

一、我国封建社会中的债与抵债

(一)早期的以物抵债

债在我国古代主要指欠人钱财,以借贷为典型。① 在先秦时期,债通常被称为“责”。《周礼》曾言:“凡有责者,有判书以治则听。”②一般认为,原始社会末期私有制产生之后,氏族社会就出现了贫富分化和穷人向富人借贷的现象,但在商周之前,借贷活动并不流行,当时甲骨文和金文关于借贷的记载也寥寥无几。③

早期的债务发端于原始互助行为,以实物借贷为主。西周时期,由于国家较多保留氏族社会的宗族观念和血缘关系,借贷仍以无偿分贫赈贷为主要特征,并为统治者所倡导。春秋时期,虽然赈贷特权从周王下放到了诸侯和卿大夫,且出现了取息放贷萌芽,但借贷仍是以赈贫救济为主。到了战国时期,随着生产力的进一步发展,贫富分化的加剧和金属货币的广泛使用,生息借贷尤其是高利贷才日渐盛行。④

在封建社会,高利贷占据借贷的统治地位,且多发生在穷人向富人借贷之间,债权债务关系本身就不平等,国家在制度层面上对借贷问题的干预也十分有限:一是各个朝代均对借贷利率上限作出规定,且违禁取利者须入刑,

---

① 参见魏振瀛:《债与民事责任的起源及其相互关系》,载《法学家》2013 年第 1 期。

② 李玉生:《中国古代法与现代民法债和契约制度的比较研究》,载《法学家》2005 年第 5 期。

③ 参见宋杰:《汉代官府与私人之间的债务关系》,载《首都师范大学学报(社会科学版)》1993 年第 1 期。

④ 参见魏悦:《先秦时期借贷思想初探》,载《史学月刊》2005 年第 6 期。

但未能遏止频发的高利贷现象;二是将欠债不还视为犯罪并科以刑罚,却对强势债权人的索债方式并无规制,实践中债权人采取各种方式实现债权,债权人与官府勾结索债的行为比比皆是。以物抵债是民间化解债务纠纷的一种灵活处理方式,更是强势债权人收回债权借款、剥削贫苦债务人的重要方式之一。

从秦汉开始,国家律令开始对公债和私债进行区分并分别加以调整。其中,公债多为实物借贷且无息或低息,侧重社会救济和稳定秩序。债务人无力偿还的,通常以劳务抵债。《秦律 · 司空律》规定:“有罪以赀赎及有责(债)于公,以其令日问之,其弗能入及赏(偿),以令日居之,日居八钱;公食者,日居六钱。居官府公食者,男子参,女子驷(四)。”①汉代亦沿用这种方式。② 至于私债,秦汉律则要求当事人达成书面契约,即“相贷资缗者,必券书吏”。债权人在索债时必须执券为凭,否则,官府不予受理。③ 在私债的实现方式上,当事人双方可自行商议,亦因债务人死亡而免除,但立法禁止以债务人人身抵债。④ 秦律《法律答问》规定:“百姓有责(债),毋敢擅强质,擅强质及和受质者,皆赀二甲。”⑤所谓“质”,即抵押,古书中“质”常指以人作为抵押。⑥ 擅自强行索取人质以及双方同意以人质押的,均罚二甲。但到了汉代,律法禁止的便只有“强质”,而无“和质”。张家山汉简《二年律令 · 杂律》规定:“诸有责(债)而敢强质者,罚金四两。”因此,在实践中债务人以自己的人身或子女作抵押的现象普遍存在,并出现了大量的财产抵押借贷。⑦ 附有抵押的商业借贷得到前所未有的发展。

---

① 参见王辉、王伟编著:《秦出土文献编年订补》,三秦出版社 2014 年版,第 229 页。

② 参见李瑞金:《汉代政府借贷与社会控制》,载《咸阳师范学院学报》2020 年第 5 期。

③ 参见朱德贵、齐丹丹:《岳麓秦简律令文书所见借贷关系探讨》,载《史学集刊》2018 年第 2 期。

④ 参见张晋藩总主编、徐世虹本卷主编:《中国法制通史》(第 2 卷),法律出版社 1999 年版,第 101 页。

⑤ 参见王辉、王伟编著:《秦出土文献编年订补》,三秦出版社 2014 年版,第 250 页。

⑥ 参见蒲坚编著:《中国古代法制丛钞》(第 1 卷),光明日报出版社 2001 年版,第 309 页;刘秋根:《试论中国古代高利贷的起源与发展》,载《河北学刊》1992 年第 2 期。

⑦ 参见李一鸣:《试论汉代的民间借贷习俗与官方秩序——兼论汉代民间借贷中的“契约精神”》,载《民俗研究》2018 年第 1 期。刘秋根教授的观点不尽相同。他从先秦政治生活中普遍存在人质的现象出发,认为当时已盛行以人或动产为抵押的借贷。参见刘秋根:《试论中国古代高利贷的起源和发展》,载《河北学刊》1992 年第 2 期。

（二）唐宋时期的抵债

从《唐律疏议》开始，公债和私债的区分趋于淡化，生息债务和无息债务一度成为借贷债务的主要类型。其中，前者称为“负债”，后者称为“出举”。对于负债，律令通常予以重点保护，甚至会对逾期清偿的债务人苛以刑事责任。《唐律·杂律》规定：“诸负债违契不偿，一匹以上，违二十日笞二十，二十日加一等，罪止杖六十；三十匹加二等，百匹又加三等。各令备偿。”疏议曰：“负债者，谓非出举之物，依令合理者，或欠负公私财物，乃违约乖期不偿者……”[①]但对于出举债务，除非存在违法行为，比如，利息超过律令限制（违法积利），或私自收取债务人的财物超过本契（契外掣夺），官方一般不会介入。[②] 唐玄宗开元二十五年（公元737年）令明确规定：“诸公私以财物出举者，任依私契，官不为理。”[③]但是，无论是负债还是出举，债权人都可以收取债务人的财产抵债，即所谓的“牵掣”。债权人牵掣前应当告知官府，经官府批准后方可进行。《唐律疏议》规定：“诸公私负债，违契不偿，应牵掣者，皆告官听断。若不告官司而强牵掣财物，若奴婢、畜产，过本契者，坐赃论。”[④]经批准后的牵掣，由债权人自行进行，以自己的力量进行掣夺。[⑤] 不告而牵掣虽是“强”，但只有牵掣“过本契者”才以“坐赃论”，可见，法律并不反对当事人一定范围内的私力救济，实践中不告官而牵掣的情形并不罕见。更何况，很多私人契约直接约定：“如违限不还，一任（某某债权人）牵掣（债务人）家资牛畜，将充粟值，有剩不追。”[⑥]但如果债务人实施的是质押借贷，债权人则只能以当物为限来偿付债务，而不得牵掣债务人的其他财产。[⑦] 如果债务人没有财产可供牵掣，则需要以劳务抵债，即“家资尽者，役身折酬”，但以户内男口

---

① 钱大群：《唐律疏义新注》，南京师范大学出版社2007年版，第846～847页。

② 参见霍存福：《论中国古代契约与国家法的关系——以唐代法律与借贷契约的关系为中心》，载《当代法学》2005年第1期。

③ ［日］仁井田升：《唐令拾遗》，栗劲等编译，长春出版社1989年版，第789页。

④ （唐）长孙无忌撰、岳纯之点校：《唐律疏议》卷二六，上海古籍出版社2013年版，第399页。

⑤ 参见［日］仁井田升：《中国法制史》，牟发松译，上海古籍出版社2011年版，第275页。

⑥ ［日］仁井田升：《中国法制史》，牟发松译，上海古籍出版社2011年版，第275页。

⑦ 参见王文书：《唐、宋、元时期关于借贷之债的法律规定》，载陈景良、郑祝君主编：《中西法律传统》（第14卷），中国政法大学出版社2018年版，第162页。

为限,[1]并禁止以良人质债。[2]

北宋前期基本沿袭上述规定。北宋后期开始禁止以物抵债,其原因在于以物抵债的滥用,其往往被居于强势地位的债权人(主要为高利贷)用来收回债权或变相侵占债务人的田产土地甚至人口,从而影响社会稳定,甚至威胁到中央集权统治,而这一现象在宋朝尤为严重。北宋《宋会要》刑法二之一三规定:"民负息钱,无得逼取其庄土、牛畜以偿。"南宋初期,宋高宗便降诏"令止偿本色",[3]禁止以物抵债、只能偿还本色是当时的法定还贷原则。具体包括:一是不再强调负债与出举的区分。只要存在"负债违契不偿",即"官为理索",除非是"欠在伍年外,或违法取利及高抬卖价,若元借谷米而令准折价钱者"。二是禁止债权人强行收取债务人的财产抵债。《庆元条法事类》规定:"以威势殴缚取索加故杀罪三等。"三是禁止以债权人的田宅或耕牛等重要的生产资料抵债。"诸以有利债负折当耕牛者,杖一百,牛还主。"[4]四是不再区分良人和奴婢,全面禁止以债务质当人口。"诸以债务质当人口(虚立人力、女使雇契同),杖一百,人放还,便钱物不追,情重者奏裁。"[5]

(三)明清时期的抵债

明清时期,律法对违契负债不偿的刑事处罚进一步减轻。明律规定:"其负欠私债、违约不还者,五贯以上,违三月笞一十,每一月加一等,罪止笞四十;五十贯以上,违三月笞二十,每一月加一等,罪止笞五十;二百五十贯以上,违三月笞三十,每一月加一等,罪止杖六十。并追本利给主。"[6]同时,严禁债权人不告官府而强夺债务人的财物或妻妾子女,无论是否过本契,只要未经官府允许便强夺财物就要处罚。告官府后,并不禁止以债务人的田地房屋

---

① 参见戴炎辉:《中国法制史》,台北,三民书局 1979 年版,第 326 页。

② 《唐律 · 杂律 · 良人为奴婢质债》规定:"诸妄以良人为奴婢,用质债者,各减自相卖罪三等;知情而取者,又减一等。仍计庸以当债直。"参见(清)薛允升撰,怀效锋、李鸣点校:《唐明律合编》,法律出版社 1999 年版,第 685 页。

③ (南宋)《建炎以来系年要录》卷一六一,绍兴二十年十二月丁巳。

④ (宋)谢深甫修、戴建国点校:《庆元条法事类》卷八〇,法律出版社 1999 年版,第 902 页。

⑤ 王文书:《唐、宋、元时期关于借贷之债的法律规定》,载陈景良、郑祝君主编:《中西法律传统》(第 14 卷),中国政法大学出版社 2018 年版,第 159、162、166 页。

⑥ (清)薛允升撰,怀效锋、李鸣点校:《唐明律合编》,法律出版社 1999 年版,第 732 页。

准折债务。[①] 明律规定："若势豪之人，不告官司，以私债强夺去人孳畜产业者，杖八十。若估价过本利者，计多余之物，坐赃论，依数追还。若准折人妻妾子女者，杖一百；强夺者，加二等；因而奸占妇女者，绞。人口给亲，私债免追。"[②]《大清律例》亦有类似规定。[③] 但在现实中，明清律法的规定并未得到有效落实。不仅权贵、豪强和官员违法放贷的情形比比皆是，而且非法逼债的事例也是屡见不鲜，常以私债强行占有债务人田产、财物，以暴力手段强夺、准折债务人妻女子弟，甚至逼死人命。[④]

从总体来看，我国封建社会的借贷，经历了以实物借贷向货币借贷为主的转变。"高利贷"更是独树一帜，贯穿始终，不但私人之间的高利贷被历代政权所包容，官方资本也逐渐投身其中。由于承受高利贷剥削的主要是农民，[⑤]他们很难获得充足的货币还债，以人身、劳役或其他财产抵债是各个时期的普遍现象。各朝代虽禁止以人口抵债，但并不限制拘禁债务人本人并以其劳务或财产抵债。在财产抵债方面，虽然唐宋律中规定"强牵掣财物，过本契者坐赃论"，但即只要未过本契，实际上允许牵掣财物。明清开始，完全禁止未告官司的强夺行为，但实际上由于债权人与债务人的地位不平等，该项规定执行效果很差。因此，以物抵债是一种较少受到约束的私力救济方式。

二、清末民国时期的过渡

清末民国时期，随着现代强制执行制度的建立，以物抵债逐渐走出封建社会的不平等的"合意"抵债阴影，成为强制执行制度的一部分。但同时，由于社会的现代性不足，存在大量的封建残余，在半殖民地、半封建的社会中，传统的以物抵债在民间仍然广泛存在。

---

① 参见叶孝信：《中国民法史》，上海人民出版社1993年版，第547页。

② （清）薛允升撰，怀效锋、李鸣点校：《唐明律合编》，法律出版社1999年版，第732页。

③ 参见蒲坚编著：《中国古代法制丛钞》（第4卷），光明日报出版社2001年版，第356页。

④ 参见卞利：《明清典当和借贷法律规范的调整与乡村社会的稳定》，载《中国农史》2005年第4期；[日]仁井田升：《中国法制史》，牟发松译，上海古籍出版社2011年版，第275～276页。

⑤ 参见乜小红：《论中国古代借贷的产生及其演变》，载《经济思想史评论》2010年第2期。

(一)执行制度的确立与以物抵债的引入

民事强制执行中的以物抵债,肇始于南京国民政府 1925 年《民事诉讼执行规则》。该规则确立了不动产以物抵债制度,但程序规定较严格。不动产在执行过程中,非经查封与拍卖程序,不得作价交债权人承受抵债或命强制管理。《民事诉讼执行规则》规定,不动产须经 3 次减价拍卖无人应买的,审判厅才依酌减最低拍卖价作价交债权人收受(同时发给债权人权利移转之书据);同时,但书据载明日期一年内有第三人增价购买该不动产的,应允许债务人向债权人备价赎回(若不动产价格在五千元以上者,赎回期间应延长)。3 次减价拍卖的规定,虽能最大限度地保障债务人的权益、避免恶意以房(土地)抵债行为,但导致程序过于繁重、案件周期过长、执行法院工作压力较大,债务人须支出多笔执行费用,债权人快速获偿的目的也无法实现,该规定遭到诸多负面评价。南京国民政府 1933 年《补订民事执行办法》对不动产抵债的规定进行调整:一是不动产经二次或一次减价拍卖无人应买的,债权人可声请停止拍卖,依末次所定最低价额将该不动产交债权人抵偿债务;二是 3 次减价流拍,债权人不肯接受的,应命强制管理。该规定虽较《民事诉讼执行规则》程序上简略许多,但更具强制性。最终 1940 年《强制执行法》第 94 条、第 95 条对不动产抵债制度规定如下:经二次减价拍卖流拍的不动产,执行法院得依第二次减定之拍卖最低价额,将不动产交债权人承受,并发给权利移转证书;债权人不愿承受的,应命强制管理;在管理中,依债权人或债务人仍可声请减价或另估价拍卖。司法实践中,不动产经过二次减价流拍,一方面,若法院认为适当的,可继续再行减价,进行第三次或第四次拍卖,直至达到拍定目的为止;另一方面,也可以经鉴定人评估另定拍卖最低价格与拍卖日期,再行公告拍卖,但是若执行法院认为再行拍卖久拖时日的,则可依第二次减定之拍卖最低价额将该不动产交给债权人承受,并发给权利移转证书。① 债权人可根据现实情况选择在不动产流拍后是否接受以拍卖底价抵偿债权,执行法院不可强制债权人接受。

相比之下,动产以物抵债则较灵活。《补订民事执行办法》规定了动产作

① 参见郑兢毅:《强制执行法释义》,商务印书馆 2014 年版,第 216 ~217 页。

价交债权人收受的制度,即有价证券、生金银或金银物品无艺术价值的,可不经拍卖,按市价任意卖却;流拍的,可选择再次拍卖或任意出卖;若无卖出之可能,可作价交债权人收受,债权人可接受也可拒绝,债权人拒绝的,则须撤销对动产的查封,并将动产返还债务人。[①]《强制执行法》第71条沿袭了这一规定,即"拍卖物无人应买时,执行处应作价交债权人收受,债权人不收受时,应由执行法院撤销查封,将拍卖物返还债务人"。对于该规定,学理解释认为,拍卖动产若无卖出之希望,执行法院却仍等待再行拍卖,债权人何时能获得债权尚无定论,且会加重执行法院工作负担,显然与执行目的不符,故将流拍物作价交债权人收受后,可抵偿部分债权。但债权人也可拒绝收受,此时执行法院须另定执行方法(等待再行拍卖或退还债务人)。[②]

(二)传统以物抵债的延续

在实践层面,封建社会不平等主体间的抵债仍广泛存在。尤其是广大农村地区,在高利贷占据传统借贷统治地位且不被限制打击的社会环境下,虽然《中华民国民法》对民间借贷利率作出限制,[③]但高利贷仍然猖獗不止。不但"钱不过三、粟不过五"的借贷习惯得以保留,更高利息的借贷也稀松常见。同时,因放贷者多为地主豪绅、军阀富商,居于强势地位,债权人在遇到欠债不还情况时往往通过私力救济方式解决,或强制或在形式上合意,几乎无须向法院声请诉讼便可顺利获得债权,民事强制执行更无用武之地。

合意以物抵债主要表现为,借贷双方会通过抵押(质押)条款或另立抵押(质押)契约,约定到期不还时将抵押物(质押物)拍卖、变卖偿还债务。如安义县"预立卖契",[④]逾期不还时,直接以物抵债。甘肃省以物担保,债权到期

---

① 参见郑兢毅:《强制执行法释义》,商务印书馆2014年版,第338~339页。

② 参见郑兢毅:《强制执行法释义》,商务印书馆2014年版,第178页。

③ 《中华民国民法》第203条至第207条规定,借贷利息法定年利率为5%;最高年利率不得超过20%,债权人对超过部分无请求权;不得将利作本滚算,超过一本一利的数额应予限制,商业惯例等特殊情况除外,但年利率仍不可超过20%。

④ 参见前南京国民政府司法行政部编:《民事习惯调查报告录》,中国政法大学出版社2005年再版,第469页。

债务人不偿还债务时,债权人可将担保的标的物直接收为已有。[①] 山西乡宁县“钱迟蓄飞”,以牲畜作抵,期满未还,直接将牲畜抵债。[②] 若借贷双方未约定抵押(质押),债权人往往会直接将实物出卖或以作价冲抵、抵卖相连等方式偿债。民间多有以粮食抵顶钱债(主要为借款利息)的借贷习惯。淳安县有农民向商家借贷,约定“秋收时分,即将粮食结价抵偿”。[③] 吉林省磐石县有“借钱收粮利”习惯:“银钱之贷借,多系粮利。如借钱百吊,每年纳粮利三斗或四斗不等。”[④]

高利贷债权人强制性的以物抵债,是高利贷债权人剥削居于弱势地位的贫苦农民债务人的传统方式。民国时期的农民与封建社会时期的农民一样,很少有或没有生产资料,农民除高利贷外再无其他融资办法,特别在青黄不接、天灾人祸等急用之时,高利贷在一定程度上能够调节上述情况中农民面临的资金与实物匮乏。加之,高利贷行为不被约束,农民只能想尽各种办法还债。在辽县,债主在腊月算账,农民还不起,就折成粮食(腊月粮价低),限第二年春交还,春荒时农民没有粮食,又折成钱(春荒时粮价贵)。[⑤] 在武乡县,有些债主甚至雇佣流氓去债务人家中要账,债务人只能立刻变卖家产偿还本息,或家产尽被没收。[⑥] 毛泽东同志于1930年在江西兴国县调查时也发现,农民借粮度荒,“铁器(犁耙)、锡器、银器、棉被、帐子、衣服等,均可作抵,总要一样”。[⑦] 有些债务人为还债,被迫出卖田宅牲畜、生活器具、卖儿鬻女,甚至将自己或妻儿送至债主家作佣,以劳务抵债。为清偿高利贷,往往经过

---

① 参见前南京国民政府司法行政部编:《民事习惯调查报告录》,中国政法大学出版社2005年再版,第582页。

② 参见前南京国民政府司法行政部编:《民事习惯调查报告录》,中国政法大学出版社2005年再版,第389页。

③ 参见李金铮:《民国乡村私人、店铺借贷的信用方式——以长江中下游地区为中心》,载《中国社会经济史研究》2002年第4期。

④ 参见前南京国民政府司法行政部编:《民事习惯调查报告录》,中国政法大学出版社2005年再版,第362页。

⑤ 参见魏宏运主编:《抗日战争时期晋冀鲁豫边区财政经济史资料选编》(第2辑),中国财政经济出版社1990年版,第1360页。

⑥ 参见魏宏运主编:《抗日战争时期晋冀鲁豫边区财政经济史资料选编》(第2辑),中国财政经济出版社1990年版,第1361页。

⑦ 毛泽东:《毛泽东农村调查文集》,民族出版社1986年版,第204页。

延期续约,没收抵押品,到占有债户全部家产的过程。①

综上,清末民国时期的以物抵债处于历史上的过渡期。一方面,由于社会进化的不彻底,封建社会不平等的借贷和以物抵债仍然广泛存在;另一方面,以物抵债也开始走上法制化的轨道。在这一时期,不但欠债不还不再被视为犯罪,以刑代执、民刑交叉的执行方法被明确废除,②以物抵债还出现了从私力救济向执行方法的转变。

三、新中国成立后的以物抵债

新中国成立后,中国社会经历了巨大的历史性变革。新中国初期,随着社会主义生产方式和计划经济体制的确立,不仅高利贷被彻底打击,封建社会不平等的以物抵债也销声匿迹,而平等主体之间的借贷和以物抵债也趋于平静。在制度层面,因"六法全书"被废除,新的法律体系尚未建立。改革开放后,随着商品经济和社会主义市场经济的不断发展,以物抵债才开始重新登上历史舞台。

(一)程序法中的以物抵债

20世纪80年代末,以物抵债首先被用来处理三角债纠纷。由于企业的银行金融债务无法化解,各地银行经过批准,开始通过以物抵债的方式收回债权。③ 后来,这种做法延伸至民事强制执行过程中,并通过执行和解协议的方式表现出来。最高人民法院《关于刘某福、刘某祯与刘某禄、刘某祥房屋纠纷案的批复》(〔1988〕民他字第16号)中在1988年4月13日〔1988〕民他字第16号批复中,最高人民法院明确指出,债权人与债务人在执行程序中的以

① 参见李金铮:《借贷关系与乡村变动——民国时期华北乡村借贷之研究》,河北大学出版社2000年版,第84页。

② 参见马登科:《近现代民事执行制度演进的历史轨迹》,载《求索》2011年第8期。

③ 1989年1月1日中国工商银行发布的《中国工商银行贷款呆帐准备金制度实施细则》规定,贷款没有担保的,借款人以资抵债后仍不能收回的贷款列为呆账。1989年2月27日中国农业银行发布的《中国农业银行国营农业贷款管理办法》规定,关停企业首先要以资抵债,偿还银行贷款。1992年12月9日中国人民银行发布的《中国人民银行金银专项贷款管理暂行规定》规定,企业因经营不善而倒闭,应以资抵债。

房抵债协议是经法院调解达成的执行和解协议,是有效的民事法律行为。[①]自此,执行和解中的以物抵债得以确立。

21 世纪初,随着执行制度的不断完善,司法拍卖中的以物抵债亦得以恢复。2004 年《拍卖变卖规定》(已被修改)第 19 条规定:"拍卖时无人竞买或者竞买人的最高应价低于保留价,到场的申请执行人或者其他执行债权人申请或者同意以该次拍卖所定的保留价接受拍卖财产的,应当将该财产交其抵债。有两个以上执行债权人申请以物抵债的,由法定受偿顺位在先的债权人优先承受;受偿顺位相同的,以抽签方式决定承受人。承受人应受清偿的债权额低于抵债财产的价额的,人民法院应当责令其在指定的期间内补交差额。"根据 2004 年《拍卖变卖规定》(已被修改)第 26 条的规定,若在场申请执行人或其他执行债权人不申请以该次拍卖保留价抵债,应在 60 日内再行拍卖。此外,2004 年《拍卖变卖规定》(已被修改)第 27 条和第 28 条分别对第二次和第三次拍卖中的以物抵债及相关处理作出规定。这里需要注意的是以物抵债的裁定及其法律效力。根据 2004 年《拍卖变卖规定》(已被修改)第 23 条的规定,以流拍的财产抵债的,人民法院应作出裁定。对于该裁定的效力,2004 年《拍卖变卖规定》(已被修改)第 29 条规定:"动产拍卖成交或者抵债后,其所有权自该动产交付时起转移给买受人或承受人。不动产、有登记的特定动产或者其他财产权拍卖成交或者抵债后,该不动产、特定动产的所有权、其他财产权自拍卖成交或者抵债裁定送达买受人或承受人时起转移。"由于该规定与原《物权法》(已失效)第 28 条的规定不符,所以,在 2015 年《民诉法解释》(已被修改)中,最高人民法院对动产和不动产的物权变动时间进行了统一规定,即标的物所有权自抵债裁定送达接受抵债物的债权人时转移。最高人民法院《关于适用〈中华人民共和国民法典〉物权编的解释(一)》第 7 条亦持相同立场。

在 2015 年《民诉法解释》(已被修改)中,最高人民法院又发展出不经司法拍卖的以物抵债制度。根据该解释第 491 条的规定,在执行过程中,人民法院经征得申请执行人和被执行人同意,可在不损害其他债权人合法权益和社

① 最高人民法院《关于刘某福、刘某祯与刘某禄、刘某祥房屋纠纷案的批复》([1988]民他字第 16 号)。

会公共利益的前提下,不经拍卖、变卖,直接将被执行人的财产作价交申请执行人抵偿债务。该制度在一定程度上是对执行和解中的以物抵债和司法拍卖中以物抵债的折中,首要目的应在于便利法院结案。由于该制度没有对“作价”方式作出明确规定,所以,制度合理性和正当性存在明显欠缺,从长远来看,应予废除。以物抵债问题应继续在执行和解制度和司法拍卖制度的框架内予以规范。①

(二)实体法上的以物抵债

除上述强制执行中的以物抵债外,1999 年原《合同法》颁布以后,私法层面的以物抵债也有较大发展。但由于制度建设滞后,争议和问题层出不穷。一方面,学界和实务界对以物抵债的性质和效力均存在不同认识。以物抵债协议究竟是诺成合同还是实践合同,是代物清偿,还是新债清偿,抑或是债的变更、更改,学界观点不一。② 在最高人民法院发布的公报案例中,裁判规则也一直在发生变化:在“武侯国土局案”中,最高人民法院认为当事人约定“以地抵债”属于代物清偿,系实践合同;③在“朱某某案”中,最高人民法院认为,以物抵债具有担保之功能,以物抵债的功能被扩张到为担保而给付;④在“通州建总案”中,最高人民法院认为以物抵债合同构成新债清偿,为诺成性合同,并说明其效力与履行等问题以当事人意思自治为原则。⑤

另一方面,当事人恶意利用以物抵债,逃避债务或给债权人“挖坑”的现象也层出不穷。江苏省高级人民法院 2014 年《关于以物抵债若干法律适用

---

① 需注意的是,最高人民法院《关于执行和解若干问题的规定》第 6 条规定:“当事人达成以物抵债执行和解协议的,人民法院不得依据该协议作出以物抵债裁定。”

② 民法上通常认为,以物抵债,是指当事人双方达成以他种给付替代原定给付的协议。参见崔建远:《以物抵债的理论与实践》,载《河北法学》2012 年第 3 期;施建辉:《以物抵债契约研究》,载《南京大学学报(哲学・人文科学・社会科学)》2014 年第 6 期;王洪亮:《以物抵债的解释与构建》,载《陕西师范大学学报(哲学社会科学版)》2016 年第 6 期。

③ 成都市国土资源局武侯分局与招商(蛇口)成都房地产开发有限责任公司、成都港招实业开发有限责任公司、海南民丰科技实业开发总公司债权人代位权纠纷案,载《最高人民法院公报》2012 年第 6 期。

④ 朱某某与山西嘉和泰房地产开发有限公司商品房买卖合同纠纷案,载《最高人民法院公报》2014 年第 12 期。

⑤ 通州建总集团有限公司与内蒙古兴华房地产有限责任公司建设工程施工合同纠纷上诉案,载《最高人民法院公报》2017 年第 9 期。

问题的审理纪要》明确指出,在人民法院审理的各类债权债务纠纷中,当事人利用以物抵债行为转移责任财产、规避国家政策、进行虚假诉讼的情况较为突出,不仅损害了其他债权人的合法利益,也严重扰乱了诉讼秩序,损害了司法权威。对此《九民纪要》虽然对履行期届满前和履行期限届满后达成的以物抵债协议进行了区分,并要求人民法院不得将"履行期限届满前达成的以物抵债协议"作为裁判依据(按原债权债务关系进行审理),加强对"以物抵债协议是否存在恶意损害第三人合法权益等情形"的审查,但实际效果并不明显。

总体来看,新中国的以物抵债总体延续了民国时期强制执行中的以物抵债和纯粹合意以物抵债的"双轨制"。在制度建构上,也是以强制执行中的以物抵债为主。但与民国时期的以物抵债契约不同,新中国实体法上的以物抵债已完全消除了其潜在的不平等性,是双方当事人在权利义务平等基础上的意思自治行为,这是了不起的进步。

结　　语

我国以物抵债制度并非简单移植大陆法系契约理论,而是渊源有自。自秦汉开始,以物抵债就在社会经济交往中扮演着重要角色。只不过,彼时的公权力更多注重社会秩序的稳定,而不关心私权纠纷是否得到公正解决,[①]总体上不干涉私人之间的以物抵债,这在很大程度上纵容了处于强势地位的债权人,使其能够通过以物抵债实现一些非正当的目的。

直至清末修律,西法东渐,国家从权力本位的封建专制社会逐渐向权利本位的现代民主社会过渡,民事强制执行制度正式确立。民事私权利才能依靠国家强制力来保障,实现了真正意义上的公力救济私权。以物抵债在这过程中实现了从私力救济到执行方法的转变。民间实践中的抵债契约,在新中

① 参见郑兢毅:《强制执行法释义》,商务印书馆 2014 年版,第 355 页。此外,即便在清末民初时期的司法实践中,也存在允许以物抵债的裁判例。大理院有判例为:"债权人遇急迫情形得以自力扣除债务人之财产。""债权人如遇急迫情形致其债权有不能受清偿之虞者,于必要限度内固得以自力扣取债务人所占有之财产而保留之以保护其债权。"参见大理院编辑处编:《大理院判例要旨汇览》,大理院编辑处 1926 年版,第 20、37 页。

国成立后也被纳入民法中调整。以物抵债成为执行方法与民事法律行为，再也不是债务纠纷的私力救济方式。而禁止私力救济，本身是公权力发展到相当阶段的结果。①

新中国成立后，由于长期实行计划经济体制，商品经济的发展受到限制，私法层面的以物抵债一度趋于沉寂。这给强制执行中的以物抵债提供了广阔的发展空间。改革开放后，强制执行中的以物抵债已细化为合意型抵债(包括执行和解中的以物抵债与不经拍卖变卖的以物抵债)和司法拍卖中的流拍以物抵债。与此相对，实体法层面的以物抵债制度建设和学理研究则长期滞后，不但立法中没有关于以物抵债的具体规定，学理上对以物抵债的性质和效力也众说纷纭。这使以物抵债制度面临较大不确定性，并使强制执行中的以物抵债制度缺乏有力支撑。从长远来看，有必要像比较法上的和解合同那样，将以物抵债作为一种独立的有名合同，整合当前实体法理论的分歧。唯有如此，在中国延续数千年的以物抵债才能真正在现代法律体系中扎根，实现实体法和程序法上的“共鸣”。

---

① 参见徐昕：《论私力救济》，中国政法大学出版社2005年版，第11页。

关联企业实质合并预重整的模式构建与路径选择

王智玉*

摘要：关联企业破产制度存在法律规范不足、违背企业独立市场主体地位、浪费司法资源、损害企业价值等问题。预重整制度兼具庭外重组的灵活性和庭内重整的权威性，将其与实质合并破产制度结合，能够缓和实质合并破产对关联企业的不利影响，实现关联企业风险控制和债权人保护的平衡。实质合并预重整制度以参与主体自主达成预重整协议为内核，以关联企业具有重整价值为启动条件，以利益中心说为法院管辖依据。需要构建关联企业信息披露制度、债权人委员会参与制度，监督关联企业的预重整行为。应当建立良好的立法、司法、行政环境，增加法院、关联企业、债务人和债权人之间的沟通渠道，为关联企业实质合并预重整制度提供有力的外部制度保障和注入内部活力源泉。

关键词：企业拯救；关联企业；预重整制度；实质合并破产

一、实质合并预重整制度的模式概念解读

破产重整、破产和解以及破产清算是传统破产制度体系中市场主体救治和退出的常规途径。其中，破产重整作为困境企业的拯救机制，在调整市场经济结构和挽救市场经济主体中发挥重要作用。但从程序效率、资源成本、

* 北京市时代九和律师事务所律师，法学硕士。

公权力限制僵化等角度出发,破产重整制度具有自身不可突破的局限性,需融合与之具有一定互补性的庭外重组制度以趋利避害。庭外重组本质是一种自主协商机制,制度内涵体现在参与主体表达自由意志,形式表现为公权力"射程"外调整债务、企业结构和经营模式的过程。重整和重组的衔接整合,催生了另一种拯救模式——预重整制度。

实质合并破产制度的适用对象是关联企业,本文所称的"关联企业",仅是指狭义上被其他公司持有股份但未达到完全控制的、存在人格混同现象的两家及以上公司群组。[①] 随着市场经济的发展,市场主体的多元性涉足和集团性发展在取得一定社会、经济效益外,内含许多风险。内部运营管理的混乱一旦与外部资不抵债的情况对冲,大多数关联企业往往会试图自救或主动清理后退出市场。关联企业破产制度的发展根本上是对市场经济主体独立化制度宗旨的违背,在实践应用中规定得较少且阻碍较多。

预重整制度和实质合并破产制度的融合本质上可以看作预重整程序中对关联企业这一特殊主体的适用设计,须明确将关联企业引入预重整制度框架后的制度定性和效力价值,从本体视角和比较视角切入,为该特殊主体提供一个更好的危机解决模式。

(一)本体性透视

1.概念本体视角切入

预重整是法庭外重组向法庭内重整的过渡程序,是正式重整的前置程序;预重整制度是法庭内正式重整的准备、辅助程序,也是法庭外重组形成协议后提交和批准的程序。[②] 其兼具司法与非司法性质,根据各利益主体自愿平等协商产生计划,同时该计划又需要被立法规制、司法承认后方能产生强制效力。[③] 而实质合并破产的核心本质在于否认各关联公司的独立人格,消

---

① 参见江平:《新编公司法教程》,法律出版社2003年版,第216页。

② 参见张艳丽、陈俊清:《预重整:法庭外重组与法庭内重整的衔接》,载《河北法学》2021年第2期。

③ 参见王欣新:《以破产法的改革完善应对新冠疫情、提升营商环境》,载《法律适用》2020年第15期。

灭所有关联企业之间的求偿要求,将关联企业合并为一个整体后实现公平清偿。[①] 将预重整程序的一般性和关联企业主体的特殊性结合起来,从本体概念视角定义实质合并预重整制度:在关系密切、满足人格混同条件的两个及以上的企业进入正式重整程序之前,为实现程序的高效转化和后续便利运作,利益相关人通过协商达成协议,并在正式重整程序中获得效力的确认和延续。以通过此种前置的、预先的"简易重整"过程实现关联困境企业的自我救赎。

2. 法律规范视角切入

根据最高人民法院《全国法院破产审判工作会议纪要》(法〔2018〕53号)(以下简称《破产会议纪要》)第22条的规定,"探索推行庭外重组与庭内重整制度的衔接",在一定意义上承认了预重整制度的存在和应用发展。根据《九民纪要》第115条的规定,"继续完善庭外重组与庭内重整的衔接机制,降低制度性成本,提高破产制度效率",仅以模糊的语言描述了预重整的制度价值和程序定位。

关联企业实质合并破产的制度应用也存在立法层面空缺。因《企业破产法》制定时间较早,关联企业破产案件未进入规制体系内。尽管最高人民法院制定的《关于适用实体合并规则审理关联企业破产清算案件的若干规定(征求意见稿)》对实质合并破产制度提出了法律规制的要求,但却始终未付诸立法实践。[②] 目前,《破产会议纪要》第六部分规定了关联企业合并破产的相关规则和关键问题的处理框架,可见,无论是立法态度抑或是司法判断中关于实质合并破产的关键词自始至终是"谨慎"。

关联企业在重整程序中资金、时间、司法资源消耗巨大,企业价值贬损,此种不可逆的损害会阻碍拯救进程、削弱拯救效果。而预重整模式则能减少此种不利益。《加快完善市场主体退出制度改革方案》[③]明确指出,要研究并建立预重整制度,对新时代背景下破产制度的立法提出新要求。若实质合并破产制度在预重整程序中无法得到法律规制,不存在对该制度的独立性、程

---

① 参见徐阳光:《论关联企业实质合并破产》,载《中外法学》2017年第3期。

② 参见肖彬:《实质合并破产规则的立法构建》,载《山东社会科学》2021年第4期。

③ 2019年6月,国家发展和改革委员会及最高人民法院等13家单位联合发布了《加快完善市场主体退出制度改革方案》。

序运行、效力效果以及司法执行力等问题的规定,则须进一步从司法实践角度入手,参透应用关键、明晰具体要求。

(二)比较法梳理

1. 制度的外部视角探究

自20世纪80年代中后期开始,预重整制度登上历史舞台。较有实践特色和探索意义的制度建构存在于美国,其"预重整"以及"实质合并破产"两项制度的实践,实质合并预重整实际上仅是预重整制度实践中特殊主体的应用情况。关联企业主体在预重整制度框架内调整自身公共债务,对失去平衡的资产与负债进行市场化重组和自主化重构。

《美国联邦破产法典》《美国联邦破产程序规则》分别从实体和程序上为预重整提供了基础保障,对程序的开启与期限、信息披露要求以及协商表决方式等问题进行了规制。[①] 在实质合并破产的特殊条件下,法律对于其适用范围、适用依据以及适用方法多为个案判断。[②] 美国通过判例规制实质合并程序的启动等实质问题的判断和解决,但实质合并预重整程序中的内容填充和规则建构工作还需在个案实践中探索。

因经济市场的变化和自身经营不善等原因,美国CIT集团(CIT Group Inc.)及其全资子公司向破产法庭提交了预重整破产申请,意图通过司法确定前期自救的结果效力。CIT集团及其子公司向法院提交了关于企业运营、债务处理以及员工处置等动议,最终由法院通过了重整计划,化解了风险。[③] 该案的特色之一在于采取了预先重整制度,表决的时间维度涵盖了法庭前程序和正式司法进程。另一特色在于采取了实质合并破产的主体整合方式,处理了内部担保问题和外部整体负债,满足企业集团整体的融资需求,一次性解决了企业集团共同面临的内部与外部危机。

---

① 《美国联邦破产法典》有关预重整程序规定主要体现在第11章的相关内容中,如第1102条(b)款(1)项、第1121条、第1125条(a)款以及第1126条(b)款,主要对程序中的要求如信息披露、草案表决和提交等程序应用细则进行了规制;又如,《美国联邦破产程序规则》中的第3018条(b)款等内容。

② 参见高小刚、陈萍:《论关联企业破产程序中实质合并原则的适用》,载《法律适用》2020年第12期。

③ 参见张婷、胡丽玲编著:《预重整制度理论与实践》,法律出版社2020年版,第68~70页。

在全球化的市场经济背景下,破产制度的适用会不断突破领土界线,联合国国际贸易法委员会也制定了《破产法立法指南》以促进建立其定义的“简易重整程序”。预重整模式在我国的应用起步较晚,要利用“后发优势”,开明且积极地推进我国破产制度的完善。①

2. 制度的内部框架审视

实质合并预重整制度的特殊性在于其主体的集合性和程序的特设性,与普通困境企业主体以及传统破产程序相较,其构造的重点在于程序衔接设置、管辖确定和协作推进机制以及实质主体资格判断、工作内容确认和成果效力赋予等问题。实质合并预重整的内部视角讨论可以从程序框架方面和主体参与方面切入,为后续的关键剖析奠基。

(1)程序视角素描

传统的重组在法庭外进行,通过协商方案以重构困境企业的债权债务,实现拯救与重生。法庭内重整则是由法院管辖主导、多方利益主体参与的协商拯救模式。预重整是一个涵盖重组样态并与正式重整程序相衔接的困境拯救程序,具有导向正式重整程序和基于意思自治的鲜明特征。② 其制度设计起点即为融合传统制度综合优势,摒弃各自不足,消除二者间的制度棱角和因此产生的冲突等缺陷。

(2)主体视角引入

预重整制度的重要特点是,多方利益主体协商呈现和结果实现,各主体的参与程度和方式不同但目的一致,即实现关联困境企业的涅槃重生。无论是数量众多的关联困境企业自身、分布广泛的各类债权人,抑或是程序进行中的辅助管理人和预重整投资人,甚至涉及公权力机关等主体,多方主体的权利义务范围界定和复杂关系处理都需在实质合并预重整制度中予以厘清,并从不同主体利益阵营回归体现实质合并预重整制度的内涵和价值。

---

① 参见陈夏红:《近代中国的破产法制及其命运》,载《政法论坛》2010年第2期。

② 参见徐阳光:《困境企业预重整的法律规制研究》,载《法商研究》2021年第3期。

二、实质合并预重整制度的建构关键剖析

（一）实体内涵基础的关键

1. 协议的准备与填充

困境关联企业需要在预重整程序中处理债权债务、制定并实施投资计划以及磋商预重整协议等，这些工作都需要体现在程序进程中，成为制度基础内容。内容呈现中最关键且与程序方面联系最紧密的是“预重整方案”的协商、制定、表决和效力确认，包含着利害相关人自愿、平等谈判拟定的关于债权整理、清偿方式、主体利益和自行治理经营方案等其他促进困境企业“自救”的内容，为法庭内正式重整做足准备工作。

2. 效力的设置与延伸

实现预重整制度优势的核心是成果的效力转化与延续。《九民会议纪要》强调，庭外程序形成方案的效力强化，在保障充分信息披露的前提下，原则上认可多方利益主体真实意愿的效力。若最终方案没有实质性变化，则视为意见不变；若发生实质性变化或关涉债权人重大利益且向不利方向变化，重整程序须重新表决。将此种设置应用至实质合并预重整过程中能更大程度上实现预重整程序的成果转化效率，赋予前期艰难的协商工作有效性并增强多方主体参与的安全感。

（二）程序应用模式的关键

1. 程序启动问题

（1）基础条件设置

预重整制度归属在传统破产制度框架内，参照重整制度门槛要求，只有当困境关联企业具有拯救价值和拯救可能时，程序才有启动的基础根据。根据《破产会议纪要》第 14 条的规定，须进一步完善破产“重整企业的识别审查”；第 32 条规定，“关联企业实质合并破产的审慎适用”，原则上尊重法人人格的独立性，只有当关联企业成员之间存在法人人格高度混同、区分各关联企业成员财产的成本过高、严重损害债权人公平清偿利益时，可例外适用实

质合并破产模式。且须单独判断企业个体的破产原因,同时须符合国家的产业结构调整政策、顺应时代需求、行业前景发展良好且日后有能力促进市场经济发展,满足以上条件才得以启动程序。①

关联企业在预重整程序启动要求的满足上似乎具有某种先天的优势:较大的体积规模,债权人人数众多、关系复杂,品牌价值大且企业的拯救对社会秩序的稳定和市场经济的发展具有较大影响。在关联企业主体视角下,需有特殊且严格的审核标准来明晰主体认定。如通过企业间资产的混同、利益一体化关系、组织机构内部的混同和业务的交叉等关键点判断实质合并模式应用的主体适格性。

最高人民法院颁布的指导案例163号(2021年)②再次强调了实质合并模式的主体资格审查标准。若各关联公司间财务管理结构垂直化、缺乏独立性,非商业性的资金往来如资金调拨归拢情况、互相担保问题普遍存在,关联企业间账务不匹配,个别企业资产空心化且无法出具个体单独的审计报告,经营管理和人员长期存在混同从而导致企业之间区分困难,各种关系交错,且影响了各关联企业债权人整体的公平收偿水平,可认定为具有实质合并预重整的积极条件。

从消极方面切入,由于预重整协商结果的确认和产出需要多数利益相关人甚至全部一致同意后才能进入后续程序,若债权体量过大或者债权难以有序量化,债权人分组的披露、表决制度难以执行,则将困境关联企业主体嵌入预重整制度并非明智选择。

(2)启动模式选择

在我国预重整的实践探索中,启动模式不尽相同。主流模式是申请人先

① 相关门槛性设置已初见端倪,如2018年温州人民政府办公室《企业金融风险处置工作府院联席会议纪要》(温政办函〔2018〕41号)第二部分第2条的规定;又如,2019年3月25日深圳市中级人民法院《审理企业重整案件的工作指引(试行)》(深中法发〔2019〕3号)第22条第2款的规定。

② 江苏省纺织工业(集团)进出口有限公司及其五家子公司实质合并破产重整案,最高人民法院指导案例163号(2021年)对明确关联企业实质合并破产重整的条件具有积极意义。关联企业间人员任职高度交叉,未形成完整独立的组织架构;共用财务及审批人员,缺乏独立的财务核算体系;业务高度交叉混同,形成高度混同的经营体,客观上导致公司收益难以区分;公司之间存在大量关联债务及担保,导致各公司的资产不能完全相互独立,债权债务清理极为困难。在此情形下,法院认为,及时对各关联企业进行实质性的合并,符合破产法关于公平清理债权债务、公平保护债权人、债务人合法权益的原则要求。

向法院提出重整申请,法院依照职权判断是否适用预重整。此外,还有政府主导启动①以及预重整制度独立状态下由当事人在生成方案后直接向法院申请采取预重整模式的程序。② 亦存在混合模式规定在破产申请审查阶段由法院审查启动、备案登记,或是在自行重组后申请法院审查其重组草案以作为重整计划沿用而转入重整程序的模式。③ 而关联企业主体申请合并破产模式主要包括:第一,关联企业各自单独进入破产程序,基于相互之间的关联关系,最终进行合并破产;第二,部分企业先进入破产程序后,法院直接裁定将其他符合条件的关联企业纳入破产程序;第三,关联企业间先行合并,再一起进入破产程序。④

将关联企业代入预重整制度框架,需要对预重整程序开启条件和主体资格审查融合考察,关联企业进入预重整程序尚不存在统一的模式选择规制,不同的模式选择体现不同区域经济发展和法治特色与现实状况,在这样多样化的模式建构体系中不断尝试。

(3)负责法院选定

关联企业不会直接进入法庭内程序而直接由法院主导控制,但是预重整程序中对"管辖"法院的确认能够为之后的效力转化提供便利,即虽不涉及正式管辖的确认,但需有确定的法院负责。

在关联企业中,各企业住所地可能会跨区域甚至跨国界,因此须根据不同的情况确定案件的主管法院。在一般情况下,通过分析对比企业财产集中的程度和控制力大小确定,适用"利益中心说"。关联企业的利益中心集中了企业整体主要资产,控制了关联企业主要活动,有助于查明错综复杂的关联企业间关系。而在遇到争议,难以确认负责法院的情况下,可参考适用《民事

① 《企业金融风险处置工作府院联席会议纪要》(温政办函〔2018〕41 号)中规定,"政府主导下的预重整机制是我市推动市场化破产程序的有益尝试,更是我市企业风险处置工作中的一项重要创举"。

② 厦门市中级人民法院《企业破产案件预重整工作指引》(厦中法发〔2020〕28 号)第 1 条对预重整制度的定义规定,"申请破产重整前,债务人可以与债权人、出资人等利害关系人协商拟定重整计划草案"。

③ 重庆市第五中级人民法院《预重整工作指引(试行)》中第二部分和第三部分分别规定了"破产申请前的预重整"以及"破产申请审查阶段的预重整",体现了预重整开启的混合模式架构,前者法院在预重整阶段脱离,后者则体现法院较弱的参与程度。

④ 参见徐阳光:《论关联企业实质合并破产》,载《中外法学》2017 年第 3 期。

诉讼法》中指定管辖相关制度。

2. 程序进程问题

(1)信息披露制度构建

最高人民法院《关于企业破产案件信息公开的规定(试行)》(法〔2016〕19号)规定了破产案件信息以公开为原则,以不公开为例外。信息具有不对称性,因此需要构建相关制度以帮助关联企业外部主体了解实际情况,进行理性决策以实现多方主体之间的实质公平。尤其是在实质合并破产的语境下,各关联企业之间的关系套嵌、混乱交错,更需要完善且充分的信息披露。

在关联企业实质合并预重整中,信息披露实现难度大,审查难度高。可尝试采取分组披露的方式,为不同阵营的利益主体提供针对性信息,使其能够更好地在己方立场上进行科学合理决策。各利益主体需明晰关联困境企业的生产经营现状、资产账户情况、内部关联关系以及后期恢复计划等信息,并赋予利益相关人询问和提出异议的权利,保障其程序权利和实质权利的实现。

在地方的规定文件中,关于信息披露存在全面披露、准确披露以及合法披露等标准。① 但对于具体的程度方式、义务主体、内容范围、法律责任以及保密义务等内容未进行明确规制,若欲充分利用债务人对自身信息的了解、管理人的整合判断能力、债权人的参与推进能力以及法院的公正裁量能力,就应该推进实质合并预重整制度中信息披露制度模式的构建。

(2)利益主体的参与方式

当关联企业这一特殊利益集团进入预重整制度这一要求协商统一的程序,制度设计中应具有完备、正式且便利的沟通机制。目前,临时的债权人委员会在一定程度上充当了该角色。但是,面对关联企业债权人庞杂的情况时,其显得过于单薄,难以支撑多方利益主体参与。对于债权债务关系复杂、债务规模较大的关联公司的预重整案件,可以由负责法院安排听证会,组织

① 如广东省深圳市中级人民法院《审理企业重整案件的工作指引(试行)》(深中法发〔2019〕3号)第35条的规定;南京市中级人民法院《关于规范重整程序适用提升企业挽救效能的审判指引》(宁中法审委〔2020〕1号)第26条;广东省广州市中级人民法院《关于破产重整案件审理指引(试行)》(穗中法〔2020〕89号)第32条;苏州工业园区人民法院《审理破产预重整案件的工作指引(试行)》(苏园法〔2020〕032号)第9条;广州市中级人民法院《关于重整案件审理指引(试行)》(穗中法〔2020〕89号)第53条等均对预重整进程中信息披露的原则甚至对象进行了规定。

申请人、被申请人以及经准许的债权人、出资人、重整投资人等利害关系人参加听证。

关联困境企业在预重整制度中自身的价值和作用被放大，其自主康复能力是程序进展的关键，需困境企业发挥自身的价值作用和“重生”意愿，组织相关人有序参与预重整程序中，积极与利害关系人推进程序进程、协商产出预重整成果。困境关联企业和辅助机构通过不同的沟通机制的构造与利益主体分类化组别的建制实现各利益主体之间的有效沟通。通过平台机制建设，听取各方意见，缓和利益冲突，实现实质合并预重整制度希冀的程序高效和实质公平。

3. 程序衔接问题

(1) 重组与重整的程序衔接

法庭外债务重组通过不同利益主体间自主协商确认的协议梳理困境企业的债权债务，清理存在的混乱和错误。企业的品牌形象和价值不会被贬损，同时又取悦了债权人、投资人甚至社会等多方利益模块。但重组也会因不具有司法强制力而使其程序过程易停摆，程序成果不易形成与实现。表决中可能出现“钳制”现象，若此时适当发挥司法强制力的作用，可以避免努力付诸东流的沮丧，司法参与也可以正向影响程序进行的顺利程度以及参与主体的向心力。

《九民纪要》提倡建构庭外重组与庭内重整的衔接机制以降低制度性成本，提高破产制度效率。塑造一个包容两者优势，规避两者弊端的创新型拯救制度即是预重整制度的设立起点和意义。预重整过程中的博弈能为司法程序提供详尽的资料和预先的计划，利用法庭外程序中主体的积极性和困境解决的隐秘性，提高困境关联自救成功率。

(2) 预重整到重整的效力过渡

预重整制度的核心内容在于，经过庭外协商表决通过的重整方案能够最终获得司法认可，产生约束全体债权人的效力。[①] 尽管能够在预重整过程中形成方案，但是无法直接获得强制效力，须进入法庭内通过裁定获得。对于效力无法延续的情景处置在保护债权人等多方利益主体权益设置体系中至

---

① 参见张婷、胡丽玲编著：《预重整制度理论与实践》，法律出版社2020年版，第116页。

关重要,如何更好地进行效力转化和过渡亟须探索,明晰在某种情况发生后预重整协议效力的改变和转化条件及结果。

预重整辅助机构的角色衔接和转换也需被明确规定,主体过渡过程中需要着重审查的是利益的交涉和牵绊,可根据程序效率性要求,将在预重整阶段对困境企业了解度高、参与度强的有力辅助机构合法合规地使其在正式程序中继续履职,以更加高效顺畅地履职。

三、实质合并预重整制度的应用选择分析

将实质合并制度与预重整制度相融合在中国目前的语境下是必要的,关联企业的主体模式在依赖市场的自我拯救的过程中欲保持自身的品牌价值和行业优势,伴随供给侧结构性改革的洪流,司法程序会涌入大量重整型困境企业。大型企业均会面临自身架构的调整完善,这一过程必然涉及社会广泛主体的利益,影响社会就业、维稳状态,处理手段会侧面反映社会治理水平,影响经济发展方向和改革前景。若能将冗杂的协调、判断以及解决问题的过程置于法庭外程序,预先疏解危机和压力,便能减少不利益。

(一)应然性分析

1. 关联企业重生的现实需求

在"健全优胜劣汰市场化退出机制,完善企业破产制度"的大背景下,为保持市场活力,面对尚在挣扎但可挽救的困境关联企业,预重整制度的应用能够在保全关联企业品牌价值和多元发展领域的情况下调整其内部结构,将其宽泛地视作一个宏观整体,对资产问题、应收应付问题、组织机构问题以及业务体系问题进行梳理重构,满足困境关联企业重生需求。

2. 合并模式普及的实践需求

面对内部关系混乱的关联企业,若逐个单独适用破产规则,则问题识别和处理解决难度大、进展慢。企业间人格的混同使资产确认及分离问题难以梳理,在涉及关联企业内部的担保甚至恶意担保时,还会损害债权人的公平受偿权。当关联企业利用外部市场和内部运行的信息不对称性攫取不正当利益,导致内部财务混乱、外部给市场秩序造成威胁时,法律不会再继续保护

整体性利益，而会打破独立法人外壳，实施实质性合并方案，[①]一次性解决关联企业内部和外部的争议和纠纷。

3. 实践应用制度的显著作用

（1）风险预先处置

困境关联企业先觉性危机意识的崛起有利于实现自我的解剖与重构，可以凭较低的资源成本换得自我拯救的高效实现，避免进入耗费巨大的正式司法程序。该种风险处置的及时性和预先性得益于预重整制度的适用，既有庭外的自由度，又有庭内的强制力，在拯救进程中调动各方积极性，更好地发挥各自的作用，快速将风险扼杀在彻底爆发前。同时，后续强制力的赋予又提供了风险处置效力的有力保障。

（2）市场结构重塑

关联企业对市场影响加剧、作用加强，在市场的重构改革过程中也需要对这一类的主体进行特殊程序塑造。在风险被预先疏导后，社会经济市场的压力也随之疏解，通过预重整制度拯救困境关联企业，解决市场整体危机，重焕主体的多元生命力。若此种关联关系未得到有效规范从而导致危机，为保护债权人、改善市场结构，须建构主体高效拯救或退出机制，预重整制度的市场结构革新作用得以体现。

（3）缓解司法压力

面对冗杂的实质合并重整内容和长时间的进程消耗，关联企业重整中主体参与多、耗费精力大、社会矛盾显化等问题使法院工作量极大。预重整程序中，困境公司的主要决策权和控制权在其本身，协商的过程组织和成果的最终统一都由私主体主导运行，法院在很大程度上剥离出去，仅需负责监督进程、指导方向以及确认最终的效力，以此在一定程度上减少了司法附赘。

（二）实然性分析

1. 实践应用指引

根据最高人民法院《关于为改善营商环境提供司法保障的若干意见》（法

① 参见赵天书：《企业集团破产程序的选择方案——从价值分歧到利益结构》，载《中国政法大学学报》2021 年第 4 期。

发〔2017〕23号)第16条的规定,“积极推动构建庭外兼并重组与庭内破产程序的相互衔接机制,加强对预重整制度的探索研究”。又根据最高人民法院《关于依法妥善审理涉新冠肺炎疫情民事案件若干问题的指导意见(二)》的规定,目前形势下要“引导债务人通过庭外调解、庭外重组、预重整等方式化解债务危机”。可见,预重整制度应用的现实需求始终存在。

在我国预重整制度实践中,应用探索多样,改革文件指引相继出台。① 关于程序的定位和应用、主体的参与和价值以及效力的确立和延续等问题均有涉及。各地应用指引就申请方式、启动条件、司法连接构造、辅助管理人的产生以及地位、财产保全和执行中止效力等安排各有特色。实质合并破产模式的规定则主要体现程序启动的管辖、立案安排以及异议处理救济模式等问题。② 从制度内核到实践内容分别进行探索,为之后建立统一的实践标准做准备。

2. 实践应用现状

在优胜劣汰的市场机制改革中,为维护社会经济高质量发展、改善企业本身的发展危困现状,伴随地方实践的探索,中国第二重型机械集团公司(以下简称二重集团)与中国第二重型机械集团公司(德阳)重型装备股份有限公司(以下简称二重重装)重整案,作为第一例正式应用预重整制度的案例同时

---

① 经检索,我国目前地方出台的预重整制度规定有(按时间顺序):浙江省高级人民法院《关于企业破产案件建议审若干问题的纪要》第2条;浙江省温州市人民政府办公室《企业金融风险处置工作府院联席会议纪要》第7条至第10条;广东省深圳市中级人民法院《审理企业重整案件的工作指引(试行)》第3章;江苏省苏州市吴中区人民法院《关于审理预重整案件的实施意见(试行)》;北京市第一中级人民法院《北京破产法庭破产重整案件办理规范(试行)》第三章;江苏省南京市中级人民法院《关于规范重整郑旭适用提升企业挽救效能的审判指引》第三章;江苏省苏州市吴江区人民法院《审理预重整案件的若干规定》;江苏省苏州市工业园区人民法院《审理破产预重整案件的工作指引(试行)》;福建省厦门市中级人民法院《企业破产案件预重整工作指引》;四川省天府区成都片区人民法院、四川自由贸易试验区人民法院《预重整案件审理指引(试行)》;广东省广州市中级人民法院《关于破产重整案件审理指引(试行)》第三章;山东省淄博市中级人民法院《关于审理预重整案件的工作指引(试行)》;江苏省宿迁市中级人民法院《关于审理预重整案件的规定(试行)》;广西壮族自治区北海市中级人民法院《破产重整案件审理操作指引(试行)》第三章;四川省成都市中级人民法院《破产案件预重整操作指引(试行)》;四川省眉山市中级人民法院《破产案件预重整操作指引(试行)》;四川省攀枝花市中级人民法院《破产案件预重整操作指引(试行)》;陕西省高级人民法院《破产案件审理规程(试行)》第八章第二节;重庆市第五中级人民法院《破产案件预重整审理指引》;山东省青岛市中级人民法院《破产案件预重整操作指引(试行)》等。

② 如广东省高级人民法院《关于审理企业破产案件若干问题的指引》(粤高法发〔2019〕6号)第2条、第29条、第30条规定等。

具有规模大、情况复杂的实质合并模式特点。历经9个月的庭外重组,与主要债权人达成了框架性的重组方案,但却因未能规避法律强制性规定而无法实现,各方一致认为重组方案须在重整中得以实现。2015年9月,二重集团和二重重装因严重资不抵债被债权人申请重整,德阳市中级人民法院裁定受理重整。在重整计划的制定中,考虑二重集团、二重重装和其他关联企业间的互相担保,创新了债权清偿的模式,在实质合并破产模式下实现了程序高效和实质公平,①前期的准备工作在重整程序中充分利用,体现了实质合并预重整制度应用的价值。

中航世新燃气轮机股份有限公司(现名称为中航世新燃气轮机有限责任公司)(以下简称中航股份公司)与中航世新安装工程(北京)有限公司(以下简称中航工程公司)系母子公司(两公司以下简称中航世新公司),因经营管理不善等问题面临重大危机,提出破产重整申请。北京破产法庭在初步判断其具有破产原因后,了解到中航世新公司的核心技术和所在行业领域具有广阔的市场发展前景,且已有投资人愿意注入资金,具有一定的重整价值和可能。同时合议庭认为该案可以利用预重整制度模式降低各方成本,提高重整成功率。因此北京破产法庭依据同时出台的《破产重整案件办理规范》,指导临时管理人开展债权审核、资产审计评估、预重整方案制定等工作,将重整程序中的核心内容前移。结合相应证据,合议庭又认为中航工程公司和中航股份公司虽名义上是独立企业法人,但法人人格高度混同,遂决定对两家公司适用实质合并重整,一次性解决中航世新公司的债务问题。本案从受理重整申请到批准重整计划并终止重整程序,仅用时43日,同时满足了众主体的利益,共引入投资4亿余元,化解约11亿元债务,有序安置1000余名职工。② 北京破产法庭首次通过实质合并重整的方式拯救濒危关联企业的成功,印证了实质合并预重整制度的可能性和有益性。

基于司法资源的有限性,对于体量庞大且社会影响广泛的关联企业,法院受理重整的审查和考量是谨慎的,程序过程也将消耗很多时间、精力。预

① 参见张婷、胡丽玲:《预重整制度理论与实践》,法律出版社2020年版,第76~83页。

② 参见孙立尧:《中航世新公司"重生"记——北京法院首例审结实质合并重整案纪实》,载《法人》2021年第3期。

重整制度的应用能够弥补一定的弊端,法院愿意看到破产程序中的各利益主体同心、合体走入正式的重整司法程序中,而各方主体也在市场化的参与后获得了司法的强制效力确认。

四、实质合并预重整制度的中国特色开拓

实质合并预重整制度的结构构造和内容填充需体现中国法治特色,结合我国的政治体制、经济结构以及法律环境进行定义和应用,可以从制度应用的客观环境塑造和主体参与方式展开探究。

(一)环境构造问题

1. 有法可依的立法环境

我国目前的立法并没有关于预重整制度以及实质合并破产制度本身明确的地位、效力以及应用规则规定。实际上仅应在完善两项制度立法基础上将关联企业主体代入预重整程序内部。赋予制度在立法上与司法上的意义,才能约束在程序进程中已经或者可以视为已进行意思表示的债权人,固定程序成果。[①] 制定法律规则以明确关联企业预重整制度中实体性和程序性操作标准,提高程序效率和自救成功率。

2. 健全成熟的司法环境

在制度的建构与完善中,司法领域是先锋地带。目前,司法环境中并没有赋予关联企业在预重整程序中足够的安全感,只有法院裁定受理后才会产生中止某些行为的效力,无法完全获得司法强制力的保护。

法庭内对于预重整程序过程和结果的认可彰显着审判工作本身的价值,同时又体现了法院承担的经济社会责任,其担任的不仅是居中的效力确认角色,还担负实际应用中引导性和反馈性工作,成熟司法环境的塑造可以为预重整主体营造一个健全的司法处理机制。对程序的开启、进行和结束都有明确的规制和体系,推动制度本身的完善。

---

① 参见池伟宏:《论重整计划的制定》,载《交大法学》2017 年第 3 期。

3. 可靠有力的行政环境

除公平、高效处理法律问题外，还需行政帮扶。困境关联企业信用资料的提供、社保缴纳的回执、税收情况的反馈以及企业分支机构、对外投资及其他信息查询等工作需要行政辅助推进。对关联企业的识别、职工的安置、税收的优惠以及后续信用的修复起到积极的作用，协调各方资源。关联企业涉及行业、地区、主体广泛，在涉及社会维稳目标时也需利用可靠有力的行政环境推动程序高效平稳进行，充分发挥行政管理的积极作用。

（二）主体参与问题

有远见的债务人能够客观地评价其财务状况的严重程度，有意愿并有能力承担预重整的费用的投资人能够注入活力源泉。协商制定可行方案以及接受计划的多数债权人和其他利益主体都是预重整成功的主体要素。[①] 也就是说，需充分发挥政府的作用，法院积极介入、管理人具体参与、债务人与债权人充分配合，构建完整的预重整制度主体经营系统。

1. 公主体介入

有关行政部门应承担起维护公共利益、促进市场经济发展和稳定的责任，督促程序进展，推动成果实现。仅依赖市场自主调整的预重整在面临竞争和博弈时是盲目的，利益较量常会导致破产程序走向歧途，需要公权力及时介入并予以校正。[②] 预重整需有强有力的制度支撑或权威机构的帮扶，抑或是具有完整的法律支撑体系和破产制度基础，[③]在制度起步阶段，暂无完善的制度依托，遂将信任目光转至公权力主体——法院和政府。

（1）法院主体

在负责法院的带领下，开展预备工作、协商配合、推进法庭外程序的开展。并非任何企业均会被纳入正式程序内，法院会甄别、把关，以免无拯救价

---

① 参见董惠江：《我国企业重整制度的改良与预先包裹式重整》，载《现代法学》2009 年第 5 期。

② 参见齐明、焦杨：《破产法体系构建的功能主义指向及其市场依赖》，载《当代法学》2012 年第 5 期。

③ 参见池伟宏：《困境企业拯救的破产重整路径效率优化》，载《中国政法大学学报》2021 年第 4 期。

值的企业进入司法程序而浪费司法资源。[①] 法院需考察关联企业间实体问题和程序审查问题,以债权人整体利益获得公平清偿为目的,进行法院权利范围内的审查。

但预重整不能由法院主导,那样易导致预重整成为规避重整计划草案提出时限的工具。[②] 仅需在尊重市场主体的意志自由的前提下,发挥法院守护社会公正和秩序的作用,实现司法能动性,尽量权衡多方利益,协调关联企业涉及的多方主体,为后续司法进程减压。

(2)政府主体

政府等行政部门的参与充分体现了中国特色制度构建的优越性,代表公共利益和社会力量的政府的参与赋予预重整成果更强的说服力,伴随政府信用的支持,投资人的投资意愿上升,程序便利性提高,程序应用成功的可能性增加。尤其在"府院联动"模式应用中,政府主体的能力和作用更好地得以展示。比如,温州市人民政府专门成立的"风险企业帮扶和不良贷款处置工作领导小组",从不同的部门抽调人员集中办公,设置预重整协调领导小组或其他临时机构,辅助促进预重整进程。居高声自远,非是藉秋风。制度成功的关键终究源于其本身的价值,实质合并预重整在实践进程中还需彰显制度本身优势,体现出特殊主体适用创新程序的独特意义。

2. 私主体参与

(1)关联困境企业

在实质合并情境中,企业间关系错综复杂,资产负债体量大,企业负担重。内部治理和决策机制混乱,常常存在隐名出资、关联交易、虚假交易以及互相之间存在复杂的担保关系,其互相的影响和参与牵绊程度大。[③] 因此,在程序进程中更需要其主动梳理并解决危机问题。困境企业自身往往对其资产的内容和业务的经营运行更熟悉,但在预重整制度这一自我拯救的进程中,原先的治理结构不能再适用,基于特殊的危急状态,应具有特殊的经营

① 参见龚家慧、胡晓敏:《破产拯救的金融思维——以实质合预重整为研究对象》,载《上海商学院学报》2019 年第 6 期。

② 参见徐阳光:《困境企业预重整的法律规制研究》,载《法商研究》2021 年第 3 期。

③ 参见谢晓静:《法律实务与企业预重整操作指南》,法律出版社 2021 年版,第 116 页。

控制权形式、经营决策标准和权力运行模式。[①] 此外,还需要其具有重整的积极性,明晰自身的责任,梳理清关联企业间的状况,积极推进预重整制度的进展。

(2)债权人委员会

实质合并的立法目的是,实现关联企业破产程序中的实质公平,保障对债权人整体公平清偿。[②] 在大型关联企业破产程序中,债权人数量众多且地域分布较广,协商的过程会变成一件极具难度的事情,且成本较高,债权人无法亲自参与每一个过程,监督每一个决策的产生,[③]在预重整过程中成立临时的债权人委员会是必要的。为实现债权人群体的权益,亦需采取分组模式,将债权人按照一定标准进行整合后协调参与。但若债权人群体过于庞大,本质上也不满足实质合并预重整适用的条件。

(3)辅助管理人

预重整中辅助管理人的职责集中在对困境企业的全面调查、监督债务人在预重整过程中的工作、与法院进行工作的对接和汇报等。从预重整制度中辅助管理人的角色意义出发,其类似于正式程序中的"管理人"身份,本质上是一个中介辅助机构,是在债务人自我拯救的旅程中的专业引路人,为其减少阻碍,提供建议。

若将辅助管理人对困境企业的了解、指导和决策的参与视作积极介入,将其监督与督促工作视作消极介入,在预重整中更强调发挥其"消极介入"的功能,对债务人自行管理、经营的内容进行监督和辅助。在债务人自行管理的程序中,管理人须制订监督债务人的制度。引进辅助管理人角色的根本目的是将预重整过程变得更加高效合理、科学有序。辅助管理人制度体现了更多的保守和协调,实现了辅助与监督功能。

---

① 参见齐明:《论破产重整中的公司治理——美国经验及其借鉴》,载《当代法学》2009 年第 2 期。

② 参见王欣新:《关联企业的实质合并破产程序》,载《人民司法(应用)》2016 年第 28 期。

③ 参见池伟宏:《困境企业拯救的破产重整路径效率优化》,载《中国政法大学学报》2021 年第 4 期。

结　语

预重整制度伴随破产实践和社会经济的发展而产生,关联企业这一特殊主体也随着市场规模和行业结构的变化而不断涌现。在关联企业主体寻找自救方式的过程中,对预重整制度的架构和应用提出新要求。两项制度的融合可以高效、充分地解决特殊主体在市场经济和法治体系下遇到的困境,发挥程序作用,实现多方利益主体的愿景。从概念内涵和实践应用出发,对现实立法和司法实践进行解构分析,立足我国国情构建具有中国特色的实质合并预重整道路,更好地实现破产制度对经济发展的正向作用,争取让破产法真正成为市场经济的“宪法”。[①]

① 参见李曙光:《宪法中的“破产观”与破产法的“宪法性”》,载《中国法律评论》2020 年第 6 期。

论个人破产欺诈行为的刑法规制*

曹国龙**

摘要：个人破产制度中的破产欺诈行为不仅侵害财产权益，也侵害社会主义市场经济秩序，具有极大的社会危害性，必须通过《刑法》予以规制。结合我国国情，现阶段只能在《刑法》中规定破产类犯罪。现行《刑法》中的破产类犯罪体系混杂，将3个破产类罪名统一整合为破产欺诈罪，有利于明确破产类犯罪的适用范围，进而完善破产法犯罪体系。破产欺诈罪的责任主体不应局限于债务人，应当包含破产管理人、法官、债权人以及其他能参与到破产程序的利害关系人。破产欺诈罪保护的法益并不限于财产法益，因此定罪标准应当包括“具有其他严重情节的”。破产欺诈罪中的个人破产欺诈与企业破产欺诈必然存在差异，差异情形则可以通过司法解释进行区分。

关键词：破产欺诈罪；个人破产；刑法规制

一、问题的提出

2019年，最高人民法院、国家发展和改革委员会以及多个部门联合印发了《加快完善市场主体退出制度改革方案》（发改财金〔2019〕1104号）的通知，该通知明确指出要“分步推进建立自然人破产制度”。然而，个人破产制度在我国的建立需要大量的配套制度，最重要的一点就是修改破产类犯罪。

---

* 本文系2025年江苏省科研实践创新计划“无证经营的司法审查研究”（项目编号：KYCX25－3507）的阶段性成果。

** 苏州大学王健法学院博士研究生。

深圳市在2020年制定了《深圳经济特区个人破产条例》,这是国内第一部规定个人破产的地方性法规。该条例的第164条、第167条、第168条、第169条规定了管理人、债权人、债务人及其利害关系人的法律责任,并且无一例外地规定了"构成犯罪的,依法追究刑事责任"。而我国现行《刑法》中破产类犯罪分别为第162条妨害清算罪、第162条之二虚假破产罪。妨害清算罪和虚假破产罪都强调行为人为"公司、企业",个人破产欺诈完全没有适用该条款的余地。若依据该条款对破产欺诈行为定罪处罚,毫无疑问属于"类推解释",而《刑法》禁止不利于被告人的类推解释。

《深圳经济特区个人破产条例》中的"构成犯罪的,依法追究刑事责任"并没有适用的空间,个人破产欺诈行为实际上处于无刑法规制的状态。结合破产法的基本原则以及域外立法的经验,我国必须要修改刑法来适应个人破产制度。但若要修改刑法,作为一个立法论问题,则需要讨论个人破产是否需要通过刑法规制,什么样的情形需要刑法规制以及如何设置个人破产中破产犯罪的罪名?

二、个人破产欺诈行为应当受到刑法规制

(一)破产欺诈行为不被个人破产制度允许

个人破产制度的诞生旨在保护"诚实且不幸"的人,那么不符合"诚实且不幸"的条件自然不被个人破产制度保护。在中文语境中,"欺诈"与"诚实"天然对立,破产欺诈自然也被个人破产所否认。但"诚实"与"不幸"这两个词既不是单纯的道德评价,也不是生活中的泛化词汇,而应在现代个人破产法的语境中理解。① "诚实"在这里不仅是道德上的要求,更是法律上的义务。②有学者通过观察世界主要国家的破产法的规定,总结出"诚实且不幸"的标准:及时申请破产、禁止恶意消耗债务人财产、禁止欺诈与偏颇清偿、配合破产程序

---

① 参见丁燕:《现代个人破产法的基础、价值与选择》,载《上海政法学院学报(法治论丛)》2021年第4期。

② 参见顾芳芳:《论我国个人破产免责制度的建构》,载《南京航空航天大学学报(社会科学版)》2021年第1期。

进行、遵守破产终结后的义务。[①] 可以看出,破产法意义上的破产欺诈行为显然不符合“诚实且不幸”的要求。尽管“诚实且不幸”的含义会随着社会的发展而变化,但是无论“诚实”的含义如何变化,禁止破产欺诈仍然是其底线要求。

作为一项底线要求,世界各国均对破产欺诈行为作出了明确的法律规定。在美国,若债务人有欺诈债权人或其他滥用破产程序的行为,则其破产申请不会被批准。即使破产程序开始,若债务人隐匿、毁损财产,隐匿、毁损、伪造或丢失关于债务人财产状况的各种凭证,在破产程序中对财产状况作虚假陈述或隐瞒真相,都会被拒绝免除债务。《德国破产法》同样规定了债务人被判处破产欺诈的刑罚或者债务人在破产申请前3年内有债务欺诈或公共义务欺诈的行为的情形下,将会被拒绝免除债务。[②]

我国《深圳经济特区个人破产条例》第42条规定了部分破产欺诈行为无效,[③]第155条则将“破产欺诈和相关违法行为”并列,直接表明了破产欺诈的违法性。由此可见,破产欺诈不仅仅违背个人破产的基本原则,也被各国实证法所否认。

(二)个人破产欺诈行为具有极大的社会危害性

尽管破产欺诈被个人破产制度所否认,但是否必须通过刑法规制则取决于其社会危害性。一般认为,破产欺诈不仅仅侵害社会主义市场经济秩序,同时也侵害债权人的财产权利。就社会主义市场经济秩序而言,破产欺诈具有巨大的社会危害性。据调查,1995~1996年中国工商银行的贷款企业中的破产数就达到了5128户,损失达到238.8亿元,且损失主要都是由于不当破产行为所引起。[④] 因而《刑法修正案(六)》设立了“虚假破产罪”,明确了企业的虚假破产行为应当受到刑法规制。个人破产中的破产欺诈同样会损害市场经济秩序,因为我国存在大量的商自然人主体,此类主体对其商业活动需

---

① 参见胡守鑫:《如何识别个人破产程序中“诚实而不幸”的债务人》,载《检察日报》2021年1月27日,第7版。

② 参见许德风:《论个人破产免责制度》,载《中外法学》2011年第4期。

③ 《深圳经济特区个人破产条例》第42条。

④ 参见中国工商银行企业破产问题课题组:《关于企业破产问题的调查报告》,载《经济研究》1997年第4期。

要承担连带责任。国家统计局数据显示,截至2019年11月底,全国个体工商户达8162万户。此外,还有大量个人形式的商事主体以微商、电商、自由职业者等形式存在。[①] 若建立个人破产制度,商自然人通过破产欺诈来免除自身债务毫无疑问会扰乱社会经济秩序,其带来的社会危害性并不亚于企业的虚假破产行为。

《深圳经济特区个人破产条例》中个人破产主体并不限于商自然人,农民或者因为消费而破产的自然人都可以申请破产,那么商自然人以外的主体的破产欺诈行为是否具有巨大的危害性?在早期的英国,"诚实而不幸"标准强调人应量力而为,不得超出其身份角色所允许的风险负担范围行事。例如,一个依靠有限田宅维持生计的普通人,若超出个人负担能力而负债并陷入困境,便不符合"诚实而不幸"的要求。[②] 按此标准,商自然人以外的主体并不能申请个人破产,自然也就谈不上破产欺诈。但此类做法给商人破产的特权,随着社会的发展,现在多数国家并不限制申请破产者的身份。尽管非商自然人主体不能简单类比企业破产,但是破产欺诈行为损害债权人债权的行为就已经具备了社会危害性。破产主要有3个特征:一是法院的主持;二是极高的公信力;三是偿债的终局性。破产的这三个特征,足以表明破产欺诈行为本身已经具有严重的社会危害性。[③]

此外,我国《刑法》规定了诈骗罪,犯罪数额较大则要定罪量刑。诈骗罪的犯罪行为就是欺诈,其表现形式自然包括破产欺诈,非商自然人通过破产欺诈行为损害债权人债权的社会危害性并不亚于诈骗。若诈骗3000元被定罪,意味着诈骗3000元的社会危害性值得《刑法》规制。个人破产程序中个人通过欺诈获取更高的经济利益后,其社会危害性自然超过了诈骗。因此马克昌教授在虚假破产罪设立之前便指出,尽管我国《刑法》没有单独规定破产欺诈罪,但此类行为符合诈骗罪的犯罪构成,可以根据《刑法》的有关条款,按诈骗罪论处。[④]

---

① 参见彭江:《允许个人破产并非给"老赖"开后门》,载《经济日报》2020年6月9日,第3版。

② 参见[英]费奥娜·托米:《英国公司和个人破产法》,汤维建等译,北京大学出版社2010年版,第9页。

③ 参见王勋爵:《虚假破产罪不该要求"严重损害他人利益"》,载《检察日报》2007年8月9日,第3版。

④ 参见马克昌:《经济犯罪的罪与非罪界限》,载《法学》1994年第4期。

由此可见,破产欺诈同时危害社会主义市场经济秩序和自然人的财产权利。无论是前者还是后者,破产欺诈都有极大的社会危害性,需要《刑法》予以规制。正如学者林三田所说:“即使是一百个盗窃犯同时行窃,则其造成的损害,还不及一起普通的破产犯罪。”①

(三)个人破产欺诈行为入刑是多数国家的共性做法

世界上大多数国家和地区都规定了破产欺诈罪,但各自的表现形式并不相同。英国并未单独规定破产欺诈罪,但其通过列举区分了个人破产欺诈罪和公司高级职员破产欺诈罪。其中《英国破产法》第 353 条至第 362 条规定了个人欺诈犯罪,具体包括虚假陈述、不披露财产、不当处置破产财产、逃避债务以及未适当保存业务账目等行为。② 美国则不区分个人破产欺诈罪和公司高级职员破产欺诈罪,尽管其条文很少,但其规定的主体却非常广泛。《美国破产法典》第 152 条主要针对的是债务人适用,第 153 条至第 155 条则规定了托管人、保管人或破产法院其他官员的责任。③ 日本在 2004 年修改《日本破产法》时,将破产欺诈罪的主体认定为一般主体,即废除了旧破产法中的(债务人)破产欺诈罪、第三人破产欺诈罪和准债务人破产欺诈罪分开定罪的方法,删去了后两个罪名即该罪主体包括债务人、准债务人和所有在破产程序开始前后有破产欺诈行为的其他人,如清算人、债权人、法官、破产管理人以至于犯罪程序中无职责第三人,他们可以共同构成该罪,也可以单独构成该罪。④

法国同样规定了破产欺诈罪,其破产刑事责任惩戒不仅针对从事商业、手工业、农业以及其他独立职业活动的自然人、法人的实际控制人以及担任领导的法人所派出的自然人,还包括与破产程序具有密切相关的其他主体,例如,上述主体的配偶、直系与旁系血亲、姻亲或虚报债权的债权人、管理人、司法代理人、清算人以及方案执行的监察人等。但值得注意的是,法国对于消费者个人破产的处理则比较温和。具有破产欺诈的消费者债务人,法律仅

① 林三田:《经济犯罪与经济刑法》,台北,三民书局 1981 年版,第 48 页。

② 参见舒其岐:《虚假破产罪研究》,南京大学 2010 年硕士学位论文,第 12 页。

③ 参见张艳丽:《破产欺诈法律规制研究》,北京大学出版社 2008 年版,第 314 页。

④ 参见何伟波:《中日破产犯罪立法比较研究——以新、旧日本〈破产法〉为视角》,载《福建教育学院学报》2016 年第 1 期。

是废止了其获得超债务处理程序救济的资格,却并未对其加以与商人破产欺诈类似的民事赔偿责任惩戒、个人破产惩戒以及破产刑事责任惩戒等措施。① 德国将破产类犯罪分为破产欺诈罪、过怠破产罪、准债务人的破产犯罪、违反监守居住限制罪、第三者的破产欺诈罪、贿赂罪、违反说明义务罪。② 笔者认为,上述罪名可以合并,很多类型可以归入破产欺诈罪。

综上所述,尽管各国立法方式大相径庭,但大多数国家都设立了破产欺诈罪,有些国家甚至专门设立了个人破产欺诈罪。尽管部分国家比较特殊地将消费者破产欺诈非罪化,但仍然对商自然人适用破产欺诈罪。由此看来,用刑法规制个人破产欺诈行为是国际社会的主流做法。

(四)个人破产欺诈行为入刑符合我国国情

个人破产制度在于平衡债权人与债务人的利益。我国自古以来一贯奉行“欠债还钱、天经地义”的理念,因此个人破产制度在我国的推行受到了一定的阻力。2021年7月深圳公告了我国第一个个人破产案件,③个人破产制度向全国普及已是大势所趋。个人破产制度的普及让很多人怀疑这会不会成为“老赖”的庇护所?④ 其实此类质疑大多不是质疑这项制度本身,而是质疑会有“老赖”利用破产欺诈的行为逃避债务。将破产欺诈行为入罪则可以消除此类质疑,进而在个人破产制度中彰显诚实守信的中华传统美德。

我国法院受案量极大,个人破产制度的设立会进一步加大法院的工作量。2021年8月,全国处于失信状态的失信主体数超过666万人。⑤ 建立个人破产制度后,潜在的案件数量必然进一步增加法院的负担。因此,必须对滥用破产程序的行为予以规制。有学者提出,厘定不予受理规则可以防止滥用破产程序。⑥ 提高申请个人破产的门槛,或许可以避免“老赖”利用破产程序逃避债务。但是在判断是否达到个人破产的门槛时,已经增加了法院的工

① 参见胡守鑫:《法国个人破产惩戒制度的特点》,载《人民法院报》2020年12月18日,第8版。

② 参见李永军:《破产犯罪的比较研究》,载《中国法学》1995年第2期。

③ 广东省深圳市中级人民法院限制消费行为决定书,(2021)粤03破230号(个人)。

④ 参见赵志疆:《个人破产制度不是“老赖”避难所》,载《法治日报》2020年9月2日,第5版。

⑤ 载中国执行信息公开网2021年8月4日,http://zxgk.court.gov.cn/。

⑥ 参见徐阳光:《厘定不予受理规则防止滥用破产程序》,载《人民法院报》2021年7月16日,第2版。

作量。法院要对证据进行审查并对是否达到"门槛"进行判断,这样的要求往往是实质性审查,避免不了给法院增加不必要的工作量。若将滥用破产的行为纳入破产欺诈罪,个人在申请破产时则会考虑自己的行为会不会触犯刑法,这样便可以减轻法院的审查压力。换言之,只有发挥刑法的威慑作用才能在事前规制滥用破产程序的行为,进而将法院的破产庭留给真正有需要的人。

三、刑法规制个人破产欺诈行为的方式

(一)立法体例的选择

目前,国际上针对破产类犯罪的立法体例有两种,一种是在刑法中规定破产类犯罪,另一种是在破产法中规定犯罪。我国采取了前一种,但张明楷教授认为,将大量行政犯罪、经济犯罪规定在刑法中,有损法律之间的协调统一性。因为行政犯罪、经济犯罪都以违反行政法、经济法为前提,行政法、经济法的修改,必然导致行政犯罪、经济犯罪的变化。一方面,相对行政法、经济法而言,刑法较稳定。在刑法中规定行政犯罪、经济犯罪,就必然出现修改了行政法、经济法,但没有修改刑法时,某种并不违反或者轻微违反行政法、经济法的行为,依然违反刑法而构成犯罪的情形。另一方面,由于没有直接在行政法、经济法中规定罪状与法定刑,导致行政法、经济法修改后,需要及时处罚的行政犯罪与经济犯罪得不到及时处罚。① 笔者所探讨的破产类犯罪便体现了这一问题,个人破产制度已经建立,虚假破产罪的行为主体却仍然不包括个人,即使个人破产欺诈造成严重后果仍然无法用刑法制裁。但我国自 1997 年《刑法》施行以来,并未采用附属刑法和单行刑法,对刑法的修改都是通过刑法修正案的方式。因此,在《企业破产法》中规定破产类犯罪没有法律基础,为避免出现破产类犯罪与《企业破产法》"脱节"的现象,可以发挥司法解释的作用,及时细化具体的犯罪情形。

此外,我国现行《刑法》已经规定了破坏社会主义市场经济罪一章,破产类只能规定在此章节下,并不能单独成章。从虚假破产罪规定在第 162 条之

① 参见张明楷:《刑事立法的发展方向》,载《中国法学》2006 年第 4 期。

二便可看出,破产类犯罪无法在刑法中具体规定。从世界各国或地区的实践来看,除少数国家(如英国)或地区用罪名区分个人破产犯罪和企业破产犯罪外,大多数国家或地区并不作此区分。因为个人破产欺诈犯罪和企业破产欺诈犯罪具有高度的相似性,刻意设置两类罪名并不必要。英国作为为数不多区分个人破产犯罪和企业破产犯罪的国家,其破产犯罪的数量超过80个,这显然不适应我国现有的刑法体系。因此,制定破产欺诈罪时应当与国际主流做法相一致,不用罪名区分个人破产类犯罪和企业破产类犯罪。

(二)破产类罪名的整合

笔者认为,我国刑法不应当用罪名区分个人破产类犯罪和企业破产类犯罪,但并不意味着删除虚假破产罪以及妨碍清算罪中的"公司、企业"就能够很好地规制个人破产欺诈行为。我国现有的破产类罪名存在体系混杂的问题,设置罪名规制个人破产欺诈行为时首先要整合现有的破产类犯罪。

虚假破产罪规定在《刑法》第162条之二,但第162条妨害清算罪的存在让很多人误认为虚假破产罪只能存在破产申请受理之前。尽管虚假破产罪的法条中没有限制犯罪行为的时间点,但全国人大常委会法制工作委员会的黄太云主任指出,在区别虚假破产罪和妨害清算罪两罪时,应当将是否进入清算程序作为区分二罪的关键。该观点将"是否进入清算程序"作为两罪的区别界限,即虚假破产罪是"进入破产清算之前"的犯罪行为。① 受此影响,在司法实践中法院一般认为实施虚假破产的时间界限应当截止到公司企业提出破产申请之日。② 但也有学者指出,"虚假破产"应包括两种情形,即通过破产程序而实施的欺诈和在破产程序中实施的欺诈。③ 事实上,债务人或者管理人在进入破产程序后,不正当管理财产,也同样会严重破坏破产制度、扰乱破产秩序,破产法保障的债务清偿关系等也同样会遭到破坏,最终侵害债权人或其他人的利益。④

① 参见黄太云:《〈刑法修正案(六)的理解与适用〉(上)》,载《人民检察》2006年第14期。

② 沈某虚假破产罪案,上海市第一中级人民法院(2018)沪01刑终第1318号刑事裁定书。

③ 参见齐明:《我国破产原因制度的反思与完善》,载《当代法学》2015年第6期。

④ 参见付中华:《虚假破产罪的补辑路径——以"虚假破产行为"认定为中心》,载《中国政法大学学报》2020年第4期。

妨害清算罪的存在限制了虚假破产罪的功能,二者相互混杂,强行用“进入破产清算之前”来区分二者并无意义。实际上,妨害清算罪的主要表现形式就是隐匿财产,此类情形完全可以被虚假破产罪所包含。同样的问题还存在于《刑法》第162条之一的“隐匿、故意销毁会计凭证、会计帐簿、财务会计报告罪”中,隐匿、故意销毁会计凭证、会计账簿、财务会计报告仅仅是虚假破产罪的一种表现形式,完全没必要规定为一个单独罪名,3个彼此重叠的罪名分别规定在《刑法》第162条、第162条之一和第162条之二,存在严重的立法技术问题。将3个罪名整合为1个罪名,同样规定在第162条,不仅可以解决上述问题,还可以最大限度地发挥该罪名的作用。因此,笔者认为应当将这3个罪名整合,以虚假破产罪为蓝本制定新罪名规制个人破产欺诈行为。

(三)变“虚假破产罪”为“破产欺诈罪”

以虚假破产罪为蓝本制定新的罪名首先便要考虑到原有罪名存在的问题,否则会将该问题带入个人破产欺诈的规制中,进而给实务界带来不必要的麻烦。虚假破产罪毫无疑问打击“假破产、真逃债”,但是否规制“真破产、真逃债”则存在争议。《刑法修正案(六)》出台后,王欣新教授就指出,虚假破产罪同样适用于“真破产、真逃债”的情形,即当事人具有破产的情形时隐匿财产同样符合虚假破产罪,[①]张明楷教授亦持此观点。[②] 但实务中,有法院则将法条中“实施虚假破产”理解为“企业未达到破产界限,伪造破产原因申请破产,而非真实破产”,[③]这样不当地限缩了虚假破产罪的适用。若债务人实质上已经达到了破产标准,在申请破产时,通过欺诈的手段减损了公司的资产,此种行为毫无疑问具有巨大的社会危害性。按照后一种理解,此种行为将无法定罪,正当性值得怀疑。

笔者认为,实务中的误解主要是受到“虚假”二字的误导,“真破产、真逃债”同样具有巨大的社会危害性,没有理由不用刑法规制。因此,笔者主张将

---

① 参见王欣新:《真假破产中“严重欺诈”均应追究刑责——评〈刑法修正案(六)〉中关于破产欺诈犯罪的规定》,载《检察日报》2006年7月13日,第3版。

② 参见张明楷:《刑法学》(第5版),法律出版社2016年,第758页。

③ 周某、兰溪市某制鞋有限公司、兰溪市某皮具有限公司虚假破产案,浙江省兰溪市人民法院(2017)浙0781刑初第88号刑事判决书。

“虚假破产罪”变为“破产欺诈罪”,仍然规定于《刑法》第162条中。就中文的语境而言,破产欺诈的范围比虚假破产更广,可以囊括原第162条的全部内容。破产欺诈的表述还可以平息“真破产、真逃债”的争论,也是对此类犯罪行为的准确表述。

(四)犯罪责任主体的扩展

既有的虚假破产罪将犯罪主体限定为“其直接负责的主管人员和其他直接责任人员”,该做法无法满足打击破产类犯罪的需要。参与破产程序的主体远远不止债务人,能够实施破产欺诈行为危害债权人债权的主体也远远不止债务人。用刑法的共犯理论或许能规制破产管理人协助债务人进行破产欺诈的行为,但破产管理人完全可能出于自身的利益需求进行破产欺诈。若债务人未进行破产欺诈,破产管理人单独实施破产欺诈行为,虚假破产罪则无法规制其行为。同样的情况还存在于债权人、法官,以及上述主体的利害关系人,对于同一行为对不同主体的区别对待,无法体现刑法的平等原则。

就责任主体而言,个人破产欺诈行为不应当局限于债务人,应当包含破产管理人、法院负责的法官,甚至债权人,这也与《深圳个人破产条例》规定的破产欺诈的主体相一致。笔者认为,鉴于破产欺诈罪仅仅一条,不应采取欧洲各国破产类犯罪的立法模式,可以借鉴条文较少的美国和日本,尤其是日本修改破产法时将旧破产法中的(债务人)破产欺诈罪、第三人破产欺诈罪和准债务人破产欺诈罪合并为破产欺诈罪的经验。[①] 因此,破产欺诈罪的条文可以表述为“债务人、管理人、法官通过隐匿财产、承担虚构的债务等方法转移、处分财产或者债权人通过虚构债权等方式进行破产欺诈的……对行为人和其他直接责任人员……”,这样不仅包含了个人破产欺诈,同时最大限度地囊括了可能在破产程序中实施破产欺诈的行为人,也使法条中的行为主体与责任主体相一致。

---

① 参见何伟波:《中日破产犯罪立法比较研究——以新、旧日本〈破产法〉为视角》,载《福建教育学院学报》2016年第1期。

（五）定罪标准的确定

实务界有人指出，以“严重损害债权人或者其他人利益”作为虚假破产罪的客观要件，使该罪的预防功能大打折扣，明显不利于保护利益相关者。① 但即使去除了该条款，仍然需要解决区分罪与非罪标准的问题。2010 年最高人民检察院、公安部出台的《关于公安机关管辖的刑事案件立案追诉标准的规定（二）》第 9 条细化了这一标准，该条款并未完全以数额定罪，同时指出“虽未达到上述数额标准，但应清偿的职工的工资、社会保险费用和法定补偿金得不到及时清偿，造成恶劣社会影响的”可以追诉。该规定显然认识到虚假破产类并非单纯的财产类犯罪，提出了造成恶劣社会影响的判断标准。笔者认为，“严重损害债权人或者其他人利益”这一要件并不完全契合破产欺诈罪，破产欺诈罪是经济犯罪，其保护的法益主要为社会主义市场经济秩序，不应该单纯以数额作为定罪标准。参照本章的其他条文，不如将此要件改为“严重损害债权人利益或者具有其他严重情节的”。

综上所述，破产欺诈罪的罪状为“债务人、管理人、法官通过隐匿财产、承担虚构的债务等方法转移、处分财产或者债权人通过虚构债权等方式进行破产欺诈的，严重损害其他债权人利益或者具有其他严重情节的，对行为人和其他直接责任人员……”

（六）通过司法解释区分个人与企业破产欺诈罪

我国《刑法》的适用几乎离不开司法解释，破产欺诈罪用一个罪名承担了其他国家几十个罪名的作用，必然需要司法解释来配套，破产欺诈罪的司法解释则要起到区分个人破产欺诈、企业破产欺诈的作用。就“其他严重情节”而言，个人破产欺诈存在很多特有的情形。例如，消费者债务人破产欺诈的行为，法国并不会追究破产欺诈的消费者债务人的破产刑事责任，②但笔者认为，消费者破产欺诈同样可以通过诈骗获取财产性利益，损害了破产经济秩

---

① 参见王勋爵：《虚假破产罪不该要求“严重损害他人利益”》，载《检察日报》2007 年 8 月 9 日，第 3 版。

② 参见胡守鑫：《法国个人破产惩戒制度的特点》，载《人民法院报》2020 年 12 月 18 日，第 8 版。

序,因此消费者破产欺诈没有理由排除破产欺诈罪的适用。但消费者个人破产由于其非商业性,有必要规定挥霍、恶意高消费等情形,而企业破产欺诈则无须规定此类情形。换言之,个人破产欺诈的“其他严重情节”包含挥霍、恶意高消费等情形,而企业破产欺诈则不包括。与之相对,企业破产欺诈的“其他严重情节”包含“职工的工资、社会保险费用和法定补偿金得不到及时清偿,造成恶劣社会影响”的情形,而消费者个人破产欺诈则不包括此类情形。

此外,对于同一情形,个人破产欺诈也可能与企业破产欺诈存在差异。例如,《企业破产法》第 31 条规定了人民法院受理破产前一年内的可撤销的行为,[①]第 32 条规定了受理破产前 6 个月内个别清偿的行为可以被撤销。[②]但破产法中撤销权时间的规定是否构成对虚假破产罪的限制,学界存在争议,实务界也没有统一的标准。有学者认为,我国刑法并未规定时间限制,有利于扩大刑法防治的范围。[③] 如果设立时间限制,行为人通过上述行为后完全可能延迟申请破产进而逃避刑事责任。[④] 也有学者认为,破产欺诈犯罪手段多、牵扯利益众多,证据的收集和其他犯罪相比较困难,规定一定的怀疑期,有利于司法人员的司法操作。[⑤] 如果没有一个时间限制,势必扩大对恶意逃债行为刑事处罚范围,而且可能会有违《联合国公民权利与政治权利国际公约》第 11 条关于“任何人不得仅仅由于无力履行约定义务而被监禁”的禁止债务监禁原则。[⑥]《深圳经济特区个人破产条例》第 40 条同样规定了管理人对债务人破产申请提出前 2 年内的部分处分行为的撤销权,[⑦]第 41 条规定了管理人对债务人个别清偿的撤销权。[⑧] 就“转移、处分财产的时间限制”这一争议而言,笔者认为应当设定一定的期限,不然有突破刑法追诉时效制度之嫌。但在具体时限的设置上,不应当照搬破产制度中的期限,以免债务人

---

① 《企业破产法》第 31 条。

② 《企业破产法》第 32 条。

③ 参见刘德法、肖本山:《虚假破产罪若干问题的认定》,载《中国检察官》2007 年第 9 期。

④ 参见李翔:《破产犯罪与破产法的协调及立法完善》,载《人民检察》2007 年第 21 期。

⑤ 参见行江:《虚假破产罪的理论与实践研究》,法律出版社 2012 年版,第 134 页。

⑥ 参见潘家永:《虚假破产罪探析——兼论破产犯罪的相关问题》,载《政法论坛》2008 年第 2 期。

⑦ 《深圳经济特区个人破产条例》第 40 条。

⑧ 《深圳经济特区个人破产条例》第 41 条。

故意拖延来脱罪。《深圳经济特区个人破产条例》规定的期间明显高于《企业破产法》,在司法解释规定具体情形时,也要体现个人破产制度破产欺诈时限的区别。

四、结　　语

笔者分析了个人破产欺诈的社会危害性巨大,应当通过刑法予以规制。然而现行刑法体系不足以应对个人破产欺诈,因此要将原有的破产类犯罪改为破产欺诈罪。笔者提供了自己的立法意见,但很显然需要大量的司法解释予以配套。司法解释是应对实践中产生的问题而产生的,个人破产制度尚未在全国普遍设立,未暴露出实践中的问题,因此笔者的立法论有待进一步完善。

实务研究

执行案件中迟延履行期间利息的计算

朱轶超*

摘要:在执行案件办理过程中,迟延履行期间的利息计算是非常重要的法律问题,但由于民事实体法和程序法及有关司法解释的规定过于复杂和立法技术的不完善,导致了对司法实务理解的混乱。通过对《民事诉讼法》、最高人民法院《关于执行程序中计算迟延履行期间的债务利息适用法律若干问题的解释》(法释〔2014〕8 号)(以下简称《利息解释》)、最高人民法院《关于在执行工作中如何计算迟延履行期间的债务利息等问题的批复》(法释〔2009〕6 号)(以下简称《利息批复》)以及最高人民法院执行局负责人在《利息解释》公布时的答记者问的有关内容进行评析,从迟延履行期间利息的性质、计息基础、利率计算、清偿顺序等方面的内容进行梳理,系统地阐述迟延履行期间利息的概念及计算方法,以解决实践中的适用混乱问题,并对这些错误做法出现的原因进行剖析。

关键词:民事强制执行;迟延履行期间的利息计算;一般债务利息

迟延履行期间的利息计算(以下简称迟延利息计算)对于执行法官及当事人均是重要的法律问题,因为在生效执行依据已确定当事人之间债权债务关系的情况下,迟延利息计算可能是唯一在执行案件中由执行法官确定的对当事人实体权利义务产生直接影响的法律问题。

涉及迟延利息计算的法律规定和司法解释比较少,除《民事诉讼法》第 253 条外,比较重要的司法解释仅有最高人民法院《利息批复》和《利息解

* 善执者行法律应用研究院研究员,法学学士。

释》。然而在实践中,对于具体案件迟延利息计算的认识分歧非常大。据笔者估算,深圳市中级人民法院受理的关于迟延利息计算的复议案件中,占了70%以上(未经统计)的裁决结果是撤销了原执行法官、基层法院异议审查法官作出的决定或裁定。在异议、复议案件中,关于迟延履行利息计算的案件比例也较高,2017 年广东省高级人民法院执行局受理的执行复议案件中,发改案件共 87 宗,涉及迟延履行利息计算的有 12 件,占比 13.79%。撤改原因涉及迟延利息的计息基础、起止时间、利率、一般债务利息的计算等诸多方面,几乎迟延利息计算的所有方面在实践中均有不同认识。

在有专门的司法解释的情况下,执行法官为何对这一法律问题的认识差异如此之大?笔者试图通过对《利息解释》的评析,就迟延利息计算的计息的性质、计息基础、起止时间、一般债务利息的概念等方面的分析,回答这一问题。

一、迟延利息的性质

迟延利息这一概念是由《民事诉讼法》第 260 条规定的,“被执行人未按判决、裁定和其他法律文书指定的期间履行给付金钱义务的,应当加倍支付迟延履行期间的债务利息”。该条内容非常稳定,自 1991 年《民事诉讼法》颁布实施以来,没有任何变化。在历次修订中仅编号有变化。[①]

关于迟延利息的性质,理论界主要有两种观点。一种观点认为,迟延利息是对被执行人不及时履行生效法律文书施加的惩罚性措施,目的是通过加重被执行人的负担督促其尽快履行义务,以维护生效法律文书的严肃性,显示生效法律文书的强制性及司法终局性的特点,维护司法权威,属于民事诉讼强制措施的一种。[②] 另一种观点认为,迟延利息是基于申请执行人未能在

---

① 1991 年《民事诉讼法》第 232 条;2007 年《民事诉讼法》第 229 条;2012 年《民事诉讼法》第 253 条;2017 年《民事诉讼法》第 253 条。

② “有的债务人肯定会被罚得倾家荡产、破产倒闭,但这应当说就是法律预定的效果,是藐视法院判决而必然受到的制裁。而且实践中,也只有严格执行这一规定,才能狠刹不尊重法院判决的风气。”参见黄金龙:《〈关于人民法院执行工作若干问题的规定〉(试行)实用解析》,中国法制出版社 2000 年版,第 74 页。

生效法律文书确定的期间实现权利而给予的补偿措施，其法理基础是传统民法确立的补偿性赔偿制度。如果迟延利息是对被执行人不及时履行生效法律文书的惩罚，即藐视法院的罚款，则罚款应收归国库，而不应给付申请执行人。故迟延利息以补偿性为主。①

立法机关认为，法律文书一旦生效，当事人就应当履行法律文书确定的义务。对不履行法定义务的，应当进行制裁，以保护对方当事人的合法权益，维护法律的尊严。该项制度具有弥补权利人损失和对义务人惩罚的双重功能。②

根据立法机关的意见，迟延利息具有补偿性和惩罚性。但需要注意的是，虽然有惩罚性的一面，但不同于《民事诉讼法》中的罚款，迟延利息并不上缴国库，而是支付给申请执行人，以督促债务人及时履行生效法律文书确定的义务。明确迟延利息兼具补偿性和惩罚性，是理解最高人民法院相关司法解释的基础和前提。

《民事诉讼法》第 253 条确立了两项基本原则：第一，法定性质。当事人迟延履行生效法律文书的，必须支付迟延履行利息，系由法律规定，而非当事人约定，也非源于执行依据的裁判。即使当事人未约定，甚至生效执行依据未明确载明需支付迟延利息的，只要进入强制执行阶段，均应支付迟延履行利息。③ 迟延利息不同于借贷合同中的利息，借贷合同利息由原《合同法》（已失效）和借贷合同规制，最终由执行依据确认，属于实体法上的民事责任。而迟延利息是由《民事诉讼法》第 253 条规定，是对被执行人迟延履行生效执行依据确定的义务而施加的公法（程序法）上的制裁，故其计息基础应当是生效

---

① 参见付陈友：《争论、厘清与界定：关于〈民事诉讼法〉中加倍支付迟延履行利息的思考》，载《新余学院学报》2013 年第 1 期。

② 全国人大常委会法制工作委员会民法室编：《〈中华人民共和国民事诉讼法〉条文说明、立法理由及相关规定》，北京大学出版社 2007 年版，第 460 页。

③ 最高人民法院在《关于在民事判决书中增加向当事人告知民事诉讼法第二百三十二条规定内容的通知》（法〔2007〕19 号）中要求："一审判决中具有金钱给付义务的，应当在所有判项之后另起一行写明：如果未按本判决指定的期间履行给付金钱义务的，应当依照《中华人民共和国民事诉讼法》第 229 条之规定，加倍支付迟延履行期间的债务利息。"但在此之前，1998 年，最高人民法院《关于人民法院执行工作若干问题的规定（试行）》（法释〔1998〕15 号）第 24 条规定，"人民法院决定受理执行案件后，应当在三日内向被执行人发出执行通知书，责令其在指定的期间内履行生效法律文书确定的义务，并承担民事诉讼法第 232 条规定的迟延履行期间的债务利息或迟延履行金"。

执行依据确定的债权总额。[①] 第二,兼具补偿性和惩罚性。《民事诉讼法》第 260 条规定,债务人迟延履行的,“应当加倍支付迟延履行期间的债务利息”,即迟延履行的债务人,应当双倍(加倍)支付利息,其中一倍可以理解为资金占用费,等同于向银行借款支付的利息,即资金使用成本;另外一倍是法律规定的对于被执行人迟延履行行为施加的“罚款”。[②]

探讨迟延利息计算的问题,还有一条非常重要的基本原则必须明确,即执行依据的确定性原则。包括两层含义,一是执行依据必须明确具体,二是执行依据不可对尚未发生的事实作出裁判。如果不能就上述三项基本原则达成共识,则无法对迟延利息计算问题取得讨论基础,各说各话,南辕北辙。事实上,实践中的争议多数正是由此引起。

二、迟延利息的计息基础

《利息批复》明确迟延利息的计息基础为“清偿的法律文书确定的金钱债务”,即生效执行依据所确定的金钱债务。

实践中的争议主要在于是否应当包括诉讼费、保全费及其他费用。学术界通常认为应当全部包括,最高人民法院的意见认为,仅债务本金、利息、罚息等才是生效执行依据所确定的金钱债务,诉讼费、保全费等不应计算迟延利息。[③]

笔者同意前一种意见。理由如下:

第一,从文义解释的角度理解,《民事诉讼法》第 253 条规定的是生效执行依据确定的“金钱义务”,批复的用语也相当明确,只要是生效执行依据裁判由被执行人承担的“金钱债务”,都应包括。执行依据确定的诉讼费、保全

---

① 最高人民法院《关于在执行工作中如何计算迟延履行期间的债务利息等问题的批复》(法释〔2009〕6 号)。“判决中确定的支付利息,是对债务人由于不履行作为判决基础的债务而确定的债务人对债权人的实体责任。而迟延履行期间的债务利息和迟延履行金是对被执行人不履行判决确定的义务而设定的一种责任……是对不履行判决行为的惩罚。”参见黄金龙:《〈关于人民法院执行工作若干问题的规定(试行)〉实用解析》,中国法制出版社 2000 年版,第 73 页。

② 《民事诉讼法》第 260 条使用“利息”一词并不合适,更合适的术语应为“迟延履行金”。

③ 最高人民法院执行局编写:《人民法院办理执行案件规范》,人民法院出版社 2017 年版,第 68 页。该书认为,“2014 年 8 月 1 日前迟延履行期间的债务利息计算基数包括执行依据确定的债务本金、利息、罚息、滞纳金、违约金、评估费、鉴定费、公告费等因诉讼或仲裁支出的费用,不包括案件受理费、保全申请费、其他申请费”。

费等,以及鉴定费、评估费、律师费等,当然是生效执行依据确定的由债务人承担的"金钱义务"或"金钱债务",自然应当包括在内。有观点认为,"生效法律文书中确定的案件受理费、申请保全费、申请执行费、评估费、鉴定费、公告费、仲裁费等因诉讼或仲裁所支出的费用,属于费用的范畴,不包括在金钱债务范围内,在计算迟延履行利息时要对这些案件受理费等诉讼或者仲裁费用先行扣除"。[①] 此观点纯属望文生义,在我国民法体系里,并无"费"与"债"的区分,费也是债的一种,通常认为根据行政法律法规缴交国家机关或政府职能部门的款项称为"费"。诉讼费、保全费、鉴定费等,评估费、拍卖费用等,这些"费"理论上应该是由义务人向法院缴纳,但在实践中通常由原告或申请执行人预交,最终在执行依据或执行过程中的法院文书中确定由被告或债务人向申请执行人偿还,成为被执行人总债务的一部分。

第二,迟延利息的本质是诉讼法规定的对被执行人未及时履行生效判决确定的义务所作出的处罚措施,不仅针对实体法上的债务,同样也包括由于诉讼或仲裁(程序法)而产生的债务。有观点认为,通常判决并未明确规定诉讼费、保全费的偿还时间,故不应计算迟延利息。在国务院《诉讼费用交纳办法》颁布前,诉讼费、保全费一般是由原告垫付,法院不退,被告负担部分径付原告,故此时被告(被执行人)支付诉讼费、保全费的期限应当是同判决主文的债务履行期限一致。《诉讼费用交纳办法》颁布后,部分判决中对于诉讼费、保全费的负担内容改为:诉讼费、保全费退还(或部分退还)原告,由被告(或败诉方)向法院缴纳。的确,判决中往往并未明确败诉方缴纳诉讼费、保全费的期限,但笔者认为应当和主债务履行的时间一致。缴纳费用也好,履行债务也好,期限是必备要素,否则该债务为无期限的债务。退言之,即便执行依据未明确缴纳期限,当案件进入执行阶段,执行法官发出执行通知书时,执行通知书上也明确了履行期限。根据最高人民法院的要求,执行通知书还必须明确,迟延履行的应按照诉讼法的规定计算迟延履行利息。[②] 不仅是诉讼费、保全费,还有鉴定费、律师费等,只要是生效执行依据确定的债务,都应

---

① 最高人民法院执行局编写:《关于执行程序中计算迟延履行期间的债务利息司法解释理解与适用》,人民法院出版社2014年版,第117页。

② 参见最高人民法院《关于人民法院执行工作若干问题的规定(试行)》(法释〔1998〕15号)第24条。

纳入迟延利息计息基础的范围。总而言之,《利息批复》已明确,迟延利息的计息基础应当是执行依据所确定的所有应当由义务人承担的债务,包括各类费用。

实践中,有观点认为《利息解释》实施以后,计算迟延利息不以执行依据确定的债务总额为基数,而是以基础债务的本金为基数。① 如借贷合同,迟延利息的计息基础为借款本金。反驳此观点,必须从前文所述的两个基本原则说起。何谓迟延履行期间的债务利息,是被执行人(债务人)为其未能按照执行依据所确定的期限履行执行依据所确定的债务总额所应支付的成本,"具有弥补权利人损失和对义务人惩罚的双重功能",②而并非债务人对迟延履行基础合同债务而支付的成本。由于《利息解释》中未对计息基础与《利息批复》不同作出解释,故理解计息基础还必须回到《民事诉讼法》第 253 条和《利息批复》中去寻找答案。因此,无论在 2014 年 8 月 1 日之前还是之后,计息基础如何确定应当是一致的,即生效判决所确定的债权总额。

从对计息基础这一最重要的问题的争议可以看出,正如前文所述,分歧的根源在于讨论者对于《民事诉讼法》第 253 条的理解并不一致,对于迟延利息的性质与基本原则未取得共识。

三、迟延利息的利率

《利息批复》明确,利率为"同期贷款基准利率" ×2。笔者认为,更严谨的表述应为"中国人民银行发布的同期同类贷款基准利率"。因为中国人民银行发布的贷款基准利率分为"六个月以内""六个月至一年""一年至三年""三年至五年""五年以上"共 5 档,执行法官应根据履行期限届满之日与实际清偿之日的期间决定选择哪一档的贷款利率。

以往借贷合同的利率大多与基准利率相同或接近,按基准利率 2 倍计算迟延履行期间的利息比较公平合理。但是,当借贷合同的利率与基准利率差

① 参见最高人民法院执行裁定书,(2016)最高法执监字 427 号。

② 最高人民法院执行裁定书,(2016)最高法执监字 427 号。

别较大时,仍按基准利率的双倍计算,则会产生问题。① 例如,借贷合同约定的年利率为 24%,迟延履行期间的利率按基准利率的 2 倍计算(约年化 13%),则远远低于合同约定的借贷利率。被执行人因迟延履行反而减少了利息支出(相对于合同约定的利率),这与《民事诉讼法》第 260 条的立法意图是不符的,同时客观上鼓励了被执行人迟延履行。

上述问题在《利息解释》中得到了比较好的解决。《利息解释》第 1 条规定,迟延履行期间的利息,分为一般债务利息和加倍部分。加倍部分的利率为日万分之一点七五,即年化约 6.39%(2004~2014 年长期贷款基准利率平均数)。一般债务利息,根据生效法律文书确定的方法计算;生效法律文书未确定给付利息的,不予计算。加倍部分债务利息=债务人尚未清偿的生效法律文书确定的除一般债务利息之外的金钱债务×日万分之一点七五×迟延履行期间。按此规定,则上述举例中的迟延利息计算为,一般部分按照 24% 年利率计算,加倍部分按日万分之一点七五计算,相对《利息批复》规定的两倍贷款基准利率,更为公平合理。

《利息解释》第 1 条还规定,生效法律文书未明确给付迟延履行期间的一般债务利息的,不予计算。由于在实践中,并无生效法律文书如此裁判,②是否意味着在执行过程中,均无须计算一般债务利息?

最高人民法院执行局负责人在《利息解释》公布时的答记者问中(以下简称《答记者问》)明确指出,关于迟延履行期间的一般债务利息,"是指在生效法律文书中,根据实体法规定(如合同法)所确定的利息。例如:一份判决确定,债务人应支付自双方签订合同之日起至款项付清之日止,按双方合同约定的日万分之五计算的利息。那么,在本案中,按照日万分之五计算的利息就是一般债务利息"。根据《答记者问》的观点,如果案由为借贷合同,则迟延履行期间的一般债务利息按照借贷合同规定的利率计算。笔者认同《答记者问》的观点,而且这一观点符合《民事诉讼法》第 260 条的规定。

在实务中,人民法院的判决一般不会载明迟延履行期间的一般债务利息

① 一般是指借贷利率远大于基准利率的情形。借贷利率远远小于基准利率,实践中极少,即使有,按双倍基准利率计算也比较公平。

② 一直以来,民事裁判文书均不会说明迟延履行应该如何计算迟延履行利息,至少笔者从未见过。

该如何计算(同样也不会明确如何计算加倍部分利息),因为不符合民事审判部门的裁判文书撰写规范。最高人民法院在《关于在民事判决书中增加向当事人告知民事诉讼法第二百三十二条规定内容的通知》(法〔2007〕19 号)(已被修改)要求,“一审判决中具有金钱给付义务的,应当在所有判项之后另起一行写明:如果未按本判决指定的期间履行给付金钱义务的,应当依照中华人民共和国民事诉讼法第二百三十二条之规定,加倍支付迟延履行期间的债务利息”。此后,在最高人民法院《关于印发〈涉外商事海事裁判文书写作规范〉的通知》(法〔2015〕67 号)、《关于印发〈人民法院民事裁判文书制作规范〉〈民事诉讼文书样式〉的通知》(法〔2016〕221 号)均有同样规定。笔者尚未发现最高人民法院关于要求人民法院的民事裁判文书必须载明如何计算迟延履行期间的利息的相关规定。理论上,执行依据不应当也不可能规定如何计算迟延利息。理由如下:(1)迟延履行利息是法定义务,不是由执行依据裁判而定(尽管计算迟延履行利息的基本要素是由执行依据确定的);(2)迟延利息尚未发生,执行依据不应对尚未发生的争议作出裁判(否则破坏了其确定性)。

将迟延履行期间的利息分为两部分计算,好处是解决了贷款合同利率与基准利率差距较大的情况下的困境。对被执行人来说,迟延履行期间,除了按照合同约定的利率支付一般债务利息外,还加上了合理的惩罚性的利息——加倍部分(日万分之一点七五),符合《民事诉讼法》第 253 条的立法意图;对于申请执行人而言,比按照双倍基准贷款利率计算更公平合理。

但是,如果案件的案由并非借贷合同纠纷,而是侵权纠纷、家事纠纷、劳动纠纷、行政处罚,该如何计算一般债务利息?《答记者问》对这个问题进行了明确的说明,“并不是所有的金钱给付案件都有一般债务利息,侵权损害赔偿等案件通常就没有支付一般债务利息的内容”。笔者认为,《答记者问》的这部分内容严重违反了法律规定。首先,《民事诉讼法》第 260 条明确规定了迟延履行生效法律文书的,均应加倍支付迟延履行利息,并未对不同案由的案件区别对待,《答记者问》的说法与《民事诉讼法》第 260 条立法本意不符。其次,从文义解释上看,“加倍支付”是以“一般部分”(用“单倍部分”可能更合适)为基础的,没有“一般”(或“单倍”),何来加倍?按照《答记者问》的说法,除借贷合同类的其他类型的计付金钱债务的案件外,只有迟延履行的加倍部分利息,而无"一般"部分,似与常理不符。最后,与之前的法律规定和执行实践不符。《利息解释》发布前,根据《民事诉讼法》第260条和《利息批复》的规定,执行工作实践中对于无论何种案由的案件,均一律按照基准利率的双倍(加倍)计算迟延履行期间的利息。《利息解释》实施后,按照《答记者问》的意见,执行依据未明确规定迟延履行期间一般债务利息如何计算的,则不予计算。

四、清偿顺序

利息批复虽然明确了债务与迟延履行利息的"本息并还"原则,但是在现实社会和商业实践中并无此种规则。[①] 在最高人民法院出台《利息批复》前,人民法院在执行工作实践中都是按照先息后本的原则操作的。本息并还在被执行人多次分期偿还的情况下,计算过程相当复杂。

《民事诉讼法》第260条的基本宗旨,是对迟延履行的被执行人处以惩罚性利息。"本息并还"相较"先息后本"对于债务人较有利。在履行时间较长、还款次数较多的情况下,甚至可能会出现债务人支付的迟延利息少于借贷合同本身约定利息的极端情况。

商业实践和现实生活中一般适用的债务清偿顺序是"先息后本",所有的银行借贷合同、民间借贷合同均是如此规定。最高人民法院《关于适用〈中华人民共和国合同法〉若干问题的解释(二)》(已失效,以下简称《合同法司法解释(二)》)(法释〔2009〕5号)第21条规定:"债务人除主债务之外还应当支付利息和费用,当其给付不足以清偿全部债务时,并且当事人没有约定的,人民法院应当按照下列顺序抵充:(一)实现债权的有关费用;(二)利息;(三)主债务。"

---

① 在银行业务实践中,有一种"等额本息还款"的方式与"本息并还"有类似之处。不动产按揭贷款的还款方式中可以选择"等额本息还款"的方式等额本息还款,也称定期付息,即借款人每月按相等的金额偿还贷款本息,其中每月贷款利息按月初剩余贷款本金计算并逐月还清。把按揭贷款的本金总额与利息总额相加,然后平均分摊到还款期限的每个月中。作为还款人,每个月还给银行固定金额,但每月还款额中的本金比重逐月递增,利息比重逐月递减。但这种还款方式与本息并还仍不相同。

法律适用上的混乱还在于,《利息批复》是2009年5月18日开始施行的,如果执行依据确定的还款期限在此之前,实际还款在此之后,且还款金额不足以清偿全部债务,应当如何清偿,"先息后本"还是"本息并还",或分段计算?

笔者认为"本息并还"有其不足之处:第一,"先息后本"是行业、市场惯例,借贷合同中都是如此约定,借贷双方对此约定俗成;第二,现实生活中无"本息并还"的规则及实例,最高人民法院创设的这一种前所未见的新规则,与之前司法实践及商业规则不符。

《利息批复》首次以书面形式明确了迟延履行期间利息计算的3个重要问题,即计息基础、利率及清偿顺序。前两个问题的解释实际上与之前司法实践中的认识与做法是一致的,但在第三个问题——清偿顺序上,《利息批复》实际改变了人民法院的原有做法,并且创设了一种现实生活中不存在的清偿顺序,从而引起了理论上与实践中的争议和混乱。

然而,《利息解释》公布后,清偿顺序这个问题就彻底复杂化了。《利息解释》第4条规定,被执行人的财产不足以清偿全部债务的,应当先清偿生效法律文书所确定的金钱债务,再清偿加倍部分债务利息,但当事人对清偿顺序另有约定的除外。

鉴于当事人一般都不会对此种情形下的清偿顺序作出约定,故根据该条规定,清偿顺序为:(1)生效法律文书所确定的金钱债务;(2)加倍部分债务利息。①

该条规定如何理解?一般理解为清偿顺序为先本后息,本即生效法律文书所确定的金钱债务总额,息即迟延履行期间的利息(包括一般部分和加倍部分)。然而《答记者问》指出,"《利息解释》规定的法律顺序,仅是加倍部分债务利息与其他金钱债务的清偿顺序。如,一件借款合同纠纷案件,法院执行的金钱债务有本金、一般债务利息、实现债权的费用和加倍部分债务利息四部分。根据《利息解释》的规定,加倍部分债务利息应当最后清偿,而本金、

① 从立法技术上看,该条规定有一个重大缺陷,即对迟延履行期间利息的一般部分未作规定,笔者认为,按照最高人民法院的表述,第2项应当包括一般部分。然而,《答记者问》似乎否定了笔者的理解。

一般债务利息和实现债权的费用三部分则可以参照我院《合同法司法解释(二)》(已失效)的有关规定确定顺序清偿”。[①]

根据最高人民法院《答记者问》的观点,清偿顺序应当为:实现债权的费用、一般债务利息、本金、迟延履行期间的加倍部分债务利息。其中一般债务利息应当包含了生效判决确定的利息和迟延履行期间的一般债务利息,虽然这样理解似乎不太符合一般债务利息的定义,但也只能如此理解,理由是《答记者问》中并未区分两个时间段的利息,如果仅是指迟延履行期间的利息,则遗漏了履行期间届满前的利息。

按照上述解释,一般债务利息(包括履行期限届满之前的利息和迟延履行期间的一般利息)优先于本金,又使整个清偿顺序变得混乱,且与《利息解释》的整体逻辑有所不同。在实践中是否具有可操作性,更是令人存疑。

按照《答记者问》表述的4类来确定受偿顺序,混淆了民事债务与执行之债的性质。[②] 最高人民法院《关于适用〈中华人民共和国合同法〉若干问题的解释(一)》(已失效,以下简称《合同法司法解释(一)》)确定了合同之债的清偿顺序。然而在执行过程中,将生效判决确定的债权总额区分为3类(实现债权的费用、利息、主债务)是毫无意义的。因为债权总额已经确定后,3类中的哪一类优先受偿均不会对最终结果发生影响。作为执行之债的基本分类应当是:执行过程中产生的费用、生效判决确定的债权总额(本)、迟延履行期间的利息(息)。[③] 按照《合同法司法解释(一)》(已失效)的精神,执行之债的清偿顺序应当为:一是执行过程中产生的费用;二是迟延履行期间的利息;三是生效判决确定的债权总额。简言之,就是“先费用、再迟延利息、后债务”,也就是在社会生活和商业实践中,公认的且遵循的“先息后本”清偿规则。

---

① 《合同法司法解释(二)》(已失效)(法释〔2009〕5号)第21条规定,“债务人除主债务之外还应当支付利息和费用,当其给付不足以清偿全部债务时,并且当事人没有约定的,人民法院应当按照下列顺序抵充:(一)实现债权的有关费用;(二)利息;(三)主债务”。

② 为便于表述,笔者暂且用“执行之债”这一概念表述:申请强制执行后,申请执行人享有的对被执行个人的债权。根据《民事诉讼法》第260条之规定,该债由三部分组成:生效判决确定的债权总额、迟延履行期间的利息、执行过程中产生的费用。

③ 包括但不限于执行费、评估费、鉴定费、拍卖费、执行工作中的实际支出等。

由于《利息解释》对清偿顺序的规定过于简单,《答记者问》作出的解释又难以自圆其说,合法性也存有争议,对执行工作造成了困扰。① 执行法官对《利息解释》中清偿顺序的不同理解,导致裁判标准不统一,是造成实践中适用混乱的主要原因。

五、如何理解“计至(实际)付清之日”

根据最高人民法院《涉外商事海事裁判文书写作规范》《人民法院民事裁判文书制作规范》的规定,裁判文书内容必须明确具体,便于执行,涉及债务利息的,应当明确利息计算的起止点。“当事人提出具体请求数额的,二审法院可以根据当事人请求的数额作出相应判决;当事人没有提出具体请求数额的,可以表述为‘按×××利率,自××××年××月××日起计算至××××年××月××日止’。”②

《利息解释》施行之前,人民法院的裁判文书中关于利息计算部分通常如上表述,还有一种常见的表述为“利息计算至本判决确定的履行期限届满之日”。根据执行依据的确定性原则,执行依据必须明确具体,涉及期限的,不应存在争议。由于法院判决生效的时间往往在作出时不能确定,故这种表述也可以算是一个明确期限。仲裁裁决不存在此问题,由于仲裁裁决是作出之日即生效,故仲裁裁决中的计息截止时间通常是“本裁决作出之日”。

实践中,有执行法官认为,凡是执行依据中未明确载明需给付迟延履行期间的一般债务利息的,均不予计算一般债务利息。对此问题,前文已作说明,故不赘述。③ 个案中,当事人和二审法院均会注意到这一问题,于是在判决中通常会使用下面这种表述:被告应于本判决生效之日起×日内(或具体日期)支付本金×元和利息,利息按照×利率,自××××年××月××日计

① 从文义解释的角度,《答记者问》对《利息解释》的阐述是否准确,恐怕存在争议。

② 《人民法院民事裁判文书制作规范》第 3 条第 8 款第 7 项。

③ 《利息解释》的表述方式确实容易引起误解,需结合《答记者问》才能明确其真实意思,凡此种种,反映了《利息解释》立法技术的粗糙和与文书撰写规范的脱节。

至(实际)付清之日。①

一般认为,付清之日即生效裁判文书所确定的履行期限届满之日。也有意见认为,付清之日应为实际清偿之日(包括在执行过程中的实际清偿之日)。② 笔者认为,债务人在履行期间届满之前就偿还全部债务的,应截至实际清偿之日来计算利息。但是,在履行期间届满之后的执行阶段才清偿的,所谓(实际)付清之日应当理解为生效裁判文书所确定的履行期限届满之日,而不应当理解为执行过程中的实际还款日。

理由是,如果认为(实际)付清之日包含了执行过程中的实际履行之日,则生效法律文书成为一份内容不明确的执行依据。前文已述,一个重要的基本前提是,执行依据必须针对已发生的法律事实,同时内容必须明确具体。在执行依据作出之日,裁判者并不知道未来会发生迟延履行的情形,执行过程中的实际清偿之日也为一未知日期,而执行依据变成一份针对尚未发生、有可能发生的法律事实作出的裁判,既不符合裁判文书的基本原则,也不符合最高人民法院对裁判文书的撰写要求。何况,在司法实践中,各方当事人对是否存在迟延履行的情形,以及实际清偿之日究竟是哪一天都可能存在争议。

更值得注意的是,如果以执行过程中的实际履行之日为计息截止日,实际上改变了迟延履行利息的计息基础,计息基础变成了借款合同的本金,而非执行依据确定的债权总额。此外,在非借贷合同案由的案件的执行依据中,无法使用上述表述方式,导致执行法官误认为这些案件无须计算一般部

---

① 最高人民法院(2019)最高法民终117号民事判决书,广东省高级人民法院一审判决利息计算"至本判决确定的履行期限届满之日",原告上诉,认为一审判决未明确迟延履行期间的一般债务利息如何计算,可能导致债务人拒绝承担迟延履行期间的一般债务利息。最高人民法院二审改判利息计算至"实际清偿之日止"。

② 最高人民法院(2016)最高法执监427号执行裁定书,该案执行依据——(2005)穗中法民二初字第200号民事判决书主文第一项判令,"被告泰和公司于本判决发生法律效力之日起10日内清偿人民币贷款本金350万元及利息、罚息、复利(……自2000年8月8日起至清偿日止以350万元为本金按人民银行同期逾期贷款利率计付并扣除已还息45,322.87元)"。最高人民法院认为对"清偿日"的理解是有争议的,应根据判决主文的词句、判决的性质和目的等综合判断其含义。如果债务人在履行期限届满之前履行完毕,仍以履行期间届满日作为"清偿日",会导致债务人承担不应支付的利息。故对判决中的"清偿日"不应简单地理解为判决确定履行期间的届满日,而应理解为债务实际清偿之日。本案中的清偿日为执行阶段中,即2015年9月30日。

分的迟延履行利息。①

综上所述,对"(实际)付清之日"的理解应该是也只能是:(1)履行期限届满之日前付清的,即实际付清之日;(2)履行期限届满之日后履行完毕的,为履行期限届满之日。当然,更好的同时不容易产生争议的做法是按照最高人民法院的民事裁判文书撰写规范或仲裁裁决的做法来撰写执行依据。

六、《利息解释》的其他问题

在笔者看来,《利息解释》最突出的问题是适用上溯及既往。《利息解释》第7条规定,"本解释施行时尚未执行完毕部分的金钱债务,本解释施行前的迟延履行期间债务利息按照之前的规定计算;施行后的迟延履行期间债务利息按照本解释计算"。根据该条规定,如果执行依据在2014年8月1日前已进入执行阶段但未清偿完毕,则迟延利息的计算要分段按照两种不同的方式来计算。也就是说,由于《利息解释》的开始适用,改变了当事人对于已生效的执行依据的法律后果的预期和判断。

不溯及既往是非常重要的基本法律原则,其重要性无论如何强调都不为过。② 一旦溯及既往就会改变已生效法律文书的法律后果,损害既判力效果及稳定性。《利息解释》第7条恰恰导致了这样的结果。

此外,《利息解释》的个别条文违反了法律规定及之前的司法解释。如前所述,《答记者问》中明确,"应当说明的是,并不是所有的金钱给付案件都有一般债务利息,侵权损害赔偿等案件通常就没有支付一般债务利息的内容"。据此,非借贷合同类的案件,例如,劳动纠纷类、婚姻家事类案件、不当得利等案件,都不应计算迟延履行期间的一般债务利息。然而,这个观点与《民事诉讼法》第264条及《利息批复》的意见是不符的。

---

① 《答记者问》也是如此理解的。

② 我国《立法法》第93条规定:"法律、行政法规、地方性法规、自治条例和单行条例、规章不溯及既往,但为了更好地保护公民、法人和其他组织的权利和利益而作的特别规定除外。"除我国《刑法》规定的"从旧兼从轻"原则外,民事法律中并无溯及既往的规定,司法解释无权作出特别规定,尤其是这种特别规定并无必要。对此笔者不作过多探讨。

然而正如笔者所述,《利息解释》不仅与法律规定不一致,也与之前的司法解释——《利息批复》不一致,破坏了迟延利息这一法律问题的法律规范体系,以及相关司法解释的稳定性和延续性,对实务中人民法院的执行工作造成了影响。

司法拍卖中次顺位买受规则的构建

何定洁* 陈 娟**

摘要:现行法律规定,司法拍卖发生悔拍后可以裁定重新拍卖,但重新拍卖不仅耗时长、效率低下,且还有流拍风险。韩国、日本的悔拍处理方式——次顺位买受申告制度规定,如果最高价买受人不按照约定期限支付价款的,次高出价人可以申请买入。此规则设计能够有效避免重新拍卖,提高执行效率。次顺位买受规则的关键在于,合理限定次高价的范围,防止最高出价人和次高出价人之间的恶意串通。结合我国司法实践现状引入该制度:在程序启动上,应当采取当事人主义的主动申报模式;在价格审核上要求次顺位买受人的出价加上保证金之和需大于最高出价。同时,还应当进一步明确次顺位买受人的付款时间和再次悔拍的处理,以此构建出一套完整的次顺位买受规则。

关键词:司法拍卖;悔拍;重新拍卖;次顺位买受

效率是民事强制执行程序的基本价值追求,快速、不间断地实现生效法律文书确定的权益是其基本任务。① 在强制执行程序的所有环节中,最费时的当属司法拍卖。因此,无论是宏观层面的执行立法还是微观层面的案件办理,在实践中都在寻求提升拍卖效率的法律规则和办案方法。但是,如果在司法拍卖成交以后,买受人不按时缴纳尾款,执行法院该如何处理?现行的

* 成都铁路运输中级法院民一庭副庭长,四级高级法官,法学硕士。

** 四川省高级人民法院办公室四级调研员,法学硕士。

① 参见肖建国:《中国民事强制执行法专题研究》,中国法制出版社 2020 年版,第 7 页。

法律规定是执行法院可以裁定重新拍卖。[1] 但是重新拍卖不仅耗时长、效率低下，并且还存在流拍风险或成交价低于前次拍卖的风险。重新拍卖按照原拍卖轮次确定挂网公告时间，长则30日，短则15日。因此，重新拍卖意味着拍卖周期的进一步延长。另外，信息上的不对称也会提高重新拍卖的流拍概率。因为，原来的潜在购买者在参与头一次司法拍卖时得到的信息是拍卖标的已经被他人竞买成功，至于后续发生悔拍这一信息，并不会单独再向曾经参与的竞买人定向推送。因此，执行法院作出重新拍卖裁定时，并不能保证原来参与竞价的人获取这一信息从而再次决定参与竞买。并且，由于不清楚原买受人悔拍的原因，这会让后续的参与竞拍人对拍卖标的本身产生质量瑕疵或者权利瑕疵怀疑，影响竞价意愿。因此，如何妥善处理司法拍卖中的悔拍行为，寻求有效的防范和补救措施是笔者写作的出发点。构建符合我国网络司法拍卖模式的次顺位买受规则是笔者的落脚点。以此，希冀对进一步完善我国的司法拍卖制度以及推动相关的强制执行立法有所助益。

一、现状考察：司法拍卖悔拍应对机制梳理

网络司法拍卖不是面对面的现货交易，执行法院都会依照法律规定给予买受人一个合理的付款期限并在拍卖开始前的公告中予以明确。因此，司法拍卖竞价成功后，始终面临一个竞买人在以最高出价竞买成功后，却因为各种理由不在规定时间内缴纳尾款的问题。

（一）事前防范：悔拍惩罚规则不足

为防止出现竞买人随意悔拍现象，最高人民法院《关于人民法院民事执行中拍卖、变卖财产的规定》（以下简称《拍卖变卖规定》）和最高人民法院《关于人民法院网络司法拍卖若干问题的规定》（以下简称《网拍规定》）都对悔拍行为进行了规制。但是，针对悔拍行为的现有规则：保证金没收规则、差

---

① 最高人民法院《关于人民法院民事执行中拍卖、变卖财产的规定》第22条规定："拍卖成交或者以流拍的财产抵债后，买受人逾期未支付价款或者承受人逾期未补交差价而使拍卖、抵债的目的难以实现的，人民法院可以裁定重新拍卖。重新拍卖时，原买受人不得参加竞买。"

额补偿规则以及再次竞买资格限制规则均存在威慑力度不足问题。①

1. 保证金没收规则:比例低或者金额小

《网拍规定》第24条规定,拍卖成交后,买受人悔拍的,保证金不予退还。保证金规则的法理基础在于竞买人缴纳的保证金将作为履行拍卖合同的担保,在拍卖合同成立后,如果竞买人不按照成交价款履行合同,则以保证金承担悔拍的违约责任。因此,理论上保证金规则对于防范竞买人随意应价而频繁发生悔拍的行为具有遏制作用。但是,由于保证金缴纳比例较低,特别是在一些小标的案件中,保证金规则对悔拍的威慑效力要大打折扣。《网拍规定》第17条规定,保证金缴纳比例为起拍价的5%~20%。而如果保证金缴纳比例定得过高,容易产生排斥部分潜在竞买人的效果,不利于吸引更多竞买人充分竞争,有违拍卖本身需要充分竞价的制度追求。因此,执行法院在实践操作中拍卖保证金的幅度确定是趋于保守的——一般定为起拍价的10%。这种较低比例的保证金缴纳做法,也契合了其他国家强制执行法的规定,比如,《韩国民事执行规则》第63条第1项、第2项就统一规定保证金为最低出售价格的10%。但是,这种低比例的保证金特别是在起拍价本就不高的案件中,保证金不予退还的结果不足以遏制悔拍现象。最典型的是"天价手机案",该案的保证金仅为20元,对于遏制悔拍几乎毫无作用。② 这一点在标的价值较低的拍卖中,悔拍发生概率明显更高可以得到验证。

2. 拍卖差额补偿规则:存在争议且未严格执行

对预防悔拍发生,威慑性更大的制度是差额补偿规则。《拍卖变卖规定》

---

① 保证金没收规则、差额补偿规则以及再次竞买资格限制,最高人民法院《关于人民法院网络司法拍卖若干问题的规定》第24条规定,"拍卖成交后买受人悔拍的,交纳的保证金不予退还,依次用于支付拍卖产生的费用损失、弥补重新拍卖价款低于原拍卖价款的差价、冲抵本案被执行人的债务以及与拍卖财产相关的被执行人的债务。悔拍后重新拍卖的,原买受人不得参加竞买"。最高人民法院《关于人民法院民事执行中拍卖、变卖财产的规定》第22条规定:"拍卖成交或者以流拍的财产抵债后,买受人逾期未支付价款或者承受人逾期未补交差价而使拍卖、抵债的目的难以实现的,人民法院可以裁定重新拍卖。重新拍卖时,原买受人不得参加竞买。重新拍卖的价款低于原拍卖价款造成的差价、费用损失及原拍卖中的佣金,由原买受人承担。人民法院可以直接从其预交的保证金中扣除。扣除后保证金有剩余的,应当退还原买受人;保证金数额不足的,可以责令原买受人补交;拒不补交的,强制执行。"

② 参见陈景善:《司法网络拍卖法律适用问题——苹果天价手机事件为中心》,载《法律适用(司法案)》2017年第22期。

第22条规定,重新拍卖价款低于原拍卖成交价,保证金数额不足以弥补差价的,可以责令原买受人补交差额,拒不补交的,强制执行。但是,《网拍规定》中并未作出相同或类似规定。在最高人民法院执行局编写的《关于人民法院网络司法拍卖若干问题的规定理解与适用》(以下简称《网拍理解与适用》)一书中,编写组认为,悔拍人承担的违约责任仅以保证金为限,对于保证金在弥补损失后有剩余的也不予退还,从而形成违约责任追偿上的制度平衡。[①] 因此,按照《网拍理解与适用》一书的观点,差额补偿规则似乎已然废除。即使不断然作废除理解,至少目前在网络司法拍卖中是否可以继续适用是存在争议的。[②] 实际上,对差额补偿规则即便不存在争议,在实践中执行法院也很少去向悔拍人强制执行两次拍卖的差额。因此,一直以来,执行法院就很少严格适用这个规则。再者,如何适用差价补偿规则,现有规定仍然不明确。在保证金不足的情况下,对于两次拍卖的差额是否进行全额的强制执行?在司法实践中,部分案件两次拍卖的差价极大,远远超出了原买受人的可能预期和承受范围,在这种情况下,全额补差是否符合公平原则也值得探讨。我国司法实践中,两次拍卖差额在百万元甚至千万元以上的案例也时有发生,这些案例中要求悔拍人全额补差,存在有违“罚当其过”的质疑。这类案件也就很少真正严格执行,多数情况法院都进行了一定的减免或者直接以罚款的形式替代了差额补交。[③]

3. 再次竞买资格限制规则:范围窄且效果差

悔拍对竞买资格的限制是规定悔拍人不得参与对该标的的重新拍卖。而在现实中,悔拍人参加重新拍卖的意愿本身就不高,这种限制规则对于抑制买受人悔拍来说,可谓是形同虚设。针对竞买资格限制规则对悔拍的遏制功能不足问题,有学者提出,建立网络司法拍卖黑名单制度,对于拍卖成交后不缴纳余款的行为,纳入不良信用记录。对于这种纳入了网络司法拍卖黑名

---

① 参见江必新、刘贵祥主编,最高人民法院执行局编:《最高人民法院〈关于人民法院网络司法拍卖若干问题的规定理解与适用〉》,中国法制出版社2017年版,第336页。

② 参见百晓锋:《论司法拍卖中“悔拍”的法律后果》,载《法律适用》2020年第7期;孙超:《民事执行中财产变价程序的立法理念与规则设计》,载《山东法官培训学院学报》2021年第2期。

③ 目前,悔拍补差规则是否强制执行、是否必须全额执行,各地法院做法不一。参见张元华:《网络司法拍卖法律问题研究》,法律出版社2019年版,第167~173页。

单库的买受人,限制其在一定时间内再次参与所有的网络司法拍卖活动,扩大竞买限制的功能范围。[①]

(二)事后补救:实践操作中的混乱

对于司法拍卖中的悔拍现象,在现有立法规范下,有保证金没收规则、差额补偿规则以及重新竞买资格限制规则予以规制。但是,现有制约机制并不足以遏制悔拍行为发生。另外,从制度功能来讲,保证金没收规则、差额补偿规则更多的是通过经济上的惩罚来阻止买受人悔拍。但是,当悔拍行为真正发生,这两个规则并不能在执行效率上起到更多的补救作用。因此,在司法实践中,执行法院从保证自身办案效率的角度出发,主动采取补救措施也就应运而生,由此也带来了司法实践中悔拍处理的认识与操作的混乱。

1. 准许延期付款:有违公平之嫌

为避免重新拍卖带来的执行效率减损和不确定的流拍风险,执行法院和案件承办人在实践中已经在探索一些重新拍卖以外的补救措施。特别是针对买受人的非恶意悔拍,如果在买受人仅仅因为暂时未凑足尾款但承诺继续付款的情况下,执行法院大多同意网开一面,而并非期限届满就当即裁定重新拍卖。但是,这种规则之外的网开一面存在公正性的质疑。延期付款除了会破坏司法拍卖秩序,同时存在侵害其他竞买人权利之虞。因为,付款期限本身是一项在开拍前就已经公开的竞买条件,潜在的、遵守规则的竞买人可能因为自身无法做到在期限内完成付款而放弃竞买。而竞买成功后,如果执行法院允许竞买人延期付款,其实质是变相降低了竞买条件,对于潜在的竞买人和参与竞价人都是不公平的。[②] 但是,绝对禁止延期付款似乎也过于死板,可能会降低执行效率。有韩国学者就认为,在不影响拍卖程序本身旨意的情况下,可以根据实际情况适当放宽付款期限。[③] 笔者认为,如果竞买人确实有合理理由申请延期付款,可以在征询申请执行人和被执行人意见的情况

---

① 参见邓纲、张元华:《网络司法拍卖买受人悔拍行为规制研究》,载《中国应用法学》2018 年第 5 期。

② 参见江必新、刘贵祥主编,最高人民法院执行局编:《最高人民法院〈关于人民法院网络司法拍卖若干问题的规定理解与适用〉》,中国法制出版社 2017 年版,第 332 ~ 333 页。

③ 参见[韩]姜大成:《韩国民事执行法》,朴宗根译,法律出版社 2010 年版,第 300 页。

下由合议庭审查准许延期付款，并要求其承担延期期间的债务利息和费用。[①]

2. 准许无限制顺位买受：存在恶意串通风险

准许延期付款只能解决部分暂时不能付款但愿意继续付款的悔拍情形，并且这个延期的时限也不可能过长。但对于直接悔拍的情形来说，延期付款并不是有效的补救措施。对于此种情形，也有法院尝试一种可以称为顺位买受的补救方法，即当发生最高出价竞买人悔拍后可以由第二高出价人买受，第二高出价人不愿购买则由第三高出价人买受，以此类推，直至成交。河北省丰宁满族自治县人民法院在司法拍卖被执行人河北丰宁集成矿业有限责任公司名下的一金矿的采矿权时就采用了上述成交规则。但是，该案采取的这种可以无限后推的顺位买受规则却备受争议。持赞同意见的专家认为，执行法院在拍卖程序中为防止"悔拍"造成执行周期过长而制定的买受规则符合司法拍卖公开、公正、公平以及维护当事人合法权益的原则，并且有利于提高执行效率。反对的学者认为，一是基层法院在无法律授权的情况下，在司法解释的明确规定以外重新制定买受规则明显违法，拍卖应予撤销；二是无限制的顺位买受规则存在恶意串通的风险，造成明显低价买受：若未限制次高价和最高价的价差，那么原买受人和次顺位的买受人串通，由最高出价人故意报一个明显不合理的高价，竞买成功后再悔拍，那么拍卖标的就自动落入了一个相对低的次高价竞买人手中。[②] 这可能造成被执行人责任财产被低价处置，从而严重侵害被执行人和其他债权人的权利。

二、域外实践：次顺位买受规则的立法样态

从前文的分析中我们不难发现，现有的悔拍制约机制并不足以有效遏制悔拍行为的发生。但是，最高出价人悔拍或者不按时补齐尾款，是否必然导

① 《日本强制执行法》中有明确的特殊情况下允许拍卖价款延期支付的规定，第 78 条规定"（一）许可出售决定确定后，买受人应于裁判所书记官确定的期限内向执行裁判所交纳价款……（五）裁判所书记官认为非常必要时，可变更第 1 项的期限"。参见曹云吉：《日本民事诉讼法典》，厦门大学出版社 2017 年版，第 338 页。

② 参见林坚、陈锋：《拍卖规则导致"价低者得"，两派专家意见互怼，规则该不该修改？》，载新浪财经网，https://finance.sina.com.cn/chanjing/cyxw/2021-05-31/doc-ikmxzfmm5715540.shtml。

致重新拍卖,尚需进一步探讨。毕竟,执行效率的迟延和流拍风险是重新拍卖制度不可回避的缺陷。但是,为了保障执行的效率,前文案例中的这种可以无限后推的顺位买受规则也引起了巨大争议,并存在恶意串通低价买受的风险。是顺位买受规则本身就不可取,还是因为我们没有完善好其配套规则,从而发挥出其应有的效果?

笔者认为,至少从提高执行效率的角度来讲,这种通过顺位买受规则来避免重新拍卖的制度设计确有可取之处。另外,从域外立法来讲,类似顺位买受规则笔者能查到最早规定的是1985年《西班牙民事诉讼法》第1500条的相关内容。① 韩国、日本也有比较成熟的次顺位买受制度。1990年《韩国民事执行法》修改中首次引进了次顺位买受制度,并在此后的数次修法中保留,展现出该制度旺盛的生命力。域外的次顺位买受规则是如何规定的,它是如何规避恶意串通低价买受风险的,需要细细考察一番。

(一)次顺位买受:域外立法实例

对于悔拍后需要重新拍卖,从而导致执行程序拖延这一问题,其实韩国、日本的司法拍卖制度在改革中已然注意到,并针对这一问题设计了现行的次顺位买受申告制度来避免单纯由悔拍引起的重新拍卖问题。

1. 韩国:次顺位买受申告

韩国的次顺位买受申告制度是1990年强制执行修法中采用的新制度之一,该制度设计是为防止执行程序过分拖延和个别人恶意破坏执行程序。这一制度在后来的数次民事执行法修改中都得到了沿袭保留,其本身的合理性和有效性已经得到司法实践的充分检验。

韩国的民事执行程序规定了呼价竞卖、期日入札、期间入札3种司法处置方式。其中,呼价竞卖类似我国的传统现场拍卖,入札则是竞买人各自将报价以密封文件形式提交执行官,由执行官统一开封,选出其中出价最高的买受人的方式。因此,韩国的司法拍卖都是一种现场拍卖,次顺位买受申告需

---

① 1985年《西班牙民事诉讼法》第1500条规定:"应债权人要求,其他竞价人如果同意并且竞价达到底价,其保证金也可以暂时保留。一旦第一个购买到拍卖品的人不履行义务,可以批准将拍卖品转售依竞价额排列的下面第一位买主。"参见刘汉富主编:《国际强制执行法律汇编》,法律出版社2000年版,第99页。

要在执行官确定了最高价买受人后，向执行官提出申告，即如果最高价买受人不按照约定期限支付价款的，申请由自己买入。如果有两个以上的次顺位买受人提出申请，则以出价高的为次顺位买受申告人。两人出价相同，则以抽签方式确定。

在确认次顺位买受人后，重新确定付款期限，在期限内次顺位买受申告人给付价款，则次顺位买受人取得执行标的所有权。同时，原最高出价买受人缴纳的保证金不予退还并作为案款进行分配。①

2. 日本：次顺位买受申请

日本现行的执行程序中也有相关次顺位买受申请的规定，主要集中在《日本民事执行法》第 67 条和第 80 条。《日本民事执行法》第 80 条规定，作为最高出价者的买受人不按时交纳价款时，有次顺位买受申请的，执行裁判所可以对该申请作出许可或者不许可出售的决定。也就是在买受人悔拍的情况下，允许次顺位买受人申请买入该财产，从而避免重新拍卖。

对于次顺位买受申请需要符合的条件，《日本民事执行法》第 67 条作了四个方面的限定：一是次顺位买受申请的出价应当高于拍卖最低价；二是出价需仅次于最高价；三是原最高出价与第二高出价的差额要小于本案缴纳的买受申请保证金；四是申请要在出售程序终了之前提出。②

（二）实践价值：公正与效率的双赢

20 世纪后期的诸多法律变革，无论是传统的欧美法系还是大陆法系，都呈现了一种倾向，即对过度“法化”的扬弃。法律制度在设计时不仅仅考虑其形式的合理性，而是更加关注费用与时间等经济考量因素。③ 因此，次顺位买受制度其实也是在这样一种大的法律思潮之下应运而生的。其规则设计在追求制度的公正，同时也以灵活的方式实现效率的双赢。

1. 规则要义：可接受的次高价

法谚云，“迟到的正义非正义”。效率是执行工作的基本价值追求。但

---

① 参见[韩]姜大成：《韩国民事执行法》，朴宗根译，法律出版社 2010 年版，第 275～281 页。

② 参见曹云吉：《日本民事诉讼法典》，厦门大学出版社 2017 年版，第 333～339 页。

③ 参见[日]田中成明：《现代社会与审判——民事诉讼的地位和作用》，郝振江译，北京大学出版社 2016 年版，第 5～15 页。

是,我们在设计或者引进一种法律制度时,不能仅仅考虑效率这一层因素。在效率的基础上,我们还必须考虑规则的公平问题。次顺位买受规则的核心在于合理限定次高价的范围,即必须保证其与最高价的差额小于拍卖保证金,以此使最高出价人和次高出价人之间的恶意串通将变得无利可图。

2. 规则解读:三方共赢的规则设计

在悔拍发生后采用次顺位买受规则,其核心理由在于此规则对申请执行人、被执行人和次顺位买受人三方都是公平有利的,是一种三方共赢的规则设计。按照现行悔拍规则,买受人悔拍后,之前为参与竞买而缴纳的保证金将不予退还。该保证金将作为被执行人偿还债务的责任财产予以分配,这对于申请执行人来说,增加了受偿金额;对于被执行人来说,加上没收的保证金,其价格得到了一个比不悔拍情况下更高的价格,对债务的化解更有利;对于次顺位买受人来说,更是不言自明——其以次高价竞得原本更高报价的物品。因此,次顺位买受规则是执行当事人和买受人三方的共赢。

三、制度设计:次顺位买受规则构建

要设计符合我们实际的次顺位买受规则,需要考虑我国执行程序特别是财产处置程序同韩国、日本的区别。在财产处置程序上,韩国、日本两国都采用现场处置方式,一般由执行官主持,在特定场所进行。相应地,次顺位买受申请也是在现场提出。① 我国目前的财产处置程序主要就是网络司法拍卖,所有的竞价在网上完成。因此,针对网络司法拍卖这一特征设计符合我们实际的次顺位买受规则是能否有效引进该制度并运行良好的关键。下面笔者就从制度设计的细微处着手讨论。

(一)次顺位买受申请的提出

1. 两种备选方案:职权主义或当事人主义

日本、韩国执行程序中的次顺位买受申请是在财产处置现场向执行官提出的。对于如何启动次顺位买受程序,可以考虑两种启动方式:一种是职权

① 参见[韩]姜大成:《韩国民事执行法》,朴宗根译,法律出版社2010年版,第274~279页。

主义的事后征询,即在流拍后,执行法官依职权联系其他具备买受条件的出价人是否愿意以其出价购买拍卖标的。该方案是执行法官主动向次顺位买受人发起要约邀请来启动。另一种是当事人主义的事前申请,即在拍卖公告中明确,拍卖成交后其他具备次顺位买受条件的出价人可以主动向法院提出申请:如果发生最高出价买受人不按时支付尾款的情形,由自己买入拍卖标的。

2. 比较优选方案:当事人申请启动

对次顺位买受规则启动程序的设计,必须考虑我国采用网络司法拍卖这一特殊情况。日本、韩国的拍卖处置程序是一种现场面对面的交易,执行官在拍卖现场就可以征询是否有人愿意申请次顺位买受。而我国主要采取网络司法拍卖,在拍卖成交前,竞拍人均处于匿名状态。除最终确认的买受人外,执行法官并不掌握其他的出价人的个人信息,采取事后发生悔拍执行法院再去主动联系其他出价人征询购买意愿的方式,一是不便捷,二是从被执行人视角来看不符合法院中立形象。因此,通过两个启动方案的比较分析,采用以拍卖公告方式向竞买人告知次顺位买受规则,允许符合申请条件的人主动向法院提出买受申请是更为合理的启动模式。

(二)次顺位买受申请的审查

那么,对于什么样的申请才符合次顺位买受规则以及相关配套的规则如何衔接,如何保障各方当事人的利益不受损害,则是我们必须考虑和解决的核心问题。

1. 次顺位价格的必备条件

一是符合次顺位买受申请的通常是相对于最高出价的次高价出价人。因为,如果允许其他后续顺位出价人提起买受申请,将可能导致财产被低价出售,显然容易损害被执行人和申请执行人的利益。

二是次高出价加上保证金之和还需大于最高出价。如果允许任意的次高出价人买受拍卖标的不利于保护各方当事人利益:次高出价与最高出价悬殊极大时,直接接受次高出价人作为买受人将使被执行人丧失对其财产进行重新拍卖进而获得一个更高价位的机会。从执行程序的公正和效率双重价值追求来看,此时虽然满足了效率的追求但是公正价值折损太大,两者权衡后,笔者认为不宜允许此种情形下的次顺位买受申请。对于什么样的次高价才符合公正的价值追求,其实不难解答。我们要让这个次顺位买受规则不损害债务人、债权人利益。假设没有发生悔拍,那么最高出价就是本次拍卖用于偿还本案债务的全部价金。允许其他更低的出价者来购买,其基础逻辑在于此时所获价金不低于原来不发生悔拍情况下所得的全部价金。发生悔拍后原买受人缴纳的保证金将不予退还,在这种情况下,只要次高价与没收的保证金之和大于最高出价,相较不发生悔拍情形,被执行人财产的变现价金更高,申请执行人获得的受偿金额也更多。那么,满足这种情况的次高价就符合各方的利益保护,符合公正的价值追求。

三是是否允许其他在后的顺位出价人提出买受申请。从前面的逻辑来看,只要其他靠后的顺位出价与保证金之和满足大于最高出价这个条件,此种情形也满足公正的要求。另外,把次顺位买受人仅仅限定为次高出价人,如果发生次高出价人不愿意购买的情况,则规则失效,执行法院又将不可避免进行重新拍卖。因此,在规则设计上,可以考虑只要符合出价加保证金大于最高出价的条件,任何顺位出价人均可以向法院提出顺位买受申请,法院可以在全部的申请中确定最高出价人为次顺位买受人。

2. 次顺位买受付款时间的确定

对于次顺位买受人的付款时间如何确定,有两种设计思路。一种是在确认了次顺位买受人后,执行法院再依职权确定。另一种是提前在拍卖公告中明确。第一种方式优势在于比较灵活,执行法院可以依据具体的买受人情况进行时间限定。但是,这种确认方式的劣势太明显,就是法院在确认次顺位买受人之后再指定一个付款期限可能导致确认的次顺位买受人无法在指定期限付款。在付款期限问题上,笔者认为,其作为一项重要的购买条件,应当提前予以公布,特别是如果次顺位买受人的付款期限比原公告中的付款期限更短,则更应提前予以明确。从规则设计来讲,可以在拍卖公告中对次顺位买受的付款期限予以明确约定,让其成为申请次顺位买受的一个必备条件,以减少后续争议。

3. 原买受人与次顺位买受人的付款竞争机制

次顺位买受规则中还需要关注的一个问题是,在确定了次顺位买受人后,原来未按时付款的买受人是不是就当然不再具有买受资格了?对这个问题一个合乎逻辑的解释自然是原买受人丧失买受资格，如果不作此理解，就会产生原买受人和次顺位买受人同时具备买受资格的矛盾局面。这个局面其实可解。在韩国的次顺位买受规则中，在确立了次顺位买受人后并不否定原买受人的买受资格，而是引入了一种竞争付款机制。如果原买受人在次顺位买受人付款之前向法院补足了价款并承担延期付款期间被执行人应当承担的债务利息和法院为此支出的费用，则仍然由原买受人取得拍卖标的，次顺位买受人的许可自动失效。① 这样一种竞争付款机制对于激励双方尽快付款具有效率上的较大优势。

4. 次顺位买受人悔拍处理

次顺位买受人如果也发生悔拍，如何处理？是否还能启动下一顺位买受规则。笔者认为不宜再启动。因为若程序再启，逻辑上只要不断悔拍就要不断启动下一顺位买受规则，虽然这种情况发生概率极低，但是如果允许就已经违背了次顺位买受规则设立的效率初衷，允许不断开启下一顺位买受也就意味着效率的不断损耗。但笔者认为，对于否定在一次司法拍卖中两次启动次顺位买受规则似乎有一个例外，那就是拍卖程序中存在优先购买权人的情况。现行拍卖规则中，优先购买权人是以跟价的形式进行竞价，没有比优先购买权人更高的出价，拍卖标的即归优先购买权人。如果优先购买权人悔拍，实际上下一顺位买受人是和优先购买权人一样的最高出价人。此时，如果再次发生悔拍，再下一顺位的买受人才是真正意义上的次高出价人。此种例外，允许再次启动次顺位买受规则实际上相当于无优先购买权人情形下的第一次启动次顺位买受规则。从当事人各方权益保护的角度讲，允许这种例外情况两次启动次顺位买受规则具有一定合理性。

结　语

次顺位买受规则对于我们进一步完善相应的网络司法拍卖规则，避免重新拍卖带来执行效率减损极具立法价值。但修法毕竟是一个漫长的过程，在相应的制度规则尚未建立之前，我们可以探索以征询当事人意见的方式进行

① 参见[韩]姜大成：《韩国民事执行法》，朴宗根译，法律出版社2010年版，第281页。

一些初步尝试。如果司法拍卖发生悔拍,在征询当事人意见后,各方同意将拍卖标的交付次高出价人,则执行法院可以允许次高出价人取得买受人地位,无须再重新拍卖。执行法院可以先以这种基于合意的次顺位买受规则来为未来修法积累实践经验,最终逐步推动实现立法层面的次顺位买受规则的完全构建。

附录:《民事强制执行法》次顺位买受规则相关条文建议稿

第X条 【程序启动】执行法院应当在拍卖公告中告知,符合次顺位买受规则的竞买人可以向法院提出,如果最高出价竞买人不按时支付价款时,申请由其买入该拍卖标的,其缴纳的竞买保证金暂不退还。

第X条 【次高价审查】提出次顺位买受的竞买人其报价应当符合以下条件:

(一)次顺位买受人的次高价与竞买保证金之和大于原买受人的最高出价;

(二)次顺位买受申请应在法院裁定重新拍卖之前提出;

(三)有两个以上的次顺位买受申请的,以出价更高者为次顺位买受人。

第X条 【付款时间】次顺位买受人的付款时间由法院确定,一般不超过原公告明确付款时间的一半并在拍卖公告中予以明确。

第X条 【优先购买权人悔拍】优先购买权人悔拍后,由相同报价的其他优先购买权人申请买入,其他优先购买权人不愿意买入的,则由相同报价的普通竞买人买入。最高出价的普通竞买人不申请买入的,可以由其他符合条件的次顺位买受人申请买入。

第X条 【付款竞争机制】执行法院确定次顺位买受人后,原买受人在次顺位买受人之前补齐尾款并承担延迟履行期间债务利息和法院费用的,可以由原买受人取得标的物。

第X条 【次顺位买受人悔拍】次顺位买受人不按时支付尾款的,直接裁定重新拍卖,其保证金不予退还。重新拍卖成交价低于前一次拍卖的差额由悔拍人按照比例承担。

专题研讨

信息化建设背景下终本案件单独管理执行规则的构建

曹　涌*　许金鑫**

摘要:新的一轮司法改革重点在于,建立法院人员分类管理体制,以法官员额制为突破口的改革模式要求法院更加倚赖信息化建设的成果,集中高效处理审判执行事务。最高人民法院提出的"用两到三年基本解决执行难"初见成效,在此期间信息化建设在查人找物、大数据分析、执行质效提升等方面取得了巨大成就。但我国社会征信体系尚未建立,被执行人规避执行手段层出不穷,大量案件在"结案率"的指挥棒下以"已穷尽执行措施"终结本次执行程序方式报结,终本后案件管理缺位等问题依然严峻。因此,应当辩证看待信息化建设所带来的机遇与挑战,严格规范终本案件入库条件,发挥终本案件库作用,建立终本案件单独管理机制,切实解决"执行难",维护当事人的合法权益。

关键词:信息化建设;终本案件;管理机制

没有信息化就没有人民法院工作的现代化。2015年,最高人民法院将信息化与司法体制改革并列为人民法院司法工作的"车之两轮、鸟之两翼"。借助国家大数据战略发展之机,法院执行工作迎来了前所未有的机遇,执行工作信息化建设突飞猛进。在前期搭建系统化平台的基础上,从优化、应用入手,进一步提升执行网络化和阳光化,更加强调执行的智能化和可视化,最高

* 江苏省镇江经济开发区人民法院丁卯法庭负责人,法学硕士。

** 厦门市同安区人民法院大同法庭庭长,法学硕士。

人民法院提出“用两到三年基本解决执行难”的承诺已经兑现。[①] 但我们面临的事实是,“每年七八百万的执行案件中,有 40% ~50% 的被执行人没有履行能力,法院穷尽一切执行措施,仍然查找不到任何财产”。

这些案件更多的是以终结本次执行程序的方式予以报结,进入最高人民法院终本案件管理库。由于目前各家法院“结案率”指标压力依旧存在,入库前完成“规定动作”的终本案件成为报结案件的富矿。但执行措施不穷尽、入户调查有难度、被执行人规避执行手段多等现实问题导致所报结的终本案件根基不牢。更严峻的是,目前已有实务界人士及学者开始讨论终本案件的退出机制。这无疑将引发依托信息化制定的考核指标及反映出来的大数据是否客观真实的争论,也可能会使终结本次执行程序最终变为被执行人逃避债务的“避风港”。

一、正向之需:信息化建设对终本案件管理的促进与不足

“强制执行以快速、及时、不间断地实现生效法律文书所确认的债权为己任。”[②]2016 年最高人民法院提出“用两到三年基本解决执行难”,与之相配套推行的信息化、规范化等相关执行工作细则,为执行员规范执结案件提供了依据。法院执行员在接收案件后可以通过 3 套系统(最高人民法院总对总查控系统、省高级人民法院点对点查控系统、地方人民法院自行研发的查控系统)进行财产查询工作,而后根据所查询到的财产情况,通过线上、线下强制执行,同时将申请执行人直接提供的财产线索核实并实时录入系统。执行案件的执结须经多重节点生成、录入,这样的规范动作能够更好地督促执行员规范办案。

与此同时,最高人民法院在推行统一管理体制方面也做了很多尝试,特别是在多个单行功能指挥管理系统的基础上,推出了“人民法院执行指挥管理系统”平台。该系统细分为执行督办、执行质效、款物管理、终本管理、询价

① 参见李林、田禾主编:《中国法院信息化发展报告 NO. 2(2018)》,社会科学文献出版社 2018 年版,第 99 页。

② 江必新主编:《强制执行法理论与实务》,中国法制出版社 2014 年版,第 25 页。

评估、网络拍卖、舆情管理、事项委托等26个子系统。目前,该系统使最高人民法院实现了对全国执行工作的统一管理、统一指挥、统一协调。

毋庸置疑,执行信息化助力了“用两到三年基本解决执行难”目标的实现。大量案件的查人找物、节点监督、网络评拍、信用惩戒、终本入库等通过信息化手段得以实现,严格规范了终结本次执行程序,提高了终结本次执行程序的合规率,实现了执行阳光化与智能化,有效维护了当事人的合法权益。

但是,我们也应该看到,目前依托信息化建设报结终结本次执行程序的案件还存在一些问题:

第一,盲目依靠信息化,“穷尽”措施未穷尽。信息化所带来的便利在于执行员能够通过电脑直接“键对键”操作查询、冻结(少部分可扣划)被执行人的财产信息,但是这些信息未能涵盖被执行人全部的财产信息。如民间金融机构尚未覆盖、村民小组等非法人其他组织财产无法查询、保险理财等新型财产方式无法联网查询等,这些情形的存在都无法达到对被执行人财产信息实际意义上的“穷尽”。

第二,信息反馈不顺畅,“智能”系统不智能。“信息化最本质的要求是智能。信息化建设应以需求为导向,防止为信息化而信息化。”①目前主要依靠总对总查控系统实现对被执行人相关财产信息的查控。但是该系统反馈的信息时间不一、反馈信息杂糅,造成执行员无法集约化处理案件,一旦疏忽可能导致案件走向无法控制。特别是终本案件库中未能实现信息智能筛选,所有账户有余额的案件均会通过“人民法院执行指挥管理系统”平台督办,如此一来,给执行员造成不必要重复劳动。

第三,适用终本比例高,入库根基不牢固。由于“结案率”这个年终考核指挥棒的存在,很多法院将本不符合终本条件的案件通过信息化的手段予以报结。然而系统只负责是否录入、是否完成规定动作的筛查,不考虑案件真实情况是否符合终本案件条件,因此案件终本率持续高位运行。中国社会科学院在为深圳市中级人民法院作出的第三方评估中指出:该院近年新收民商

① 李林、田禾主编:《中国法院信息化发展报告NO.2(2018)》,社会科学文献出版社2018年版,第99页。

事执行案件中以终本程序结案的比率均超过当年结案总数的 50%。[①] 而一旦终本案件仅达到所谓系统要求的程序性“合规”,忽视“被执行人确无财产可供执行”的实质性要件,这类案件均由系统自动抽取进入“终本案件库”,之后重新恢复执行处理。近年来,在基本解决执行难改革的推动下,对终本案件单独管理取得了一定的成效,但终本案件总量仍逐年上升,恢复执行有效审查度不高,恢复执行案件实际执结案率偏低。以下是以 A 区法院(见图 1)和 B 区法院(见图 2)从 2018 ~ 2020 年的终本案件数、恢复执行案件数、恢复执行案件未实结数以及 2018 ~ 2020 年的终本案件总数。

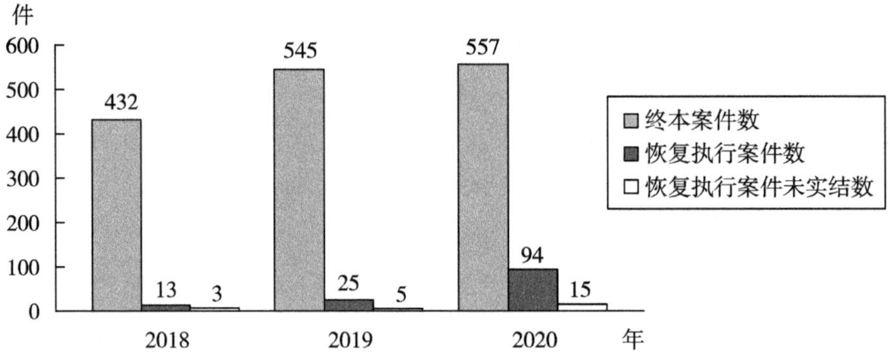

图 1　A 区法院

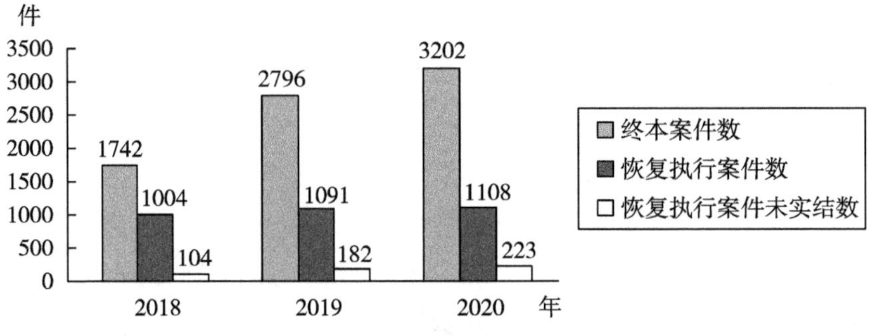

图 2　B 区法院

综合图 1、图 2 可以发现,共性问题为:恢复执行数量有限,终本案件总量

① 参见中国社会科学院法学研究所、深圳市律师协会联合课题组:《基本解决执行难评估报告——以深圳市中级人民法院为样本》,中国社会科学出版社 2016 年版,第 119 页。

不断上升;进入终本程序案件总量越来越多,却没有实际化解出口;恢复执行实际执结率不高,再次终本情况增加。

二、反向之思:信息化背景下终本案件库管理缺位的原因分析

目前,已有实务界人士及学者提出终本案件的退出机制,这样的提法对终本案件的入库标准提出了更高的要求。否则,一旦案件入库,终本案件库将变为被执行人逃避债务的“避风港”。在感受信息化建设带给我们的便利时,我们也应该警觉大数据失真的情况。当绝大多数的执行人员把目光投向那些有财产可供执行的案件的时候,终本案件的管理就存在极大漏洞,主要体现在以下方面:

一是投入与产出不成比例,执行员侧重程度不一样。执行员在处置执行案件时,根据查询反馈信息区分为有财产可供执行的案件和无财产可供执行的案件。对于有财产可供执行的案件,人民法院设置相关流程尽快予以变现,以兑现当事人的合法权益,此时投入与产出的可视化效果是实实在在的,执行员也更有处理的积极性。而对于无财产可供执行的案件,人民法院不仅要完成常规执行措施,还要花费更多的时间去入户调查、查询财产、寻找线索;确定暂无财产可供执行后,还需要对被执行人采取限制消费、列入失信名单等措施,必要时甚至对被执行人采取拘留、罚款。进行终本报结前程序复杂、工作繁多,申请执行人无法换位思考等原因,导致执行员畏难、抵触,忽视对终本案件的管理。因此,想要切实有效地发挥终本案件管理的作用,必须先提高终本案件的“质量”。

二是系统设置不科学,人机交互体验差。“面对烦琐的技术处理,人需要自动化技术为自身免去重复性劳动”,但当下案件管理系统开发并非有实务经验的执行员参与,计算机系统体验感差。① 目前存在的系统,或初建,或更换频繁,或数据缺失,或数据不相通。更有甚者,因系统由不同的技术公司开

① 参见张正清、张成刚:《第四次革命:现代性的终结抑或重构——信息伦理对人工智能伦理的启示》,载《武汉大学学报(哲学社会科学版)》2018 年第 3 期。

发导致数据无法导入,操作时需要办案人员多次手工录入,给办案造成很大的困扰。可谓"法律人员不理解技术思维和技术路径,技术人员不了解法律知识和司法规律的现象,业务和系统'两张皮'",执行信息化系统脱离一线执行干警的用户体验,导致一线干警普遍产生"这些信息化建设,都是来管我们的""一遍可以完成的工作,变成需要三遍才能完成"等逆反心理。① 本是助力的大数据分析系统因不能用、不好用,导致办案人员不想用。

三是联动机制运行不顺畅,信息孤岛现象依旧存在。在工作中,针对被执行人的查人找物,主要依靠最高人民法院总对总查控系统;针对银行、车辆、不动产、网络银行、证券、工商登记等信息,仍由地方法院与各个部门协调。后者信息能否查到取决于相关部门的配合意愿,有的部门以涉及隐私及保密为由拒绝配合。这种由法院自建的只针对执行的信息系统,未能与消费、信贷、人口流动、开办企业、社会保障等部门实现信息联网共享,使法院无法对被执行人财产线索穷尽查控。再者,法院内部各系统之间也逐渐出现信息孤岛现象。人民法院立案、审判、执行是不容分割的有机整体,但是目前的信息化建设重点还停留在建立满足单项需求的平台上,各平台缺乏系统之间的信息共享机制,不同系统之间信息无法互通、信息无法调取。

四是被执行人逃避执行手段层出不穷,法院对"无财产可供执行"的认定困难重重。当前社会由于社会信用制度缺失,被执行人拒不履行生效法律文书所确定的义务、规避执行现象十分普遍。如被执行人常通过用他人名义存款、企业资金存入个人账户、虚假诉讼、"假离婚"、"假破产"等方式来规避执行;此外,"形形色色的债务人存在事实上拥有可供执行财产但暂时不能被发现的情况","此类债务人游离于信息认证数据系统之外(如小产权房等不动产、古董字画贵金属等动产,以及尚未纳入查控系统覆盖范围的股权、债权、基金、知识产权等)";同时,还存在诸如农村宅基地及其上的房产、农村集体土地承包经营权等争议财产。② 虽然这些是目前通过技术手段无法完成查控的,但却使法院对"无财产可供执行"的认定存在可疑性,无法取得申请执行

① 参见李林、田禾主编:《中国法院信息化发展报告 N0.2(2018)》,社会科学文献出版社 2018 年版,第 126 页。

② 参见陈杭平:《比较法视野下的执行权配置模式研究——以解决"执行难"问题为中心》,载《法学家》2018 年第 2 期。

人的理解。

五是历史问题未清理，终本案件结案管理规则多样、管理方式混杂。“自2014年开始，全国法院对近20年来未实际执结的执行案件进行全面清查核录，把1600余万案件录入执行案件管理系统”，但目前历史遗留问题依旧严峻。[①] 针对终本案件的管理工作，多家法院出台相应对策，并提出一些确有实效的处理方法（见表1）。

表1　法院终本案件结案后管理模式

相关法院	管理模式
A区基层法院	执行局内部成立终本案件单独管理科，出台了单独管理规范性文件，为单独管理建立了章程，目标、职能、责任明确。明确人员集中和案件集中。人员集中，是指A区法院单独管理科配备5名执行法官，而且相对固定，专职负责终本案件管理，改变了以往人人手里都有陈年旧案的情况，避免人员调岗流动在案件交接过程中产生混乱，防止案件无人认领和脱管。案件集中，是指以往分散在各个人手中的终本案件全部归口终本案件管理科，新结案的终本案件也及时转入，单独管理人员和其他执行人员各司其职，集中精力分别负责新收案件和终本案件的执行，职能清晰运行顺畅
B县人民法院	将一直以来分散在各执行法官手中的终本案件全部剥离出来移交给终本案件管理团队进行单独管理、统一办理，解决长期困扰执行人员的办新案和管老案之间难以平衡的矛盾
C市中级人民法院	对终本案件实行老案老办法、“新案新政策”原则，终本案件原则上与原承办人脱钩，待案件恢复执行立案后由重新确定的承办人负责案件的处理。但是，在案件恢复执行前，下列事项继续由原承办人负责办理：(1)制作并送达终本案件续行冻结、续行查封、续行边控、解除查封冻结等材料；(2)涉及被执行人财产在其他法院处置的，需要及时发起参与分配的；(3)执行案件终本后无须恢复执行即可办理的相关事项
D区基层法院	对终本案件由执行指挥中心派专人负责接待申请恢复执行案件的当事人，并对申请执行人提供的材料进行初步审查。若之前采取过财产控制措施，则交由原庭室办理，若未采取过财产控制措施由执行指挥中心办理。执行案件需要恢复执行的，由原承办人处理；原承办人调离执行局的，由执行指挥中心处理

① 参见周强：《最高人民法院关于人民法院解决“执行难”工作情况的报告——2018年10月24日在第十三届全国人民代表大会常务委员会第六次会议上》，载《人民法院报》2018年10月25日，第1版。

从表 1 中可以看出:首先,部分法院已经意识到要将有限的司法资源用于有财产可供执行的案件上,避免部分案件因无可供执行财产遭遇“执行不力”的责难,为此,成立专门的团队来进行管理。虽然实际管理效果不同,但从机制上进行执行思路的重新调整,有利于提高效率,降低风险,促进规范。其次,大部分法院终本案件的管理归原承办人,除安排专人负责当事人的接待、登记或事务性工作之外,终本案件仍交给原承办人处理。执行员既办理新收案件,又要办理终本执行积案,长此以往,旧案未清,新案又积,案件越积越多,办案压力越来越大。一方面,当事人满意度不断降低;另一方面,执行员畏难情绪蔓延,影响执行质效。

三、当务之急:严格规范终本案件入库的必要性分析

2016 年 12 月 1 日,最高人民法院在中国执行信息公开网上单设《终本案件》栏目,对全国法院终本案件进行公开。建立终本案件信息库并对终本案件信息进行公示是人民法院执行公开的重大举措,目的在于发挥公开的社会评价作用,提示交易风险,督促被执行人履行义务。因此,严格规范终本案件入库尤为重要,具体体现在以下方面。

(一)严格规范终本案件入库是落实司法责任制的现实要求

执行案件难易不同,相对简单的有财产案件按照相应流程处理即可,但“执行案件的个体差异性,决定了民事执行必须考虑不同案件的具体情况,采取灵活机动的执行措施和方法,才能确保债权的实现”。[①] 因此,在面对复杂多样的执行工作,特别是符合终本条件的案件时,需要明确执行员的职责、权限和监督机制,确保进入终本库的案件符合相关规定,这是司法责任制的必然要求。

(二)严格规范终本案件入库是保障程序正当化的内在要求

法院集合执行主体、裁判主体、财产查控主体等多种身份于一身,多重身

① 童心:《民事执行改革研究》,人民法院出版社 2010 年版,第 214 页。

份的重叠无法获得执行当事人及社会公众的认可。因此,需要通过公正、客观的程序保障终结本次执行程序的正当化,让执行案件当事人“能够充分参与到程序当中,并对程序的进行发挥力所能及的影响,对其不认可的程序或者行为有予以救济并获得充分保障的机会”,如此执行当事人及社会公众对法院最后“无财产可供执行”的认定也就能够最大限度地认可。①

(三)严格规范终本案件入库是研究终本案件退出机制的理论基础

从目前情况看,全国法院终本案件数量庞大且在逐年增加。据统计,全国每年至少有40%的执行案件无财产可供执行,只能终结本次执行程序。面对如此大量的终本案件,许多实务界人士及学者从多种角度考虑退出机制,目的是将本应由法院承担的商业风险、法律风险、社会风险由当事人来承担。由于“终结本次执行程序不仅仅是法院系统化解执行积案的方法,更是法院向当事人转移执行风险的过程”,因此更应该严格规范终本,提高进入终本案件库的标准。②

(四)严格规范终本案件入库是弥补信用机制缺失的理性选择

目前,我国尚未建立真正意义上的信用机制,缺乏全国统一的信用惩戒机制,被执行人通过各种途径逃避履行,其不履行义务所付出的代价远远低于逃避执行所获得的利益,失信成为一种普遍现象。“‘执行难’就根源而言显然主要不在于法院努不努力,而在于我国信用制度的缺失。”③但短期内建立真正意义上的社会信用体制还很难实现,依靠更严格规范的终本案件审查程序以及入库后的持续性管理,是当下弥补信用机制缺失的理性选择,终本案件库也是今后构建全国统一的信用惩戒机制的主要来源。

---

① 参见刘慎辉、李飞:《终结本次执行程序的约束机制》,载《人民司法(应用)》2018年第1期。

② 参见百晓锋:《程序变革视角下的终结本次执行程序制度——以〈民诉法解释〉第519条为中心》,载《华东政法大学学报》2015年第6期。

③ 张榕:《“执行难”化解之误区及其归正》,载《厦门大学学报(哲学社会科学版)》2017年第4期。

(五)细化规范终本的标准确保入库符合实质性标准

2016年10月29日,最高人民法院出台《关于严格规范终结本次执行程序的规定(试行)》,全面系统地规范了终结本次执行程序,对终结本次执行程序的实质标准和程序标准进行了较详细的规定,主要目的就是严格规范终结本次执行程序适用标准,防止终结本次执行程序在实践中的泛化适用。该规定第4条虽然明确了发现财产无法处置包括的两种情形,但该包括的两种情形是不周延的列举,实践中对于发现财产无法处置的情形,执行人员会根据自己的理解来认定,造成随意终本的情形时有发生。比如,被执行人的房产系本院轮候查封,且已发函给处置法院参与分配能否认定为终本;被执行人的房产申请人是首封,申请人不同意处置,在何种情况下可认定为发现财产无法处置等,明确发现财产无法处置可包括的情形为周延的列举,既是规范执行案件办理的客观需要,也是依法执行的必然要求。

四、规范之路:建立终本案件独立管理机制

最高人民法院"用两到三年基本解决执行难问题"的承诺已实现,目前正在向"切实解决执行难"推进。全国法院系统正在进行一场以执行信息化为核心的攻坚行动,借助信息化的手段解决"执行难""将执行信息化建设的丰硕成果与专业化的财产调查搜查机制相衔接,切实提高执行到位率和执行效率"。[①] 终本案件作为法院执行工作的"休止符",承载着执行当事人的过高期望与风险回归的重担。因此,执行信息化建设应将更多目光投向"终本案件库",筑牢终本案件入库防线,通过建立全国法院执行大数据统一平台,健全终本案件独立管理机制,加大对终本案件的持续性管理力度,发挥终本案件管理库的作用,加强终本案件管理,维护当事人的合法权益。

---

① 陈杭平:《比较法视野下的执行权配置模式研究——以解决"执行难"问题为中心》,载《法学家》2018年第2期。

(一)建立全国法院执行大数据统一平台以推动终本案件的执行

国家已将大数据作为大国战略,当前终本案件管理数据库"总对总"网络查控方面更多的是法院单方面推动相关部门的配合、协作。在推动司法大数据过程中,仅凭法院一家之力无法汇集执行当事人的相关财产信息。因此,需要打破各部门间的信息壁垒,实现不同部门信息共享、数据互通;整合各地法院独立条块系统,建立全国法院执行大数据统一平台。具体依托海量数据,将被执行人的社会关系、资产情况、资金往来、消费信息、出行记录、涉案债权债务等信息进行综合汇总、关联分析,实时监控被执行人财产情况,对被执行人履行能力进行动态分析、评估,计算被执行人的履行能力。① 遇到有履行能力或者有较大履行清偿义务可能性的案件,通过相关程序予以恢复执行,及时回应申请执行人的诉求。

(二)细化终本案件管理数据库以实现终本案件分类管理

为保障终本案件良性循环,顺利推进无财产可供执行案件退出机制,应精准施策,分类管理。首先,细化分类涉法人类和非法人类案件底数,符合破产条件的法人类案件应当纳入"执转破"衔接机制。其次,细分无财产终本案件和有财产暂时不符合处置条件终本案件,有财产暂不符合处置条件的案件(如有房产暂不符合处置条件案件、按月划拨工资类等案件)明确专人管理,有序推进案件处理(符合处置条件予以处置,不符合处置条件通过制度设计逐步退出执行程序);无财产终本案件应进一步细化类别,逐步推进无财产案件退出机制。再次,对于无财产终本案件应细分涉民生案件及其他终本执行案件。涉民生无财产终本案件、符合司法救助条件的,对申请执行人予以司法救助,并单独通过终本案件数据库列项;不符合司法救助条件的终本案件,归并到其他终本案件中。最后,其他终本执行案件,应通过制度设计逐步退出执行程序(见图3)。

---

① 参见李林、田禾主编:《中国法院信息化发展报告 NO.2(2018)》,社会科学文献出版社2018年版,第330页。

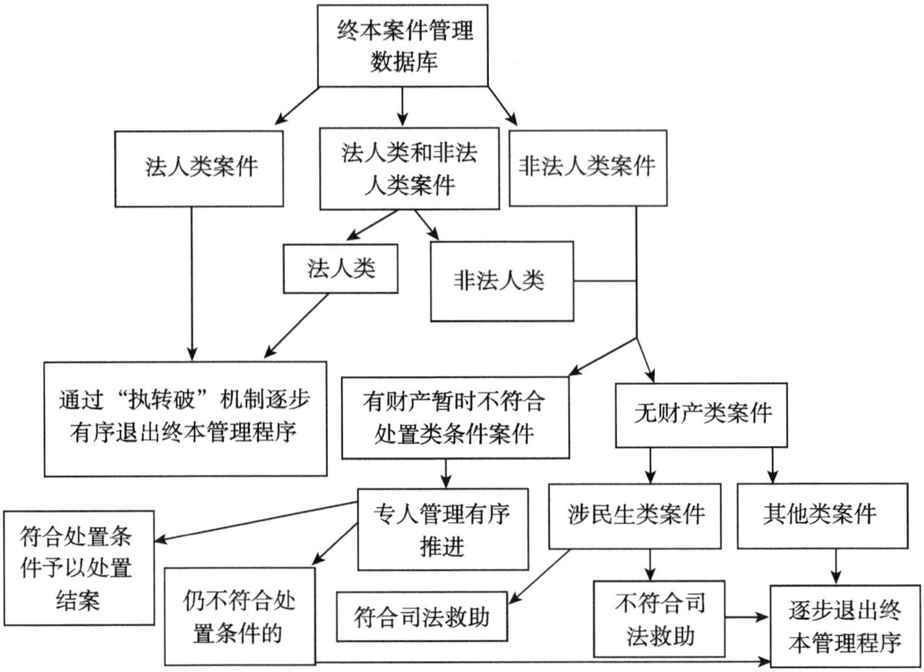

图 3　细化终本案件分类管理

(三)提升终本案件管理数据库智能水平以加大持续性管理力度

由于终本案件库收录的均是暂无财产可供执行的案件,数量庞大、关系繁杂,很多数据目前尚需完善,因此需要运用信息化手段,按财产数额或者存款占比反馈财产信息。“在现代西方政治制度建立之初,每个人为了便利都把权力让渡给了诚实的守夜人;今天我们面对生存所产生的、数量大到无法处理的生活资料,同样可以把自己的智能权力让渡给计算机……当自己困于其中而被信息技术所解脱时,心存侥幸;当想提高自己在信息时代的地位时,又极力反对智能技术,这是对现代性伦理矛盾的一个生动写照。”①我们要加大对信息化的研究力度,现在的终本案件管理数据库中“总对总”网络查控方面更多的是单方面推动相关部门的配合、协作。

① 张正清、张成岗:《第四次革命:现代性的终结抑或重构——信息伦理对人工智能伦理的启示》,载《武汉大学学报(哲学社会科学版)》2018 年第 3 期。

(四)信息化分析终本案件管理数据库以优化考核指标

现代社会高速发展,我们工作、生活的方方面面都在接受信息化的洗礼,信息化正对包括法院在内的各个行业乃至社会进行深层次、全方位监管。但目前,对执行相关数据、指标仍是法院绩效考核、排名的重要参考。

众所周知,数据考核必不可少,失去了考核的甄别,也就失去了进步的动力。但我们更应该明白,只有借助信息化的成果优化考核指标,才能使终本案件往“穷尽执行措施”的实质靠拢。因此,要借助信息化完善终本案件管理模块,通过对每年终本案件管理数据库中恢复执行完毕率情况的分析,确定法院每年常规应达到的首执案件实际结案率的比例,促进执行工作规范化。

例如,2016 年总共新收执行案件 1000 件,首执案件法定期限内执行完毕为 350 件,执行完毕率为 35%,剩余 650 件进入终本案件管理数据库;2017 年恢复执行完毕了 70 件,那执行完毕率就变成了 42%;2018 年恢复执行完毕了 30 件,那执行完毕率就变成了 45%;2019 年、2020 年没有,此后即使再过 20 年,通过大数据分析 2016 年总的首执案件实际结案率在 45% 左右。此后每年的执行案件也通过此种大数据方式进行分析,确定法院执行完毕率的基本数据,如果某年法院终本案件率过高,通过对法院首执案件实际结案率基本情况的分析,倒推每月、每年执行案件终本率高的原因,以改进首执案件实际结案率的工作方法和处理模式。当然,信息化治理不能统辖一切,统计的意义在于为决策机构和学者提供研究素材,发现方向偏差,调整治理效果。我们更应该发现社会是不断发展的、外部环境也在不断地发生变化。2019 年 7 月,中央全面依法治国委员会印发《关于加强综合治理从源头切实解决执行难问题的意见》强调,进一步健全完善综合治理执行难的大格局,确保切实解决执行难目标实现。所以,上述终本案件管理数据库信息化的分析仅是开展执行工作的一部分内容,应当在符合执行规律的基础上,进一步健全完善多部门协调联动机制,通过在数据库内设定相关的模块,把终本案件的化解情况纳入相关部门年度综治考核、法治部门建设考核等重要内容当中。

结　语

“正义不仅要实现,而且要以人们看得见的方式实现。在不幸的结果确属不可避免的情况下,人们可能更加注意自己是否受到了公正、人道的对待。”[①]在债权无法被实现的情况下,要让债权人知晓法院“无财产可供执行”的认定是经过最大限度的努力做出的,也保障了其相关权益。应依托信息化建设,严格规范终本案件入库,持续对案件进行强化管理,积极发挥终本案件库的作用,建立终本案件独立管理机制对“执行不能”的案件予以回应,将逐步退出终本管理程序的案件与个人破产制度的完全退出机制衔接做好铺垫。期待国家出台数据共享、信息互联互通的相关法律,保障部门间信息交流畅通,全国法院早日建成执行大数据统一平台,为我国社会诚信体制建设贡献力量。

① 陈瑞华:《刑事诉讼法的前沿问题》,中国人民大学出版社 2000 年版,第 433 页。

“执前查”模式替代终本制度研究

范加庆*

摘要：终本制度运行10多年来，虽然规定越来越详细，管理越来越严格，但是仍然存在有财产的案件违法终本以及终本后恢复执行难等问题。究其原因，主要是终本作为结案方式的功能定位和司法资源的有限性，使有财产的案件通过终本结案，并因为终本恢复执行审查规则缺失，恢复执行渠道不畅，造成债权人的权利得不到及时实现，合法权益受到损害，引起人民群众的强烈不满。而理论上对终本制度的完善方案，无法解决当前存在的问题，不能让终本成为真正的无财产执行案件退出机制。所以，终本制度不应当继续适用。应当借鉴“诉源治理”的新理念，基于“基本解决执行难”取得的新成果，构建“执前查”模式，将财产调查程序与执行程序分离并前置于执行程序，经财产调查程序未发现有可供执行财产，则不启动执行程序，从源头上解决无财产执行案件退出问题。

关键词：有财产终本；恢复执行难；诉源治理；执前查

终结本次执行程序制度从2009年确立以来，历经10多年的发展和完善，在实践中被广泛适用。但是，在实践中有大量的终本案件不符合结案要件，存在有财产不处置的情形，严重损害债权人的合法权益，影响司法公信力。为此，“三年基本解决执行难”活动中，将终本合格率作为4个基本核心指标之一，努力使终本合格率达90%以上。虽然基本解决执行难的目标已经如期实现，终本合格率达90%以上，但毕竟是“基本”解决，没有彻底解决。对于终

* 江苏省南通市中级人民法院三级法官，法律硕士。

本这一制度,全国法院经过3年时间仍不能彻底解决终本不合格的问题,需要我们对终本制度进行深入反思,考虑终本制度是否符合我国实际,是否应当继续适用。特别在当前最高人民法院牵头起草民事强制执行法之际,是将终本制度上升至法律规定,还是另辟蹊径,以新的制度代替终本制度,是我们当前应当思考的主要问题。所以,有必要对终本制度进行回顾,并对终本制度运行的现状及其原因进行分析,以期对终本制度的存废问题提出可行性建议。

一、终本制度的形成及发展

现行的终本制度并非一日形成,而是经历了三个阶段:

第一个阶段是探索时期,时间是在2009年以前。1998年最高人民法院《关于人民法院执行工作若干问题的规定(试行)》(已失效)中规定,被执行人确无财产可供执行的,应当中止执行。所以,造成大量的无财产案件不能结案退出执行程序。为此,从2001年前后开始,法院系统就在探索无财产可供执行案件的退出机制。① 有的法院实行债权凭证制度②和再执行凭证制度③,在无财产可供执行时终结执行,发放债权凭证,可以不受时限限制再次申请执行。也有的法院尝试规定债权凭证的有效期是20年,债权人可以在20年内申请执行。④ 但上述制度并没有坚持下来,主要是因为均被诟病为"法律白条"而遭到抵制。⑤ 与此同时,有的法院开始探索终本制度,如2005年,

---

① 参见王亚新、百晓锋:《无财产可供执行案件的退出机制及相关争议的处理》,载《法律适用》2011年第12期。

② 参见《云南省高级人民法院关于执行中实施债权凭证制度的规定(试行)》(2001年10月16日云南省高级人民法院审判委员会第88次会议通过)。

③ 参见《浙江省高级人民法院关于实施再执行凭证制度的规定》(浙高法〔2003〕30号,已失效)。

④ 参见刘璐:《民事执行重大疑难问题研究》,人民法院出版社2010年版,第20页。

⑤ 参见王亚新、百晓锋:《强制执行中债务人财产调查制度的完善:兼论执行程序退出机制与财产豁免》,载最高人民法院执行局编:《强制执行法的起草与论证(三)》,中国法制出版社2014年版,第355~356页。

北京法院开始尝试终本制度,[1]2006年,海南法院开始适用终本制度。[2] 随着试行的法院不断增多,终本制度初具雏形。

第二个阶段是形成时期,时间是从2009~2014年。2008年最高人民法院开展了一次为期一年多的集中清理执行积案活动。在这次活动中,为了解决大量无财产可供执行案件的清理问题,2009年3月19日,中国共产党中央委员会政法委员会、最高人民法院下发了《关于规范集中清理执行积案结案标准的通知》。该通知规定,无财产可供执行的案件,执行程序在一定期间无法继续进行,符合一定情形,经合议庭评议,可裁定终结本次执行程序后结案。这是终本被最高人民法院第一次确立为结案方式。但终本仅是针对2008年清理积案的标准,其时间效力仅限于该次活动。直到2014年底,最高人民法院出台了《关于执行案件立案、结案若干问题的意见》,明确将终本作为普遍适用的结案方式,并在《关于规范集中清理执行积案结案标准的通知》规定的基础上进行了完善,对"人民法院穷尽财产调查措施"进行了详细的规定。至此,终本制度已经基本形成。

第三个阶段是快速发展期,时间从2015年开始至今。2015年,最高人民法院《关于适用〈中华人民共和国民事诉讼法〉的解释》第519条规定:"经过财产调查未发现可供执行的财产,在申请执行人签字确认或者执行法院组成合议庭审查核实并经院长批准后,可以裁定终结本次执行程序。"从此,终本制度上升至司法解释层面。随后,2016年,最高人民法院出台了《关于严格规范终结本次执行程序的规定(试行)》(以下简称《终本规定》),与之前的《关于规范集中清理执行积案结案标准的通知》《关于执行案件立案、结案若干问题的意见》相比,区分了终本结案的程序要件和实质要件,其中,实质要件更加严格,仅限于已穷尽财产调查措施,未发现被执行人有可供执行的财产或者发现的财产不能处置两种情形。同时,明确终本后进入终本信息库,进行终本管理,即终本后的5年内,执行法院应当每6个月通过网络执行查控系统查询一次被执行人的财产,符合恢复执行条件的,执行法院应当及时恢复执

---

① 参见北京市高级人民法院课题组:《关于进一步规范终结本次执行程序的调研报告》,载江必新主编:《执行工作指导》2012年第3辑总第43辑。

② 参见袁晶:《论无财产可供执行案件终结执行制度的完善——以海南省法院无财产可供执行案件为样本》,载江必新主编:《执行与行政法律文件解读》2016年第3辑。

行。至此,形成了现在的终本制度。

二、终本制度运行的现状及原因分析

(一)终本制度存在的问题

终本制度一直是发展与问题同在。主要表现在,一是终本制度不被认同,如《关于规范集中清理执行积案结案标准的通知》明确规定终本制度后,有的法院由于不认同终本制度,坚持不适用。① 更有的观点直接指出,终本制度其实是以终结本次执行程序之名行中止执行之实。② 二是存在不符合终本结案实质要件和终本案件恢复执行不畅的问题。从"无财产可供执行案件终结本次执行的程序标准和实质标准把握不严、恢复执行等相关配套机制应用不畅的问题基本解决"作为基本解决执行难的 4 个基本目标之一,③就可以看出上述问题非常突出。虽然基本解决执行难已经如期实现,对终本制度不适用的问题不存在了,但终本制度存在的其他问题仍未根本解决。一方面,终本不符合结案实质要件的问题依然频发。当前实践中,不符合终本结案实质要件的案件不是个案,而是普遍存在。根据《终本规定》的规定,只有未发现有可供执行财产或者发现的财产不能处置的案件才能终本。对于发现的财产不能处置的情形又仅限于拍卖流拍且债权人不接受以物抵债,也不符合强制管理条件和未实际扣押到车辆两种情形。但是,实践中终本并不局限于上述情形,从中国裁判文书网上查阅 2019 年以后的终本裁定可以发现,以"案外人异议正在审查中"等类似理由而终本的并不鲜见。案外人针对执行标的提出异议,依法不得处分财产,但并不属于《终本规定》中关于有财产不能处置的情形,不能适用终本结案。另外,2019 年以后的终本裁定中,很多直接表述为"有不动产登记(暂不宜处置)"或者"因被执行人对查封房屋提出质疑,暂不宜处置"等理由终本,显然这些案件终本也不符合结案的实质要件。另

① 参见刘静:《终结本次执行程序的反思》,载《首都师范大学学报(社会科学版)》2016 年第 6 期。

② 参见谢渊:《论自然人破产制度的构建——对〈民事诉讼法〉第 235 条的探讨》,载《西南政法大学学报》2006 年第 3 期。

③ 最高人民法院《关于落实"用两到三年时间基本解决执行难问题"的工作纲要》。

一方面,终本恢复执行难的问题仍然突出。按照最高人民法院《关于适用〈中华人民共和国民事诉讼法〉的解释》第519条和《终本规定》第9条规定,终本后,申请执行人发现被执行人有可供执行财产的,可以向执行法院申请恢复执行。但是实际上,执行案件一旦终本,当事人再申请恢复执行,还是比较困难的。

(二)存在问题的原因分析

1. 终本制度结案的工具性作用:必定存在有财产而终本的问题

从终本制度的形成之初,可以看出终本作为无财产执行案件的结案方式,是为了实现无财产执行案件的有序退出。换言之,早期的终本制度根本目的是将无财产执行案件退出执行程序。但是,《终本规定》中关于要对终本案件进行为期5年的后续管理规定,使终本仅剩下了在案管系统中的结案功能。因为终本管理仍要进行续查封、查控、接待当事人等工作,其实执行程序仍在继续,并没有实现无财产执行案件的退出。所以,终本除对内发挥结案的作用外,已经体现不出退出的功能。在具体实践操作上,更是最大化地发挥了其对内结案作用。因为对有财产案件先行终本,是提高结案率的有效方法。执行人员往往告知申请执行人终本对其没有影响,按照《终本规定》还要继续进行管理,不影响对财产的后续处置。对于当事人来说,既然没有影响,当然可以终本,于是征得当事人同意后就作终本处理。所以,在现行终本仅剩下对内结案作用的前提下,执行人员为了追求结案率,有财产而终本的情形就不可避免地会出现。

2. 终本案件占用司法资源过多:使有财产而终本的问题更加严重

在司法资源有限的情况下,用于无财产执行案件的司法资源过多,必然导致用于有财产执行案件的司法资源变少。而实践中,无财产执行案件耗用的司法资源明显过多。一方面,全国每年会有40%～50%的无财产执行案件①,这些案件的执行本身就需要大量的司法资源。另一方面,为了严把终本结案关和终本后的管理,也会投入较多的司法资源。如河南省登封市人民法

---

① 参见刘贵祥:《人民法院执行工作现状与分析》,载《中国应用法学》2018年第1期。

院 9 个执行团队中,有 3 个团队负责终本案件。[①] 连云港赣榆区人民法院在执行局成立终本案件管理科,对终本案件进行集中管理。为了严把结案标准,有的法院终本结案甚至由上级法院审批。[②] 这些司法资源的投入,都必然会减少对有财产执行案件的司法投入,导致有财产的案件不能实际执结,进而会出现这样一个循环:在司法资源有限的情形下,必然导致一部分新案件有财产而终本,成为旧案,由于执行法院还要处置这些旧案,进而又影响新案处置财产的进度,这些新案再通过终本变成旧案。如此循环,会一直存在部分案件有财产而终本的情形,并造成终本信息库中的有财产终本案件逐年增加。

3. 恢复执行规则缺失和办案压力:双重因素共同造成终本恢复执行难

《终本规定》第 9 条规定,申请执行人发现被执行人有可供执行财产的,可以向执行法院申请恢复执行,执行法院核查属实的,应当恢复执行。但《终本规定》对核查主体、核查期限、核查程序等问题并没有明确规定。有的债权人将恢复申请材料寄给原承办人,但是原承办人已有新的执行案件在执行,再让其对旧案调查财产或处置财产,在其心理必然有抵触情绪,进而造成恢复执行审查进度缓慢。同时,因为核查期限、核查程序不明,加之办案压力大,执行人员对债权人提供的财产线索来不及核查,造成长时间无法恢复执行,引起当事人强烈不满。

综上,分析至此,终本的主要问题,就是有财产而终本以及终本后恢复执行难。形成的原因,则是终本制度变成了对内结案工具和司法资源的有限性造成有财产案件不能及时执结。两个原因相互作用,终本制度结案的工具性为有财产的案件终本提供了条件,造成了财产不能及时处置,而司法资源的有限性,让终本结案的工具性作用更加明显。

---

① 参见赵洪印:《革新执行理念破解执行困境——以河南省登封市人民法院的司法实践为视角》,载《人民司法(应用)》2018 年第 13 期。

② 参见褚红军、夏从杰:《终结本次执行案件的管理经验》,载《人民司法(应用)》2018 年第 13 期。

三、终本制度何去何从

在分析终本制度存在问题的同时，我们也要看到终本制度的价值所在。有观点认为，终本具有两点价值：一是以终本程序没有或者没有完全实现执行文书所确定的实体权利为压力和动力，倒逼执行机构确保执行程序的程序正义和对申请执行人更为完善的程序保障；二是在执行程序的功能局限、资源投放不足和社会诚信状况较差的情况下，通过"穷尽执行"和"公开执行"，尽量实现申请执行人的实体权利。① 对上述观点，笔者非常认同。但是，理想的制度并不意味会有理想的效果，从实践现状和终本的发展方向上看，均不应当继续坚持终本制度。

（一）从实践效果看：不应当继续坚持适用终本制度

如果所有的终本案件确系无财产可供执行，且由执行法院定期对终本案件进行管理，终本制度不失为一个解决无财产执行案件退出的好制度。即便是终本案件信息库中的案件不断增加，执行法院仅是对终本案件进行数据化动态管理，也不会增加太大的工作压力。目前，之所以终本案件增加，法院不堪重负，主要原因是终本库中的一部分案件是有财产可供执行的，虽然终本结案，但是仍要对这部分财产进行处置，如此才会随着终本案件的增多让法院的压力变大。而且，由于执行法院不恢复执行或者恢复执行不及时，终本案件中的财产长时间得不到处置，必然损害债权人的合法权利，降低司法公信力，影响人民群众对司法工作的满意度。要解决上述问题，必须针对病因对症下药。如前所述，病因就是终本制度的结案工具性作用和司法资源的有限性问题。而对于司法资源有限性问题，随着近年来案件量的不断增加，很难在短期内解决。所以，在当前无法解决司法资源有限性的情形下，必然让终本发挥着结案工具作用，让更多有财产的案件通过终本结案。所以，解决方法只能是不再适用终本制度，让有财产的案件不能再通过终本制度结案，

① 参见刘静：《终结本次执行程序的反思》，载《首都师范大学学报（社会科学版）》2016 年第 6 期。

暂停处置,如此可以加快财产处置进度,有利于及时实现债权人的权利,提升人民群众的满意度。

(二)从理论观点看:终本制度无法成为真正的退出机制

终本制度形成之初,是作为无财产执行案件的退出机制来适用的。但是现在看来,终本显然不是真正的退出机制。所以,理论上一直致力在终本的基础上构建无财产执行案件的真正退出机制。理论上有两种路径,分为"彻底终结说"和"非彻底终结说"两种观点。前者如有观点借鉴瑞士的执行无结果证明制度,提出终本案件同时满足"当事人未申请破产"和"首次终本裁定生效之日起满 20 年且在 20 年届满前 10 日内通过覆盖全国的财产查控系统仍未发现被执行人可供执行的财产"两个条件即可彻底终结。① 后者如最高人民法院正在牵头起草形成的《民事强制执行法草案》中规定了终本 5 年后采取终结执行方式使终本案件退出执行程序,同时并未禁止再次申请执行。② 比较两种观点,《民事强制执行法草案》中的方案更符合我国的实际情况。因为我国民事执行采取的是职权主义模式,财产调查责任由执行法院负责。虽然无财产不能执行到位的结果责任由债权人承担,但因为执行法院没有查询到财产而让债权人失去强制执行请求权,缺少正当性。所以,相较《民事强制执行法草案》确定的方案具有合理性。但是《民事强制执行法草案》的方案是建立在终本确系无财产可供执行的基础上。如果终本确实能够符合无财产可供执行的条件,方案具有可行性。但如前所述,终本案件无法全部符合无财产可供执行的条件。所以,《民事强制执行法草案》中方案虽然理论上具有合理性,但是在实践中却无法操作。因为大量的终本案件中仍有财产可供执行,那么能在 5 年后全部终结执行吗? 显然不能。如终结,也只能终结一些原本就可以终结执行的案件,对于有财产而终本的案件却无法终结执行。从这个角度看,《民事强制执行法草案》的方案并不可行。所以,无法通过完善终本制度,避免当前问题的产生,更不能依托终本制度构建真正的无财产执行案件的退出机制,终本制度自然再无适用的价值,应当及时停止适用,重新探

① 参见张美欣:《终结本次执行程序案件的彻底终结制度研究》,载《法律适用》2016 年第 4 期。

② 参见最高人民法院下发的《民事强制执行法草案(2021 年 4 月讨论稿)》。

索新的制度。

四、构建"执前查"模式替代终本制度

根据前述分析,笔者认为,构建新制度的思路就是要节约司法资源,将有限的司法资源用于有财产可供执行案件上,保证及时处置财产,实现债权人的权利。把有限的司法资源用在有财产可供执行案件上,也是基本解决执行难的主要思路。[①] 所以,我们在思考解决无财产执行程序退出时,应考虑如何节约司法资源。针对无财产执行程序,最大限度地节约司法资源就是从源头上减少无财产执行案件的产生。没有无财产执行案件,就不需要在执行程序中投入大量的司法资源,自然可以将更多的司法资源用于有财产执行案件上。

从源头上减少无财产执行案件的产生,也符合当前在全国范围内开展的诉源治理改革。"诉源治理"是在多元化纠纷解决机制大背景下防范纠纷的一项重要举措,治标上可以缓解目前"案多人少"的突出矛盾;治本上重在着眼长远,形成完善诉源治理的工作格局、制度体系、联动平台和操作机制。[②] 可以对潜在的或已经出现苗头的利益冲突进行调节,最大限度地减少非必要的诉讼,这是被认为探测和预防矛盾的最佳路径。[③] 所以,在实践中,对于通过调解能够化解的纠纷,则通过诉前调解程序予以分流,减少没有必要必须通过审判程序解决的纠纷进入诉讼程序。为此,在审判实践中,对已经诉至法院的民事纠纷在立案之前予以分流,或者交给设在法院内的调解工作室等先行处理,或者以委托或委派调解的方式剥离到法院外部的人民调解组织或其他纠纷处理机构进行调解。[④] 在执行实践中,山东省济南市中级人民法院也实行类似的"执前调"机制,进行案件分流。[⑤] 对于无财产执行案件来说,如

---

① 参见刘贵祥:《用两到三年时间基本解决执行难》,载《人民法院报》2016 年 3 月 28 日,第 1 版。

② 参见郭彦:《内外并举全面深入推进诉源治理》,载《法制日报》2017 年 1 月 14 日,第 7 版。

③ 参见潘剑锋、牛正浩:《新时代"枫桥经验"视域下的社会化协同执行机制——基于 J 省法院的实证研究》,载《东岳论丛》2021 年第 3 期。

④ 参见王亚新:《诉前调解的建构:目的、悖论、因应之策》,载《人民司法(应用)》2018 年第 31 期。

⑤ 参见《济南市中级人民法院执行局关于民事执行案件执前和解工作实施细则(试行)》。

确实没有财产可供执行,其实没有启动执行程序的必要,相信这一点并无较大的争议。如此,根据诉源治理的理念,无财产执行案件就属于没有必要进入执行程序的案件。但问题是,如果不启动执行程序,如何确定债务人没有财产可供执行?分析当前无财产执行程序的特点发现,因为不涉及财产查封、变价等,执行程序实际上就是财产调查程序。所以,笔者提出建立"执前查"模式解决无财产执行案件的退出问题。详言之,将财产调查程序与执行程序分离,并前置于执行程序,通过财产调查程序发现债务人无财产可供执行,则无须进入执行程序,反之进入执行程序(见图 1)。如此,无财产执行案件不能进入执行程序,自然无须退出,退出问题迎刃而解。同时,因为减少执行案件数量,可节约司法资源用于有财产的执行案件,图 2 是当前无财产执行案件执行程序的基本流程,如果按照"执前查"模式,则无须深色的流程,可以极大地节约司法资源。

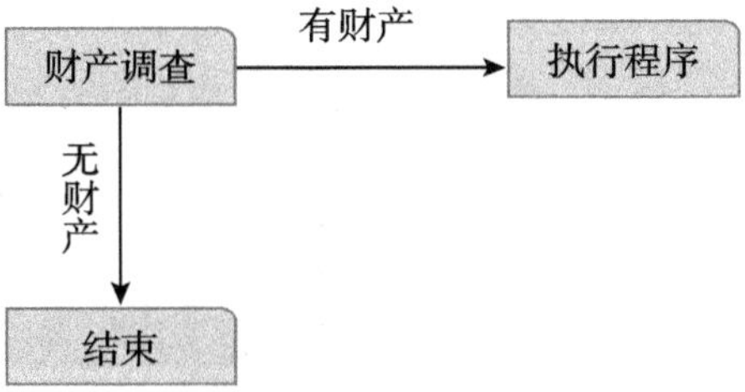

图 1　"执前查"流程

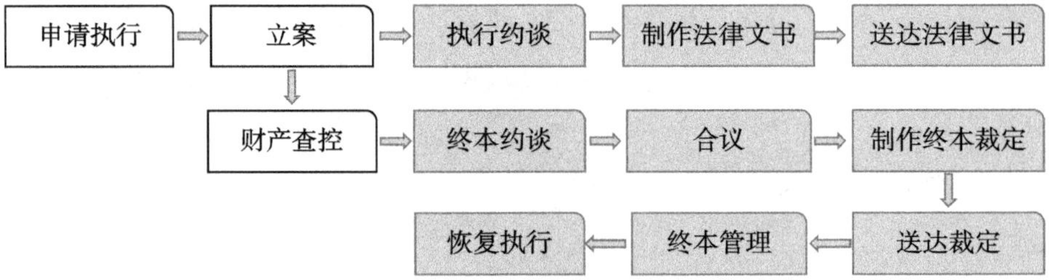

图 2　无财产执行案件执行流程

同时,"执前查"模式,还能够更加有利于实现债权人的债权。一是财产调查程序分离后,让更多的司法资源用于财产变现,可以提高财产变现的效率。二是财产调查程序分离后,专门负责财产调查的部门又可以更专注于财产调查,让财产调查工作更规范、更专业、更集约,更有利于查明被执行人的财产情况。三是财产调查程序只负责财产调查,不负责执行,而执行程序只负责财产变价,不负责财产调查。在两个程序界限分明,并明确财产调查遵循责任财产权利外观主义的情形下,可以倒逼债权人通过诉讼途径解决有争议的财产权属问题,不再寄希望于通过执行程序解决,进而可以减少债权人与执行法院关于责任财产判断的分歧。

五、“执前查”模式的可行性论证

在以往的实践中,也有与“执前查”相类似的制度。如执行登记备案制度,因为没有财产,执行部门通过在法律文书上加盖印章后再延长2年申请执行时效。① 但因为人民法院应依职权调查的情况不调查,债权人又无权调查,以至于失去了执行的有利时机,最终导致了部分执行案件长期积压。② 虽然“执前查”也是将执行案件挡在执行程序前,但是与执行登记备案制度不同的是,执行法院仍进行财产调查,而不是将财产调查责任转嫁给债权人。另外,现在提出“执前查”制度除了具备合理性,更有基本解决执行难取得的新成果支持。

(一)“执前查”具备合理性

财产调查就是为强制被执行人履行生效法律文书确定的义务,人民法院采取依职权调查、申请执行人提供线索、被执行人主动申报等方式发现被执行人及特定案外人当下、特定情形下未来拥有的所有形态的财产的行为。③ 财产调查是实施强制执行的先决条件,④是决定执行方法和适用执行措施的

---

① 参见青岛市中级人民法院执行一庭:《民事执行案件退出与救济机制探析》,载《山东审判》2007年第6期。

② 参见江必新主编:《民事执行新制度理解与适用》,人民法院出版社2010年版,第127页。

③ 参见苏福:《民事执行中“完成财产调查”的认定标准与运用向度》,载《东方法学》2017年第5期。

④ 参见史明洲:《执行财产调查程序的模式选择:为职权主义辩护》,载《华东政法大学学报》2021年第2期。

重要前提。[①] 财产调查作为执行程序中执行措施适用的充分条件,将财产调查程序与执行程序分离,并前置于执行程序前,符合执行进行顺序的要求,具备合理性。另外,从域外立法例看,财产调查程序也是执行前的程序。如德国、日本将明示执行财产的具体信息作为执行实施程序的启动要件,[②]而不是在执行程序中调查财产。所以,将财产调查程序与执行程序分离并前置,还具有域外立法例支持。

(二)"执前查"具备实践基础

"三年基本解决执行难"活动,让执行工作模式发生了很大变化。为了提高执行效率,节约司法资源,执行工作不再是原来由执行人员"一人一案"的单打独斗模式,已经转变为了以"法官 + 法官助理 + 书记员 + 司法警察"组成的执行团队办案模式。[③] 同时,根据执行权的分权理论,多地法院由"一人包案到底"转变为了由不同团队分别负责执行启动、财产查控、财产变价等程序的分段实施集约化执行模式。[④] 就财产调查而言,由专门的执行团队利用"总对总""点对点"查控系统进行查控,查控后如果有财产则进入财产变价程序,由财产处置团队负责,如果没有财产则进入终本管理团队,负责终本结案和后期的终本管理。通过上述实践探索,让财产调查程序不再和变价等程序变得密不可分,而是完全可以交由专门的执行团队负责执行。特别是有的法院执行指挥中心具备执行查控中心的功能,[⑤]完全可以将此查控中心作为财产调查程序的实施机构。所以,财产调查程序分离后具备较成熟的工作机制、较专业的实施主体和较完备的实施机构。

---

① 参见杨荣馨主编:《〈中华人民共和国强制执行法(专家建议稿)〉立法理由、立法例参考与立法意义》,厦门大学出版社 2011 年版,第 204 页。

② 参见史明洲:《执行财产调查程序的模式选择:为职权主义辩护》,载《华东政法大学学报》2021 年第 2 期。

③ 参见最高人民法院时任院长周强在 2018 年 10 月 24 日向全国人大常委会作出的《最高人民法院关于人民法院解决"执行难"工作情况的报告》。

④ 参见肖建国、庄诗岳:《论民事执行实施权的优化配置——以我国的集约化执行改革为中心》,载《法律适用》2019 年第 11 期。

⑤ 参见江苏省高级人民法院:《以执行指挥中心"854 模式"实体化运行为抓手整合优化资源配置,巩固提高攻坚战果》,载《执行工作指导》2019 年第 1 辑。

(三)"执前查"具备认同基础

执行不能系债权人必须承担的商业风险、交易风险和法律风险。[①] 因为之前法院缺少宣传以及执行工作确实存在不规范之处,进而认为不能执行到位是法院消极执行的结果。经过"三年基本解决执行难"的不懈努力,大力解决消极执行、选择性执行、乱执行等问题,执行工作更加规范有序。[②] 同时,经过强化执行宣传力度,特别是强化对执行不能与执行难之间区别的宣传,取得了很好的法律效果和社会效果。如各级法院发布执行不能典型案例、制作微动漫视频宣讲执行不能等,都取得了积极的成效。应当讲,现在人们对执行不能的认识已经比以前有所好转,[③]理解支持执行工作的氛围更加浓厚。[④] 目前,已经形成了这样一个格局:全社会进一步理解执行难和执行不能的区别、切实增强风险防范意识,进一步形成"执行难是综合性的社会问题和系统性的治理难题,解决执行难不能仅靠法院一家单打独斗,需要全社会共同努力"的共识。[⑤] 这种共识有助于让当事人认同无财产执行案件,不再启动执行程序的制度设计。

---

① 参见四川省高级人民法院执行局课题组等:《无财产可供执行案件退出机制研究》,载《中国应用法学》2017 年第 6 期。

② 参见最高人民法院时任院长周强于 2019 年 3 月 12 日在第十三届全国人民代表大会第二次会议上作的《中华人民共和国第十三届全国人民代表大会第二次会议最高人民法院工作报告》。

③ 参见苏良波、崔永峰:《执行不能案件的认定与处置》,载《人民司法(应用)》2020 年第 7 期。

④ 参见最高人民法院时任院长周强于 2019 年 3 月 12 日在第十三届全国人民代表大会第二次会议上作的《中华人民共和国第十三届全国人民代表大会第二次会议最高人民法院工作报告》。

⑤ 参见周强:《最高人民法院关于研究处理对解决执行难工作情况报告审议意见——2019 年 4 月 21 日在第十三届全国人民代表大会常务委员会第十次会议上》,载《人民法院报》2019 年 4 月 24 日,第 1 版。

《执行法与破产法论丛》稿约

《执行法与破产法论丛》是西南政法大学执行研究院创办的学术文集，主编为西南政法大学党委常委、副校长李燕教授与西南政法大学法学院副院长马登科教授。本论丛以“执行法与破产法”为主题，面向全国征稿。举凡执行法与破产法理论前沿问题、执行法与破产法实务疑难问题，无论原创论文抑或论文翻译，无论研究心得抑或案例评析，无论法条介绍抑或文献综述，只要言之有物、持之有故、合于规范，皆在本论丛用稿之列。

本论丛广泛征集优秀稿件，欢迎实务界与理论界人士投稿。请作者以电子邮件形式将文稿发送至以下电子邮箱：zxfpcf@ 163. com，编辑部主任：谷佳杰。联系电话：13637983713。本论丛**实行双向匿名审稿，将在作者投稿后一个月内通知是否采稿。**

兹就撰稿有关事项说明如下：

投稿须知：

1. 每篇论文的正文字数在 1 万字以上，一般不超过 2 万字。

2. 本论丛所有论文采论文格式，因此论文须具有摘要与关键词。摘要应全面概括论文的主要内容，明确反映作者的主要观点，不能仅笼统介绍论文的思路和结构,避免使用“本文主张”“笔者认为”等评价方式。关键词应为反映论文核心内容的专业术语,一般3~5个。

3. 作者名字后上标*,对应脚注中注明作者所在单位、职称(职务)、学位、通信地址、联系电话。

4. 论文或其主要内容未在任何其他公开出版物或互联网上发表,不存在任何违反学术规范情形,不存在知识产权争议。

5. 同意《执行法与破产法论丛》编辑部在不改变论文基本观点和实质性内容的前提下,在出版前对论文进行技术性修改。

《执行法与破产法论丛》体例规范

1. 中文注释范例

(1)个人专著

张文显:《二十世纪西方法哲学思潮研究》,法律出版社1996年版,第7、134~135页。

(2)多位作者专著

吴越、龙涓等:《法人代表权限制的效力规则研究——基于案例统计和两大法系的比较法研究》,法律出版社2019年版,第3页。

(3)主编等其他著作方式作品

慕亚平主编:《WTO中的"一国四席"》,法律出版社2004年版,第160页。

(4)中文译著

[美]哈里·D.格劳斯、大卫·D.梅耶:《美国家庭法精要》(第5版),陈苇等译,中国政法大学出版社2010年版,第15~16页。

(5)我国台湾地区出版著作

王泽鉴:《人格权法》,台北,三民书局2012年版,第15页。

(6)间接引用文献

参见刘振芳:《离岸金融市场》,上海财经大学出版社1997年版,第108页。

(7)转引文献

雷万来:《论司法官与司法官弹劾制度》,台北,瑞星图书股份有限公司1993年版,第165页。转引自高其才等:《司法公正观念源流》,人民法院出版社2003年版,第342~343页。

(8)多卷册(多版次)文献

《邓小平文选》(第2卷),人民出版社1984年版,第25页。

(9)期刊析出文献

闫召华:《概率原理在犯罪嫌疑人摸排中的应用》,载《中国人民公安大学学报(社会科学版)》2013年第5期。

(10)文集析出文献

尹田:《法国合同责任的理论与实践》,载梁慧星主编:《民商法论丛》第3卷,法律出版社1995年版,第151~152页。

(11)报纸析出文献

庚向荣:《说理是司法裁判文书的生命》,载《法制日报》2013年2月19日,第7版。

(12)学位论文

陈默:《抗战时期国军的战区——集团军体系研究》,北京大学2012年博士学位论文,第134页。

(13)会议论文著录格式一

马勇:《王爷纷争:观察义和团战争起源的一个视角》,"政治精英与近代中国"国际学术研究会会议论文,2012年4月于杭州。

(14)会议论文著录格式二

姜明安:《新时代中国行政法学的转型与使命》,中国法学会行政法学研究会2018年年会论文。

(15)网络文献著录

汪波:《哈尔滨政法机关正对"宝马案"认真调查复查》,载人民网2004年1月10日,http//www.people.com.cn/GB/shehui/1062/2289764.html。

(16)微信公众号文章

刘松山:《失信惩戒立法的三大问题》,载微信公众号"中国法律评论"2019年11月19日,http://mp.weixin.qq.com/s/wA3Jj923WNctVATeSKIhCw。

(17)当代出版的古代文献

(西汉)司马迁:《史记 · 商君列传》,中华书局 1959 年版,第 2229 页。

(18)常用基本典籍

《清实录》卷二四五。(说明:常用基本典籍,只需标注文献名和卷册。卷册用汉字表示,并且不用加“百”“十”等数词。)

(19)裁判文书

北京市海淀区人民法院(2018)京 0108 号民初 142 号民事判决书。

(20)案例

“田某诉北京科技大学案”,北京市海淀区人民法院(1998)海行初字第 142 号行政判决书。

(21)最高人民法院、最高人民检察院指导性案例

“荣某某诉王某、永诚财产保险股份有限公司江阴支公司机动车交通事故责任纠纷案”,最高人民法院指导案例 24 号(2014 年)。

(22)《最高人民法院公报》案例

“陆某某诉南通市发展和改革委员会政府信息公开答复案”,载《最高人民法院公报》2015 年第 11 期。

2. 外文注释范例

(1)英文专著

Rufus H. Yerxa & Bruce Wilson, *Key Issues in WTO Dispute Settlement: the First Ten Years*, Cambridge University Press, 2005, p. 26 – 29.

(2)多位作者英文专著

Randolph Quirk et al., *A Comprehensive Grammar of the English Language*, New York, Longman Inc., 1985, p. 1140.

(3)英文著作间接引用

See James D. Cox & Thomas Lee Hazen, *Corporations*, 2nd edition, Aspen Publishers, 2003, p. 123 – 128.

(4)英文期刊析出文献

Stephen J. Choi & Adam C. Pritchard, *Behavioral Economics and the SEC*, Stanford Law Review, Vol. 56:1, p. 1 – 73 (2003).

(5)德文专著

Claus Roxin, Strafrecht Allgemeiner Teil, band Ⅰ, 4. Aufl. 2006, §15 Rn. 19.

(6)德文期刊析出文献

Benjamin Vogel, Rechtsgüterschutz und Normgeltung, ZStW 129(2017), S. 630,632.

(7)法文专著

Marc Chevallier, *L'État de droit*, Montchrestien, 4e éd., Paris, 2003, p. 16 – 29.

(8)法文期刊析出文献

Marc Poisson,《Le droit de la mer》, *RGDIP*, p. 15 – 47.

(9)日文专著

喜多了祐『外観優越の法理』(千倉書房,1977 年)215 頁。

(10)两位作者日文专著

我妻栄 = 有泉亨『民法総則物権法(法律法体系・コンメンタール篇)』(日本評論社,1950 年)31 頁。

(11)日文期刊析出文献

於保不二雄「付加物及び従物と抵当権」民商法雑誌 29 巻 5 号(1954 年)1 頁以下。